中国海监行政执法培训丛书

中国海监总队　组编
中国海洋大学

海洋环境保护行政执法实务

丁金钊　施星平　何建苗　编著

2013 年·北京

图书在版编目（CIP）数据

海洋环境保护行政执法实务/丁金钊，施星平，何建苗编著．
—北京：海洋出版社，2013.12
（中国海监行政执法培训丛书）
ISBN 978－7－5027－8697－7

Ⅰ.①海… Ⅱ.①丁… ②施… ③何… Ⅲ.①海洋环境－环境保护－行政执法－中国－技术培训－教材 Ⅳ.①D922.68

中国版本图书馆 CIP 数据核字（2013）第 248040 号

责任编辑：杨海萍　杨　明
责任印制：赵麟苏

http：//www.oceanpress.com.cn
北京市海淀区大慧寺路8号　邮编：100081
北京旺都印务有限公司印刷　新华书店发行所经销
2013 年 12 月第 1 版　2013 年 12 月第 1 次印刷
开本：787mm×1092mm　1/16　印张：21.5
字数：297 千字　定价：50.00 元
发行部：62132549　邮购部：68038093　总编室：62114335
海洋版图书印、装错误可随时退换

《中国海监行政执法培训丛书》编委会

主　　任：张宏声
副 主 任：孙书贤
主　　编：孙书贤
副 主 编：于宜法　贾建军　郭佩芳
编　　委：李凤岐　刘惠荣　闫国林　房　鸣　张润秋
　　　　　刘　卫　刘晓燕　方向南　冯米玲　刘绍生
编写人员：郭佩芳　李凤岐　刘惠荣　朱庆林　张润秋
　　　　　刘　卫　方向南　丁金钊　何建苗　施星平
　　　　　郭　飞　张　颖　段　伟　俞兴树　陈　亮
　　　　　林细巧　刘　玲
通讯编辑：史建国　张　婷　王　勇　陈　达

序

2500年前，古希腊海洋学者狄米斯托克利预言："谁控制了海洋，谁就能控制世界。"15世纪初，我国明代航海家郑和论断："国家欲富强，不可置海洋于不顾。财富取之海，危险也来自海上。"伟大的革命先行者孙中山先生曾疾呼，海权"操之在我则存，操之在人则亡。"已故美国总统约翰·肯尼迪则说："控制海洋意味着安全，控制海洋意味着和平，控制海洋就意味着胜利。"

历史充分表明，国家民族的兴衰与海洋息息相关，海兴则国强，海衰则国弱。大国崛起的历史，在某种程度上就是一部海洋争霸与竞逐史。昔日的海上强国葡萄牙、西班牙和荷兰，当年的日不落帝国英国，二战后的苏联，当今世界第一强国美国，无一不是以海强国。鸦片战争前后，面对列强进逼侵扰，清政府腐败无能，我国海上力量逐渐衰败、海权逐步丧失，日渐沦为有海无防、门户洞开、丧权辱国的半封建半殖民地国家。新中国成立后，尤其是改革开放以来，我国的海洋事业得到了迅速发展，国家海洋权益得到了有效维护。

海洋，无论在历史上还是在当下，无论在军事博弈还是在经济竞争中，对国家生存和发展都具有不可替代的战略地位。《联合国海洋法公约》生效后，国际政治经济形势发生了重大的深刻的变化，许多国家通过开发海洋资源迅速提高了本国的实力和地位，进一步彰显了海洋对于国家和民族兴衰的战略价值。进入21世纪后，海洋的战略地位更加突出，越来越多的沿海国家竞相把控制和开发利用海洋作为强国之国策，并且在海洋权益保护、深海矿产资源勘探开发以及生物资源利用等方面展开日趋激烈的竞争。面对严峻复杂的海洋形势，各沿海国为谋求政治、经济、军事上的有利态势和战略利益，纷纷调整海洋战略和政策。

中国是海洋大国，但还不是海洋强国。要赶上世界发展潮流，实现中华民族伟大复兴，必须全面实施海洋战略。我们党和国家对海洋事业历来非常重视，党的"十八大"提出了"建设海洋强国"的战略决策，从国家战略高度对海洋事业发展作出了全面部署，这标志着海洋战略已上升为国家大战略，标志着我国开始走上建设海洋强国的战略新征程。建设海洋强国是中华民族复兴崛起的历史路径，海洋强国之路任重道远。我们必须义无反顾地走向海洋、经略海洋，必须坚定不移地以海富国、以海强国，为建成海洋经济发达、海洋科技创新强劲、海洋生态环境优美、海洋资源开发能力和海洋综合管控能力强大的海洋强国而不懈奋斗。

当前，我们已经站在海洋事业发展新的历史起点上。作为我国海洋综合行政执法的主导力量——中国海监，使命更加神圣，任务更加艰巨。面对新形势、新任务和新要求，中国海监必须坚决维护国家海洋权益，实现管辖海域有效监管；强化海洋行政执法，全力推进海洋综合管理；加强队伍正规化建设，全面提高执法人员综合素质；加强执法能力建设，夯实海洋执法基础；构建海洋执法技术支持体系，提高海洋管控科技含量；健全海洋执法工作机制，加强执法理论研究，等等。所有这些，既是党和人民赋予中国海监的光荣使命，也是中国海监更好履职尽责的着力之点。

功以才成，业由才广。中国海监总队着眼海监队伍现代化、正规化建设要求，组织编辑并出版了《中国海监行政执法培训丛书》。这套丛书是中国海监多年执法实践和培训实践成果的结晶，既有理论知识的概括和阐述，又有实践经验的归纳和总结，编写目的明确，读者定位准确，适应海洋行政执法的发展趋势和特点，是一套专业性、针对性和实用性强的海监执法人员培训教材。丛书的出版，进一步完善了海洋执法人才培训体系，是中国海监发展史上值得记忆的重要事件。我们相信，这套丛书必将为提高海监队伍的正规化建设水平和综合业务素质，更好履行各项职责、圆满完成使命任务发挥重要作用。

　　事业凝聚人心，使命激发力量。海洋事业发展的宏伟蓝图已经绘就，让我们以崇高的使命感、强烈的责任心，励精图治、发愤图强，为实现中华民族的海洋强国梦作出新的贡献！

国家海洋局副局长
中国海监总队总队长

2013 年 1 月

前　言

　　我国海洋行政执法的迅速崛起，是从上世纪90年代末伴随着中国海监总队的诞生开始的。十五年来，海洋行政执法以其特定的管理领域和对经济社会发展的巨大作用，成为我国涉海行政管理部门的核心职能，中国海监也以其卓著的执法业绩备受瞩目。作为我国海洋行政主管部门管理的海洋行政执法队伍，中国海监依法履行神圣职责，对我国管辖海域实施巡航执法，查处侵犯我国海洋权益、破坏海洋开发利用秩序、损害海洋环境和资源的违法行为，日益凸显出保障国家海洋事业健康发展的重要作用。与此同时，中国海监在执法实践过程中，开拓了由初、中、高层次相结合的分级培训，执法、航海、航空、装备技术等交叉式的分类培训，远程教育培训和体能礼仪训练等培训方法与领域。经过多年建设发展，中国海监已经成为一支政治坚定、业务精湛、作风优良、执法公正、具有中国特色的海洋行政执法队伍。

　　当前，我国进入了改革发展的关键时期，新的形势、新的任务和新的挑战对海洋行政执法工作提出了更高要求。面对日益加剧的海洋开发活动、日益恶化的海洋环境趋势和日益严峻的海洋维权形势，中国海监必须与时俱进。为此，中国海监总队委托中国海洋大学，组织具有丰富教学与科研经验的中国海洋大学、国家海洋局海洋发展战略研究所、中国政法大学的有关专家学者和具有丰富执法经验的中国海监总队及其所属各海区总队资深执法人员，在中国海监总队与中国海洋大学多年合作开展海监执法人员培训所形成的培训教材基础上，编写了《中国海监行政执法培训丛书》(以下简称《丛书》)。

　　组织编写这套《丛书》,旨在提供规范性、系统性教材,提高海监队伍业务水平,强化海监执法人员综合素质,有效开展海洋行政执法工作,全面忠实地履行各项职责。因此对内容体系的设计思路是:介绍必要的海洋自然科学和海洋自然环境的基础知识,充实海洋管理的基础理论和专业知识,掌握并进一步提高海洋行政执法的法理知识和实务技能。《丛书》适用于中国海监执法人员,可作为上岗培训、在岗培训、年审培训和复合人才培训的教材,也可作为有关高校海洋行政执法课程的辅助教材。《丛书》由海洋自然基础、海洋管理基础、海洋执法理论和海洋执法实务等部分组成,主要包括海洋与环境概论、海洋管理概论、海洋行政执法理论、海域使用行政执法实务、海岛保护行政执法实务、海洋环境保护行政执法实务等内容。

　　《丛书》全套5册,第一册《海洋与环境概论》,由李凤岐编写;第二册《海洋管理概论》,第一、二、三、六章由郭佩芳编写,第四章由朱庆林编写,第五、七、八章由张润秋编写;第三册《海洋行政执法理论》,其中,第一篇法学基础理论由刘玲编写。第二篇海洋行政法理论的第一章至第七章由刘惠荣编写,第八章至十一章由刘卫编写。第三篇中国的海洋法律制度由张颖编写;第四册《海域使用和海岛保护行政执法实务》,其中,第一篇海域使用行政执法实务初稿由郭飞撰写,而后由俞兴树编写第一章至第七章,由段伟编写第八章至十章。第二篇海岛保护行政执法实务的第一、五章由方向南编写,第二章由林细巧编写,第三、四章由陈亮编写;第五册《海洋环境保护行政执法实务》,第一、三章由丁金钊编写,第二、四章由施星平编写,第五章由何建苗编写。

　　《丛书》的完成,是集体智慧的结晶,是团队合作的成果。编写期间,得到了中国海洋大学、国家海洋局海洋发展战略研究所、中国政法大学和中国海监各海区总队的大力支持与热情帮助,在此一并致以衷心感谢！

  由于时间和能力所限，难免存在许多不妥或者错误之处，敬请批评指正。

编者
2012 年 12 月 30 日

目 录

1 海洋环境保护行政执法概述 (1)

1.1 海洋环境保护概述 (1)
- 1.1.1 我国海洋环境现状 (1)
- 1.1.2 我国海洋环境保护立法概况 (2)
- 1.1.3 海洋部门环境保护工作概况 (4)

1.2 海洋环境保护行政执法的法律依据 (6)
- 1.2.1 宪法 (7)
- 1.2.2 法律 (7)
- 1.2.3 法规 (8)
- 1.2.4 规章和规范性文件 (9)
- 1.2.5 其他部门性法律规范 (9)
- 1.2.6 国际公约 (10)

1.3 海洋环境保护行政执法的基本要素 (10)
- 1.3.1 基本原则 (10)
- 1.3.2 执法管辖 (11)
- 1.3.3 检查方式 (16)
- 1.3.4 查处方式 (18)
- 1.3.5 执法措施 (19)

2 海洋保护区环境保护行政执法 (21)

2.1 概述 (21)
2.1.1 海洋保护区的定义、特性和种类 (21)
2.1.2 海洋保护区环境保护行政执法的历史 (27)
2.1.3 海洋保护区环境保护行政执法的现状 (28)
2.1.4 海洋保护区行政执法的任务和内容 (29)

2.2 法律依据 (31)
2.2.1 法律法规 (31)
2.2.2 规章 (34)
2.2.3 规范性文件 (34)

2.3 基本法律制度 (37)
2.3.1 海洋自然保护区管理制度 (38)
2.3.2 海洋特别保护区管理制度 (44)

2.4 行政检查 (48)
2.4.1 检查方式 (48)
2.4.2 检查内容 (50)
2.4.3 检查措施 (56)
2.4.4 注意事项 (57)

2.5 违法行为及其法律责任 (60)
2.5.1 违法行为种类 (60)
2.5.2 调查取证 (62)
2.5.3 法律责任 (66)
2.5.4 注意事项 (69)

2.6 案例分析 (71)
2.6.1 违法行为的认定与法律适用 (71)

2.6.2 处罚种类的适用……………………………………………(73)
  2.6.3 海洋自然保护区海洋行政检查活动的特殊要求…………(74)
  2.6.4 法律规范竞合的应用……………………………………(76)
3 海洋倾废执法……………………………………………………(79)
 3.1 概述……………………………………………………………(79)
  3.1.1 海洋倾废管理的含义与倾倒的定义………………………(79)
  3.1.2 海洋倾废管理的历史………………………………………(82)
  3.1.3 海洋倾废管理的现状………………………………………(84)
 3.2 法律依据………………………………………………………(88)
  3.2.1 法律法规……………………………………………………(88)
  3.2.2 规章…………………………………………………………(92)
  3.2.3 相关国际公约………………………………………………(93)
 3.3 基本法律制度…………………………………………………(98)
  3.3.1 海洋倾废许可证制度………………………………………(98)
  3.3.2 倾倒废弃物分级管理制度…………………………………(106)
  3.3.3 海洋倾倒区选划制度………………………………………(113)
  3.3.4 海洋倾倒区的监测与关闭制度……………………………(115)
  3.3.5 倾倒活动的监督管理制度…………………………………(115)
 3.4 行政检查………………………………………………………(116)
  3.4.1 海洋倾废行政检查的含义…………………………………(116)
  3.4.2 海洋倾废行政检查的方式、方法…………………………(117)
  3.4.3 海洋倾废行政检查的内容…………………………………(124)
  3.4.4 海洋倾废行政检查的一般程序……………………………(128)
 3.5 违法行为及其法律责任………………………………………(130)

3.5.1　违法行为种类及法律责任 …………………………（130）
　　3.5.2　处罚的管辖 …………………………………………（136）
　　3.5.3　调查取证 ……………………………………………（137）
　　3.5.4　处罚裁量 ……………………………………………（141）
　　3.5.5　处罚决定 ……………………………………………（145）
　3.6　案例分析 ……………………………………………………（149）
　　3.6.1　倾倒许可证过期作业之罚则适用 …………………（149）
　　3.6.2　倾废处罚的实施主体与管辖 ………………………（152）
　　3.6.3　倾废处罚的量罚 ……………………………………（156）
　　3.6.4　河海交汇区域和特殊海上作业方式的倾倒行为认定 …（161）

4　海洋工程建设项目环境保护行政执法 ………………………（168）
　4.1　概述 …………………………………………………………（168）
　　4.1.1　海洋工程的定义和种类 ……………………………（168）
　　4.1.2　海洋工程行政执法的历史 …………………………（171）
　　4.1.3　海洋工程行政执法的现状 …………………………（172）
　　4.1.4　海洋工程行政执法的任务和内容 …………………（173）
　4.2　法律依据 ……………………………………………………（176）
　　4.2.1　法律法规 ……………………………………………（176）
　　4.2.2　规范性文件 …………………………………………（183）
　4.3　基本法律制度 ………………………………………………（184）
　　4.3.1　环境影响评价制度 …………………………………（184）
　　4.3.2　海洋工程污染防治制度 ……………………………（187）
　　4.3.3　污染物排放管理制度 ………………………………（191）
　　4.3.4　污染事故的预防和处理制度 ………………………（192）

4.3.5　海洋功能区划制度 …………………………………… (193)
　4.4　行政检查 …………………………………………………… (194)
　　4.4.1　相关规定 …………………………………………… (194)
　　4.4.2　检查的方式和内容 ………………………………… (196)
　　4.4.3　检查措施 …………………………………………… (202)
　4.5　违法行为及其法律责任 …………………………………… (203)
　　4.5.1　案件管辖 …………………………………………… (203)
　　4.5.2　违法行为的种类 …………………………………… (205)
　　4.5.3　调查取证 …………………………………………… (207)
　　4.5.4　法律责任 …………………………………………… (216)
　　4.5.5　注意事项 …………………………………………… (219)
　4.6　案例分析 …………………………………………………… (221)
　　4.6.1　海洋工程与海岸工程的认定 ……………………… (221)
　　4.6.2　违法行为定性和行政处罚级别管辖 ……………… (223)
　　4.6.3　海洋工程环保设施未经验收非法投入使用的管辖与法律
　　　　　　适用 …………………………………………………… (225)
　　4.6.4　海洋工程未建设环保设施非法投入使用的法律适用 … (229)
5　海洋油气勘探开发环境保护行政执法 …………………………… (233)
　5.1　概述 ………………………………………………………… (233)
　　5.1.1　海洋油气勘探开发现状 …………………………… (233)
　　5.1.2　海洋油气勘探开发环境保护行政执法概况 ……… (241)
　　5.1.3　海洋油气勘探开发过程中主要污染物产生环节 … (242)
　5.2　法律依据 …………………………………………………… (244)
　　5.2.1　法律法规 …………………………………………… (244)

5.2.2　部门规章 …………………………………………………… (246)
　5.2.3　规范性文件与标准 ………………………………………… (246)
5.3　基本法律制度 …………………………………………………… (247)
　5.3.1　海洋环境影响评价管理制度 ………………………………… (248)
　5.3.2　环境保护设施管理制度 ……………………………………… (253)
　5.3.3　海上溢油应急计划和应急能力管理制度 …………………… (261)
　5.3.4　海上油气生产设施弃置管理制度 …………………………… (268)
　5.3.5　海上平台防污记录簿及记录表管理制度 …………………… (272)
　5.3.6　化学消油剂、泥浆、添加剂的使用管理制度 ……………… (273)
　5.3.7　污染物排放与检验管理制度 ………………………………… (279)
　5.3.8　日常报告管理制度 …………………………………………… (285)
　5.3.9　排污费征收管理制度 ………………………………………… (288)
5.4　行政检查 ………………………………………………………… (290)
　5.4.1　行政检查的对象、方法、程序 ……………………………… (290)
　5.4.2　检查内容 ……………………………………………………… (293)
　5.4.3　溢油事故现场检查 …………………………………………… (299)
5.5　违法行为及其法律责任 ………………………………………… (304)
　5.5.1　调查取证工作 ………………………………………………… (304)
　5.5.2　违法行为及其法律责任 ……………………………………… (310)
5.6　案例分析 ………………………………………………………… (315)
　5.6.1　海上平台违规超标排污案 …………………………………… (315)
　5.6.2　海上油田管道破损溢油污染案 ……………………………… (320)
　5.6.3　海上油田钻井井碰地层溢油污染案 ………………………… (323)

1 海洋环境保护行政执法概述

1.1 海洋环境保护概述

1.1.1 我国海洋环境现状

我国是一个海洋大国,拥有 1.8 万千米的海岸线、7 300 多个岛屿(面积大于 500 平方米)和约 300 万平方千米的管辖海域。改革开放以来,我国的海洋经济得到突飞猛进,2012 年海洋经济产值达 50 087 亿元,同比增长 7.9%,占国内生产总值 9.6%,海洋事业取得了长足发展。但同时,海洋经济和沿海经济的快速发展,也对海洋环境造成了较大的压力。近几年,在国家的重视和持续整治下,我国海洋环境恶化的势头得到了一定的控制,但局部海域生态环境恶化的趋势仍未得到有效遏制,海洋生态环境仍面临严峻的形势。

《2012 年全国海洋环境状况公报》显示,2012 年,我国海洋环境质量状况总体维持在较高水平。符合第一类海水水质标准的海域面积约占我国管辖海域面积的 94%,海洋沉积物质量良好。海水、海洋沉积物、海洋生物的放射性水平和海洋大气 γ 辐射空气吸收剂量率均处于本底范围内。国家级海洋保护区环境质量总体良好,主要保护对象或保护目标基本保持稳定。重点海水浴场、滨海旅游度假区环境质量总体良好。海水增养殖区环境质量基本满足养殖活动要求。海洋倾倒区环境状况总体稳定,未因倾倒活动产生明显影响。

近岸海域水体污染、生态受损、灾害多发等环境问题依然突出。经河流排海的氮、磷入海量较上年明显增大，陆源入海排污口达标排放率依然较低。近岸海域劣于第四类海水水质标准的海域面积为67 880平方千米，增加了24 080平方千米，其中渤海、黄海、东海和南海劣于第四类海水水质标准的海域面积分别增加了8 870平方千米、6 990平方千米、6 700平方千米和1 520平方千米。劣于第四类海水水质标准的区域主要分布在黄海北部、辽东湾、渤海湾、莱州湾、江苏沿岸、长江口、杭州湾、珠江口的近岸海域，近岸海域主要污染要素是无机氮、活性磷酸盐和石油类。约1.9万平方千米海域呈重度富营养化状态。对重点监测区的河口、海湾、滩涂湿地、珊瑚礁、红树林和海草床等典型海洋生态系统的健康状况评价结果表明，处于健康、亚健康和不健康状态的海洋生态系统分别占19%、71%和10%。全海域发现赤潮73次，累计面积较上年增加1 895平方千米。渤海滨海平原地区海水入侵和土壤盐渍化严重。砂质海岸和粉砂淤泥质海岸侵蚀范围扩大，局部地区侵蚀速度加快。蓬莱"19-3"油田溢油事故和大连新港"7.16"油污染事件对邻近海域生态环境造成的污染损害依然存在。

渤海是我国唯一的半封闭型内海，辽河、海河、黄河等主要河流由此入海，河口湿地面积广阔，在我国海洋生态系统中具有重要作用和独特功能。但由于封闭性强，水体交换周期长，也导致了渤海环境承载能力较弱。2012年，渤海符合第一类海水水质标准的海域面积比例已降低至约47%，第四类和劣于第四类海水水质标准的海域面积与2006年同期相比增加了近3倍，达到1.8万平方千米，约占渤海总面积的23%。2006年以来，渤海河口、海湾等重点海域生态系统均处于亚健康或不健康状态。

1.1.2 我国海洋环境保护立法概况

对于"海洋环境保护"的含义，国内至今尚未形成统一的定义。《海洋环境保护法》第一条规定，"为保护和改善生态环境，保护海洋资源，防治污染损害，维护生态平衡，保障人体健康，促进经济和社会的可持续发展，制定本法"。这是海洋环境保护的立法目的，也是海洋环境保护的主要内容。中国海洋大学朱庆林等编著的《海洋环境保护》一书，对海洋环境保护的含义描述为："以海洋环境自然平衡和持续利用为目的，运用行政、法律、经济、科学技术和国际合作等手段，维持海洋环境的良好状况，防止、减轻和控制海洋环境破坏、损害或退化的保护行为。"1992年联合国环境与发展会议通过并签署的《21世纪议程》对海洋环境保护特别强调了以下问题：建立并加强国家协调机制，制定环境政策和规划，制定并实施法律和标准制度，综合运用经济、技术手段以及有效的经常性的监督工作等来保证海洋环境的良好状况。从以上相关介绍，可以帮助我们建立对海洋环境保护概念的认识。

为了保护和改善海洋环境，保护海洋资源，防止污染损害，维护生态平衡，规范我国管辖海域及沿海地区海洋环境保护活动和行为，1982年全国人大常委会颁布了《中华人民共和国海洋环境保护法》，该法于1983年正式实施，标志我国的海洋环境保护工作开始步入法制化轨道。为贯彻该法，国务院先后发布了《中华人民共和国海洋石油勘探开发环境保护管理条例》、《中华人民共和国海洋倾废管理条例》、《中华人民共和国防止拆船污染海洋环境管理条例》、《中华人民共和国防治海岸工程建设项目污染损害海洋环境管理条例》等配套法规，进一步细化了《中华人民共和国海洋环境保护法》有关环境保护的规定，基本构建起了我国海洋环境保护法律框架体系，为我国海洋环境保护工作提供了法律保障。

随着我国海洋开发战略的实施，沿海经济的快速发展，《海洋环境保护法》的相关规定和要求已不适应新的海洋管理工作的需要。一方面有的法律规定已制约海洋管理工作的发展，需要废止；另一方面海洋经济的发展需要在法律层面上加以约束，需要制定，旧有的法律制度不完善已日益凸现。九届全国人大常委会经过调查研究和广泛征求意见，对1982年的《海洋环境保护法》进行了修订，并于2000年4月1日起正式实施。修订后的《海洋环境保护法》新增加了"海洋环境监督管理"、"海洋生态保护"两章，并对海洋工程建设项目环境保护内容做了专章规定，这对于切实保护和改善海洋环境、保护海洋资源、防治污染损害、维护生态平衡、保障人体健康、促进经济和社会的可持续发展具有重要意义。

为了采取措施保护海洋生态环境，有效防治陆源污染物、海岸工程建设项目、海洋工程建设项目、倾倒废弃物、船舶及有关作业活动等给海洋环境造成的污染损害。海洋环境保护法建立了各类污染源防治管理制度和以海洋自然保护区、特别保护区为重点的海洋生态保护制度以及重点海域排污总量控制制度、海洋排放污染物缴费制度、污染事故或其他突发事件报告制度等相关制度。

1.1.3 海洋部门环境保护工作概况

根据《中华人民共和国海洋环境保护法》、《中华人民共和国领海及毗连区法》、《中华人民共和国专属经济区和大陆架法》等的有关规定，凡在我国内水、领海、专属经济区和大陆架从事航行、勘探、开发生产、旅游、科学研究以及其他活动的任何单位和个人，包括我国和外国的单位和个人以及国际组织，都应当遵守我国的海洋环境保护法律制度。

我国现行海洋环境保护监督管理体制的特点是，环境保护行政主管部门统一指导、协调和监督与各有关部门分工负责相结合，中央与地方分级监督管理相结合。根据《海洋环境保护法》的规定，我国涉海海洋环境保护行政主管部门包括环境保护、海洋、海事、渔业和军队五个部门。其中，国务院环境保护主管部门是对全国环境保护工作统一监督管理的部门，国家海洋行政主管部门负责对海洋环境进行监督管理；沿海县级以上地方人民政府行使海洋环境监督管理权，各省、自治区、直辖市人民政府的海洋环境保护职责根据《海洋环境保护法》的规定确定。

根据《海洋环境保护法》的规定，国家海洋行政主管部门负责对海洋环境的监督管理，组织海洋环境的调查、监测、监视、评价和科学研究，负责全国防治海洋工程建设项目和海洋倾倒废弃物对海洋污染损害的环境保护工作。具体职责包括：会同国务院有关部门和沿海省、自治区、直辖市人民政府拟定全国海洋功能区划，报国务院批准，并依据其制定和组织实施全国海洋环境保护规划和重点海域区域性海洋环境保护规划，协调好跨区域、跨部门海洋环境保护工作；按照国家环境监测、监视规范和标准，管理全国海洋环境的调查、监测、监视，制定具体的实施办法，会同有关部门组织全国海洋环境监测、监视网络，定期评价海洋环境质量，发布海洋巡航监视通报；按照国家制定的环境监测、监视信息管理制度，负责管理海洋综合信息系统，为海洋环境保护管理提供服务；加强对海上事故和突发性事件造成海洋环境污染的处理，负责制定全国海洋石油勘探开发重大海上溢油应急计划，报国务院环境保护行政主管部门备案；对由国务院环境保护行政主管部门审核环境影响报告书的海岸工程建设项目提出审核意见；核准海洋工程建设项目环境影响报告书，并报环境保护行政主管部门备案；对海洋工程建设项目的环境保护司核实进行验收；审批石油勘探开发溢油应急计划；审批发放海洋倾倒许可证；制定海洋倾倒废弃物评价程序和标准；拟定可以向海洋倾倒的废弃物名录，选划和批准海洋倾倒区，但选划必须征求国家海事、渔业部门的意见，选划结果报国务院环境保护主管部门备案；监督管理倾倒区的使用，组织倾倒区的环境监测；对经确认不宜继续使用的倾倒区，予以封闭；在法定权限内代表国家对破坏海洋生态、海洋水产资源、海洋保护区给国家造成重大损失的责任者提出损害赔偿要求；在职责范围内行使相应的检查权、行政处罚权和会同有关部门进行有关海洋环境保护监督管理的权利；实行海上联合执法，对海上污染事故或违法行为，予以制止并调查取证，必要时采取有效措施防止污染事故扩大，并报告有关主管部门处理。

根据法律赋予的职责，国家海洋局在海洋环境保护方面开展大量卓有成效的工作，通过制定、完善各项海洋环境保护管理制度和措施，严格海洋环境保护项目审批，开展对海洋工程建设项目、海洋油气勘探开发、海洋倾废等对海洋环境的污染损害防治工作，建立以卫星遥感、航空巡视、船舶巡航、陆岸巡查和浮标监测构成的全天候、全时空、全覆盖的环境监控体系和网络，加大海洋生态系统的保护与修复力度，加强海洋环境灾害和突发事件应急监测与风险防范，监督陆源污染物排海，强化对石油勘探开发、海洋工程、海洋倾废、海洋生态环境等的监视、监测、评价和监督管理工作，为保护海洋环境、促进经济社会可持续发展作出了显著贡献。

随着《海洋环境保护法》的颁布，海洋行政主管部门依据职责积极开展海洋环境保护行政执法工作。1983年，随着《海洋环境保护法》的实施，中国海监队伍开始对我国管辖海域实施巡航执法活动。1984年10月，时任全国人大常委会委员长彭真亲笔为国家海洋局执法船船名题写了"中国海监"字样。1998年10月，中央机构编制委员会正式批准成立中国海监总队。随着中国海监总队的成立，全国相继成立北海、东海、南海三个海区和沿海省、市、县各级海监机构，标志中国海监队伍的建设和我国管辖海域的海洋环境保护管理工作进入一个新的发展阶段。按照国家海洋局和中国海监总队的统一部署，全国各级海监机构以履行行政检查和行政处罚两项职能为重点，强化近岸海域定期和不定期执法检查，通过开展"碧海专项执法行动"、"海洋倾废专项执法行动"、"渤海及北戴河海域海洋环境综合整治专项执法行动"和联合执法检查行动等活动，深化各项海洋环境执法检查，加大海洋环境污染和违法行为的查处力度，并承担海上重大环境突发事件的应急响应行动，不断提升对海洋环境的管控能力，切实保护海洋环境与资源。

1.2 海洋环境保护行政执法的法律依据

1983年3月1日起开始实施的《中华人民共和国海洋环境保护法》，标志着中国的海洋环境保护工作开始走上法制轨道。目前，我国已形成了以《中华人民共和国宪法》（简称《宪法》）为根本，以《环境保护法》为基础，以《海洋环境保护法》为主体，以海洋环境保护行政法规、地方性法规、规章、规范性文件、海洋环境技术标准规范为配套，以相关国际公约为参照的海洋环境保护法律体系。

1.2.1 宪法

《宪法》规定"矿藏、水流、森林、山岭、草原、荒地、滩涂等自然资源，属于国家所有，即全民所有；由法律规定属于集体所有的森林和山岭、草原、荒地、滩涂除外"、"国家保障自然资源的合理利用，保护珍贵动物和植物。禁止任何组织或者个人用任何手段侵占或者破坏自然资源"、"国家保护名胜古迹、珍贵文物和其他重要历史文化遗产"和"国家保护和改善生活环境和生态环境，防治污染和其他公害。国家组织和鼓励植树造林，保护树木"，这些规定把环境保护作为一项国家职责和基本国策在宪法中予以确认，把环境保护的总政策、指导原则和基本任务在宪法中做出规定，为国家和社会的环境活动奠定了宪法基础，赋予了最高的法律效力，是海洋环境保护的立法依据。

1.2.2 法律

海洋环境保护行政执法的法律分为专门性的法律和一般性的法律。

1974年1月，国家颁布了《防止沿海水域污染暂行规定》，开始了我国防治海洋污染的立法和环境保护管理。1989年12月颁布的《环境保护法》是中国环境与资源保护的基本法，是一部对环境保护领域的重大问题加以全面综合调整的实体法，是环境保护的基本规范，是单行环境法律法规的立法基础。针对海洋环境保护，《环境保护法》"适用于中华人民共和国领域和中华人民共和国管辖的其他海域"，"国务院和沿海地方各级人民政府应当加强对海洋环境的保护。向海洋排放污染物，倾倒废弃物，进行海岸工程建设和海洋石油勘探开发，必须依照法律的规定，防止对海洋环境的污染损害"。

1983年正式实施的《中华人民共和国海洋环境保护法》，是我国海洋环境保护工作开始步入法制化轨道的标志。此后，国务院先后发布了多项配套法规，进一步细化了《中华人民共和国海洋环境保护法》有关环境保护的规定，构建起了我国海洋环境保护法律框架体系。

修订后的《海洋环境保护法》，把促进经济和社会的可持续发展作为重要原则，完善了海洋环境保护法律制度的规定，强化了海洋环境管理及有关法律责任，更加适应国际海洋事务发展的要求，与国际公约的衔接更加紧密。对保护和改善海洋环境，保护和利用海洋资源，维护生态平衡，防治污染和损害，起到了积极作用。

除了专门的海洋环境保护法律之外，一般性行政法律规范也是海洋环境保护行政执法的重要法律依据。如《中华人民共和国行政监察法》、《中华人民共和国行政复议法》、《中华人民共和国行政处罚法》、《中华人民共和国行政诉讼法》、《中华人民共和国国家赔偿法》《中华人民共和国行政强制法》等。尤其是《中华人民共和国行政处罚法》，是规范海监执法行为的常用法律规范。

1.2.3　法规

行政法规是国务院根据宪法和法律，按法定程序制定和颁布的规范性文件。为实施《海洋环境保护法》，国务院在1983—1990年间发布了《防止船舶污染海域管理条例》、《海洋石油勘探开发环境保护管理条例》、《海洋倾废管理条例》、《防止拆船污染环境管理条例》、《防治陆源污染物损害海洋环境管理条例》和《防治海岸工程建设项目污染损害海洋环境管理例》。此外，《国务院关于进一步加强环境保护工作的决定》、《国务院关于环境保护若干问题的决定》等若干行政性规定，也都适应于海洋环境保护工作。

沿海省、自治区、直辖市和较大的市，根据本地区海洋环境保护的具体情况和实际需要制定的有关海洋环境保护的地方性法规，如《海南省红树林保护规定》、《天津市海域环境保护管理办法》、《青岛市近岸海域环境保护规定》等，可操作性强，也是地方海监机构实施海洋环境保护行政执法的主要依据。

1.2.4 规章和规范性文件

行使海洋环境监督管理权的国务院有关部门发布的部门规章主要包括：《海洋石油勘探开发管理条例实施办法》、《海洋倾废管理条例实施办法》、《海洋自然保护区管理办法》、《海上监视应急管理办法》、《油船安全生产管理规则》、《关于加强渔港水域环境保护工作的规定》、《海洋行政处罚实施办法》等，这些规章使海洋环境保护工作不仅有法可依，而且有章可循。此外，各地政府还出台了一些地方性规章，如2006年8月1日起实施的《辽宁省海洋环境保护管理办法》等。

国家海洋局印发的一系列规范性文件，也是海监执法的重要依据。主要包括：《倾倒区管理暂行规定》、《海洋石油勘探开发环境保护管理若干问题暂行规定》、《海洋石油勘探开发环境影响后评价管理暂行规定》、《海洋石油平台弃置管理暂行办法》、《海洋特别保护区管理暂行办法》、《国家海洋局关于建立渤海海洋生态红线制度的若干意见》等。

1.2.5 其他部门性法律规范

由于海洋环境保护是一项巨大的、复杂的、系统的工程，单靠专门的立法不可能把涉及海洋环境的全部社会关系都调整到位，因此，其他部门性法律规范如《渔业法》及其实施细则、《野生动物保护法》、《水生野生动物保护实施条例》、《矿产资源法》及其实施细则、《森林法》及其实施细则以及《民法通则》、《刑法》、《治安管理处罚法》、《物权法》等法律和行政法规中有关海洋环境保护的规定，对于充实和完善海洋环境保护法律体系也具有重要作用。

1.2.6 国际公约

我国参加、批准并对我国生效的一般性国际条约中有关海洋环境保护的规范主要有《联合国海洋法公约》，专门性国际环境条约中的海洋环境保护规范主要有《防止倾倒废物及其他物质污染损害海洋的公约》、《〈防止倾倒废物及其他物质污染损害海洋的公约〉1996年议定书》等，它们都是我国海洋环境保护法律体系的组成部分。国际环境条约须通过国内法加以规定，才能得以贯彻实施。

1.3 海洋环境保护行政执法的基本要素

1.3.1 基本原则

海洋环境保护行政执法除了遵循行政执法的一般原则，即合法性原则、合理性原则、责任行政原则和效率原则外，还应遵循以下基本原则：

（1）预防原则

预防为主是我国海洋环境保护的一项基本原则，海洋环境保护行政执法工作应该遵循"预防为主，预防和查处相结合"的工作原则，要求执法人员认真履行职责，按规定进行执法检查、巡查和宣传海洋法律法规政策，提高社会的海洋环境保护意识，及时发现和消除海洋环境保护隐患，及时发现、制止和查处海洋环境违法、违规行为，避免或最大限度地减轻海洋开发利用活动对海洋环境造成的损害。

（2）依法原则

执法人员应当依照有关法律、法规规定的职权、程序、期限和形式等执行公务，实施各类执法检查，查处各类海洋违法行为，保障海洋环境保护法律法规的贯彻执行；依法原则要求既要符合实体法，还必须符合程序法。即海洋行政主管部门及其所属的海监机构在海洋行政执法活动中，必须严格遵守国家基本行政法律，严格按照有关的海洋法律、法规和规章实施海洋行政检查和行政处罚。

（3）及时原则

及时原则指在海洋环境保护行政执法活动中坚持行政执法行为经济、效能和质量的统一，主要体现在及时对海上活动实施执法检查，及时对违法行为予以查处。海洋的流动性、变化性和复杂性，决定了海洋行政执法的时效性特点，对任何海洋开发利用活动的监控和海上违法、违规行为的查处，海洋环境保护行政执法最基本、最有效的做法就是及时、快速的反应和处置。

（4）准确原则

准确原则的应用，主要集中在海洋行政处罚中，即执法者根据相对人的违法事实和情节对罚种、罚额等因素进行考量和把握。具体讲就是执法检查的结果应当确保事实清楚、证据充分、定性准确、适用法律法规条文正确、程序合法、量罚适当。海洋环境保护行政执法往往涉及污染源途径判定、污染物排放、污染物分析鉴定、海洋环境监测、风险评价、生产工艺、施工方式等具有技术性、专业性的执法目标和事项，依靠专业技术支撑单位是保证执法准确性、科学性的重要保障。

1.3.2 执法管辖

1.3.2.1 法律法规和规章规定

《中华人民共和国海洋环境保护法》第五条规定："国务院环境保护行政主管部门主要负责全国防治陆源污染物和海岸工程建设项目对海洋污染损害的环境保护工作。国家海洋行政主管部门负责海洋环境的监督管理，负责全国防治海洋工程建设项目和海洋倾倒废弃物对海洋污染损害的环境保护工作。国家海事行政主管部门负责所辖港区水域内非军事船舶和港区水域外非渔业、非军事船舶污染海洋环境的监督管理，并负责污染事故的调查处理；对在中华人民共和国管辖海域航行、停泊和作业的外国籍船舶造成的污染事故登轮检查处理。国家渔业行政主管部门负责渔港水域内非军事船舶和渔港水域外渔业船舶污染海洋环境的监督管理,负责保护渔业水域生态环境工作。军队环境保护部门负责军事船舶污染海洋环境的监督管理及污染事故的调查处理。沿海县级以上地方人民政府行使海洋环境监督管理权的部门的职责,由省、自治区、直辖市人民政府根据本法及国务院有关规定确定。"

该条是关于我国海洋环境保护监督管理部门职责的规定,由上可以看出我国的海洋环境监督管理主要由环境保护、海洋、海事、渔业和军队五个部门负责,这也是广义的海洋环境保护行政执法管辖部门。本书所述的海洋环境保护行政执法管辖主要是指海洋行政主管部门所负责的海洋环境保护领域的执法工作。

为贯彻落实《中华人民共和国海洋环境保护法》,国家出台了一系列法规、规章,从法律地位上进一步完善和明确了海洋部门的海洋环境监督管理职责:

(1) 海洋自然保护区和海洋特别保护区方面

1994年10月国务院发布的《中华人民共和国自然保护区管理条例》规定,国家对自然保护区实行综合管理与分部门管理相结合的管理体制,国务院环境保护主管部门负责全国自然保护区的综合管理,国务院林业、农业、地质矿产、水利、海洋等有关行政主管部门在各自的职责范围内,主管有关的自然保护区。海洋自然保护区、海洋特别保护区的主管部门是国家海洋主管部门和沿海县级以上地方人民政府海洋主管部门。2000年4月1日修订颁布的《中华人民共和国海洋环境保护法》第二十一条规定,国务院有关部门和沿海省级人民政府应当根据保护海洋生态的需要,选划、建立海洋自然保护区;第二十三条规定,凡具有特殊地理条件、生态系统、生物与非生物资源及海洋开发利用特殊需要的区域,可以建立海洋特别保护区,采取有效的保护措施和科学的开发方式进行特殊管理。2008年,在《国务院关于部委管理的国家局设置的通知》(即国务院下达的国家海洋局"三定"职责）规定，国家海洋局的主要职责之一"承担保护海洋环境的责任。……监督陆源污染物排海、海洋生物多样性和海洋生态保护区，监督管理海洋自然保护区和海洋特别保护区"，进一步强化了海洋部门在海洋自然保护区和海洋特别保护区的监督管理地位。

（2）海洋倾倒废弃物方面

1985年3月国务院发布的《中华人民共和国海洋倾废管理条例》规定，海洋倾倒废弃物的主管部门是中华人民共和国国家海洋局及其派出机构；2005年1月，国土资源部发布的《委托签发废弃物海洋倾倒许可证管理办法》第十四条规定，"国家海洋行政主管部门负责全国海域海洋倾废活动的管理。省级海洋行政主管部门负责对本行政区毗邻海域的海洋倾废活动和其签发的废弃物海洋倾倒普通许可证的倾倒活动实施监督检查。废弃物装载时，应当进行核实，必要时可以派员随航监督。海区分局负责本海区海洋倾废活动的指导、协调、监督和管理。国家海洋局深圳海洋管理处、国家海洋局珠海海洋管理处分别负责深圳市、珠海市毗邻海域的海洋倾废活动的管理"。

（3）海洋工程方面

2006年8月国务院颁布的《防治海洋工程建设项目污染损害海洋环境管理条例》规定，海洋工程的主管部门是国家海洋主管部门和沿海县级以上地方人民政府海洋主管部门。

（4）海洋石油勘探开发方面

1983年12月国务院发布的《中华人民共和国海洋石油勘探开发环境保护管理条例》规定，海洋石油勘探开发环境保护的主管部门是国家海洋局及其派出机构。

综上，国家海洋行政主管部门在海洋环境的监督管理上，主要负责海洋工程建设项目、海洋石油勘探开发、海洋倾倒废弃物、海洋自然保护区和特别保护区的环境保护工作。地方人民政府海洋行政主管部门除了承担海洋石油勘探开发环境保护职责外，也承担相应的海洋环境监督管理职责。中国海监作为海洋行政主管部门所属的海洋行政执法队伍，依据所属海洋行政主管部门的管理职责和权限开展工作，履行管辖职能。

1.3.2.2　规范性文件规定

为规范海洋环境保护行政执法工作，进一步明确各级海监机构的区域管辖、层级管理和案件查处问题，国家海洋局于2010年12月22日出台了《中国海监海洋环境保护行政执法工作实施办法》，该办法对海洋环境保护行政执法工作的管辖从两个方面进行了规范：

（1）区域管辖

中国海监各级机构开展海洋环境保护行政执法工作实行区域管辖制度，各级执法机构的区域管辖范围如下：

中国海监总队负责我国内水、领海、毗连区、专属经济区、大陆架及管辖的其他海域的海洋环境保护行政执法工作；

中国海监北海区总队负责辽宁省、河北省、天津市、山东省管辖海域的海洋环境保护行政执法工作，同时负责上述省（市）相邻专属经济区、大陆架等的海洋环境保护行政执法工作；

中国海监东海区总队负责江苏省、浙江省、上海市、福建省管辖海域的海洋环境保护行政执法工作，同时负责上述省（市）相邻专属经济区、大陆架等的海洋环境保护行政执法工作；

中国海监南海区总队负责广东省、广西壮族自治区、海南省管辖海域的海洋环境保护行政执法工作，同时负责上述省（市）相邻专属经济区、大陆架等的海洋环境保护行政执法工作；

中国海监各海区总队所属的海区支队，按海区总队的分工负责相关海域内的海洋环境保护行政执法工作；

各省、市、县级海监机构负责本辖区内的海洋环境保护行政执法工作；

中国海监各保护区海监机构负责本保护区内的海洋环境保护行政执法工作。

根据工作需要，上级海监机构可以指定下级海监机构开展特定海域的海洋环境保护行政执法工作。

（2）层级管理

中国海监各级机构开展海洋环境保护行政执法工作实行层级管理制度。各级海监机构层级管理如下：

中国海监总队负责全国海洋环境保护行政执法工作的领导和监督检查，制定全国海洋环境保护行政执法工作的方针政策，组织重大的海洋环境保护行政执法行动，办理有必要由中国海监总队直接查处的案件；

中国海监各海区总队负责组织协调和监督指导本辖区内各级海监机构的海洋环境保护行政执法工作，组织开展本辖区内的重大海洋环境保护行政执法行动。负责本辖区内海洋油气勘探开发执法检查；负责由国家海洋行政主管部门核准环评的海洋工程的执法检查；负责由国家海洋行政主管部门批准的100万立方米以上的海洋倾废活动的执法检查；负责港、澳和涉外的海洋倾废活动的执法检查；对国家级海洋自然保护区和特别保护区的开发活动实施执法检查。有权查处各类海洋环境违法案件；

中国海监各海区总队所属支队根据海区总队的分工，负责本辖区内的海洋环境保护行政执法检查和案件查处工作，对省、市、县级海监机构的海洋环境保护行政执法工作进行监督；

省、市、县级海监机构负责本辖区的海洋环境保护行政执法工作、制定本辖区内海洋环境保护行政执法工作的规划和计划，组织本辖区内海洋环境保护行政执法检查和违法案件的查处工作。省级海监机构负责由本省海洋行政主管部门核准环评的海洋工程的执法检查，负责由本省海洋行政主管部门批准的100万立方米以下的海洋倾废活动的执法检查；与保护区海监机构共同负责国家级海洋自然保护区和特别保护区的执法检查，负责本辖区入海排污口的监督检查，查处除明确规定由海区总队管辖外的各类海洋环境违法案件；

地方级海洋自然保护区和特别保护区的海洋环境保护行政执法检查和

案件查处工作由保护区海监机构和设立保护区的海洋行政主管部门所属的海监机构共同负责。

必要时,中国海监各级机构可以根据需要,按照效率和就近管理的原则,指定下级海监机构实施监督检查和案件查处工作。

1.3.3 检查方式

1.3.3.1 检查方式的分类

根据我国的海洋环境保护行政执法实践,我国海洋环境保护的行政检查主要包括以下几种方式:

(1) 综合检查与专项检查

根据检查对象是否单一,分为综合检查与专项检查。综合检查是指对各类海上活动进行全面检查;专项检查是指对某一类海上活动进行专门检查。

(2) 定期检查与不定期检查

根据检查时间是否固定,分为定期检查与不定期检查。定期检查是指有规律地在固定时间对海上活动进行检查;不定期检查是指不固定时间的对海上活动的随机检查。

(3) 事前检查、事中检查与事后检查

针对检查的工程项目或海上作业进展阶段的不同,分为事前检查、事中检查与事后检查。事前检查是指工程项目或海上作业开始之前所实施的检查;事中检查是指工程项目或海上作业开始之后、结束之前所实施的检查;事后检查是指工程项目或海上作业结束之后所实施的检查。

(4) 现场检查与书面检查

针对检查地点和形式的不同,分为现场检查与书面检查。现场检查是指执法人员亲临海上活动或作业现场进行检查,包括陆地检查、海上检查和空中检查;书面检查是指执法人员不到现场,对相对人提交的有关书面材料等进行检查。

(5) 联合检查和单独检查

针对检查实施主体的不同,分为联合检查和单独检查。联合检查是指上级海监机构与下级海监机构共同进行的跨层的联合检查活动,或者不同地区的海监机构共同进行的跨区域的联合检查活动;单独检查是指各级海监机构在辖区内独立开展的检查活动。

海洋环境保护行政检查的方式多种多样,开展执法检查工作应当根据具体情况选择检查方式,以保证执法效果。

1.3.3.2 海洋环境保护行政检查的主要实施方式

国家海洋局在《中国海监海洋环境保护行政执法工作实施办法》中规定,各级海监机构开展海洋环境保护行政执法工作,可采取卫星遥感、航空巡视、船舶巡航和实地检查相结合的手段进行。必要时,应与所辖区域内的海洋监测机构相互配合,建立联合执法检查工作机制。根据不同领域海洋环境保护行政执法工作的特点和需要,实施海洋环境保护行政检查主要采取以下方式:

(1) 定期执法检查

定期执法检查适用各级海监机构本辖区内各领域的环境保护执法工作,根据国家海洋局的统一要求,各级海监都要建立定期执法检查制度,每年要开展不少于两次全面的执法检查,对特殊领域可联合海洋监测机构定期开展,并将执法检查工作的情况报上级海监机构,同时向下级海监机构通报。

(2) 不定期执法检查

不定期执法检查工作适用于各级海监机构根据海洋工程、海洋倾废等施工运营的海洋环境保护要求及项目海域海洋环境质量状况变化开展的执法检查。不定期执法检查主要是配合海洋环境保护管理部门的工作要求,立足于纠正和改进本地区比较突出的海洋环境保护方面的问题。不定期执法检查是各级海监机构履行海洋环境保护行政执法职能的一种常规工作形式。

(3) 专项执法检查

专项执法行动适用于各级海监机构对于本辖区内比较严重的海洋环境保护事件和违法行为。开展专项执法行动必须有明确的执法检查任务，有效的组织机构，制定详细的专项执法检查方案并报上级海监机构备案。目前，国家海洋局自2009年启动开展的"碧海专项执法检查行动"即属于此类。

(4) 联合执法检查

各级海监机构在开展执法检查或其他执法行动时，可采取本辖区内各级海监机构联合执法的方式，也可以采取海监机构与其他部门联合执法的方式。联合执法检查行动可以采取统一组织、统一检查的形式进行，也可以采取统一组织、分区或分类检查的形式进行。对在联合执法检查行动中发现的违法行为，可以以组织该行动的海监机构的名义查处，也可以由有管辖权的海监机构查处。目前，国家海洋局自2011年启动的"渤海及北戴河海域海洋环境综合整治专项执法行动"即属于此类。

(5) 应急执法检查

对海上突发的环境污染事件，各级海监机构应在主管该事件的海监机构统一领导下启动应急执法工作。如中国海监开展的对2010年大连新港"7·16"输油管道爆炸油污染事件和2011年对蓬莱"19-3"油田溢油事故的跟踪监视和执法检查。

1.3.4 查处方式

国家海洋局规定，各级海监机构的海洋环境违法案件查处工作，实行层级管理和"谁发现谁查处"相结合的原则。对海洋环境违法案件，各级海监机构可以采取以下方式进行查处：

(1) 直接查处

依据现行法律、法规、规章和规范性文件的规定，除已有明确规定外，实行"谁发现谁查处"的原则，即先发现违法行为的海监机构可以直接进行查处。直接进行查处的,应将查处结果通报有管辖权的海监机构。

(2) 移交查处

下级海监机构如认为确有必要,可将海洋环境违法案件报请上一级海监机构查处;上级海监机构认为确有必要,可将海洋环境违法案件移交下级海监机构查处;对于法律、法规没有明确规定专属海监机构管辖的环境保护案件,先发现违法行为的海监机构,可以将案件移交给有管辖权的海监机构查处,也可以直接进行查处;对法律明确规定专属海监机构管辖的违法案件,应移交有管辖权的海监机构进行查处;各级海监机构发现的不属于中国海监管辖的违法行为,应移送给有管辖权的部门处理。

(3) 指定查处

各级海监机构已立案的案件,立案的海监机构认为不宜由本级海监机构查处的,可请求上级海监机构指定其他海监机构查处;上级海监机构认为不宜由立案海监机构查处的,可以指定其他海监机构查处;对跨辖区的海洋环境违法行为,出现管辖权争议时,应提请共同的上一级海监机构指定管辖。

(4) 挂牌督办

对于造成恶劣或者重大社会影响的海洋环境违法行为,由中国海监总队实施挂牌督办。挂牌督办案件的办案机关由中国海监总队指定,办案机关必须按照中国海监总队规定的时限等要求办理。中国海监总队对挂牌督办案件实行全过程跟踪、指导和监督,对工作不力的办案机关要按照相关规定追究责任。

1.3.5 执法措施

1.3.5.1 检查措施

在实施海洋环境保护行政执法时,中国海监机构可根据海洋倾废、海洋工程建设项目和海洋自然保护区等检查内容的不同和检查需要,采取不同的措施进行执法检查。根据现有海洋环境保护法律法规的规定，执法人员可采取的检查措施有：听取当事人或者相关人员关于海洋环境保护情况介绍；要求当事人或者相关人员就有关问题作出说明；要求当事人或者相关人员就有关事项提供必要的证明和材料等；查阅或者复制有关文件资料；进入现场进行检查、勘查、监测、取样检验、拍照、摄像等，检查海洋工程的海洋环境保护设施、设备和器材的安装、运行情况；如发现违法行为，应责令当事人停止正在进行的违法行为，并根据掌握的违法事实情况进行调查取证并制作现场检查登记表；其他法律、法规、规章规定的措施。

1.3.5.2 处罚措施

通过实施海洋环境保护行政执法检查，发现当事人有违法行为需要进行行政处罚时，中国海监可分别对有关海洋工程建设项目、倾倒废弃物、破坏海洋自然保护区和海洋生态环境等违法行为采取不同的措施。根据现有海洋环境保护法律法规的规定，执法人员可以采取以下处罚措施：责令限期改正并处罚款；警告并处罚款；警告或者罚款；责令停止施工或者生产、使用，并处罚款；暂扣或者吊销许可证；罚款并责令停止项目运行；警告或者限期改正；罚款；责令限期改正和采取补救措施；没收违法所得。

采取以上措施，应严格按照法律法规的规定执行。

2 海洋保护区环境保护行政执法

2.1 概述

根据《海洋环境保护法》第二十一条"国务院有关部门和沿海省级人民政府应当根据保护海洋生态的需要，选划、建立海洋自然保护区"，以及第二十三条"凡具有特殊地理条件、生态系统、生物与非生物资源及海洋开发利用特殊需要的区域，可以建立海洋特别保护区，采取有效的保护措施和科学的开发方式进行特殊管理"之规定，海洋保护区的主要类型为海洋自然保护区、海洋特别保护区。

2.1.1 海洋保护区的定义、特性和种类

2.1.1.1 海洋保护区的定义

《海洋自然保护区管理办法》第二条规定，海洋自然保护区是指以海洋自然环境和资源保护为目的，依法把包括保护对象在内的一定面积的海岸、河口、岛屿、湿地或海域划分出来，进行特殊保护和管理的区域。

《海洋特别保护区管理办法》第二条规定，本办法所称的海洋特别保护区，是指具有特殊地理条件、生态系统、生物与非生物资源及海洋开发利用特殊要求，需要采取有效的保护措施和科学的开发方式进行特殊管理的区域。

2.1.1.2 海洋保护区的特性

海洋保护区具有以下特性：

(1) 具有明确的目的

海洋保护区的建立，必须具有明确的目的，即保护海洋自然、海洋生物资源，或保护海洋历史、文化遗迹及特定的海洋生态环境系统免遭人为损害、破坏，从而实现海洋生态环境的健康发展和海洋资源的可持续利用。

(2) 具有明确的保护对象

海洋保护区是一种具有典型性、代表性的海洋生态系统。依据相关规定，通过划定一定的区域，建立海洋自然保护区，目的是将该区域珍稀、濒危海洋生物和具有重要经济价值的海洋生物、具有重大科学文化价值的海洋自然历史遗迹和自然景观、具有重大科学文化研究价值的海洋自然资源和生物资源等加以保护，以恢复、修复海洋生态系统的保护和海洋环境。

(3) 具有明确的范围

海洋保护区保护对象通过一定的方式分布于保护区内，它们可能广泛分布于海域、海岸、岛屿、滨海湿地、入海河口和海湾之中，也可能集中分布在某一区域。有关部门应当在批准该海洋自然保护区建立的同时，根据该区域的典型性、代表性，以及特殊保护和科学研究的价值，划定海洋自然保护区的具体范围，有针对性地对保护对象实施有效保护。

2.1.1.3 海洋保护区的种类

《海洋自然保护区管理办法》规定，海洋自然保护区分为国家级海洋自然保护区和地方级海洋自然保护区两种类型。

(1) 国家级海洋自然保护区

国家级海洋自然保护区是指在国内、国际有重大影响，具有重大科学研究和保护价值，经国务院批准而建立的海洋自然保护区。

(2) 地方级海洋自然保护区

地方级海洋自然保护区是指在当地有较大影响，具有重要科学研究价值和一定的保护价值，经沿海省、自治区、直辖市人民政府批准而建立的海洋自然保护区。

随着海洋环境保护工作的不断深入,我国海洋自然保护区的建设和管理工作得到了长足的发展。根据国家海洋局于2011年5月19日发布的公告,全国沿海11个省、区、市建立各类海洋自然保护区共计59个。其中,国家级海洋自然保护区33个、省级海洋自然保护区26个,详见表2-1、表2-2。

表2-1 国家级海洋自然保护区名录(共33个)

序号	名称	面积(公顷)
1	丹东鸭绿江口滨海湿地国家级自然保护区	101 000.00
2	辽宁蛇岛—老铁山国家级自然保护区	14 595.00
3	辽宁双台河口国家级自然保护区	128 000.00
4	大连斑海豹国家级自然保护区	672 275.00
5	大连城山头国家级自然保护区	1 350.00
6	昌黎黄金海岸国家级自然保护区	30 000.00
7	天津古海岸与湿地国家级自然保护区	35 913.00
8	滨州贝壳堤岛与湿地国家级自然保护区	43 541.54
9	荣成大天鹅国家级自然保护区	10 500.00
10	山东长岛国家级自然保护区	5 015.2
11	黄河三角洲国家级自然保护区	153 000.00
12	盐城珍稀鸟类国家级自然保护区	284 179.00
13	大丰麋鹿国家级自然保护区	2 667.00
14	崇明东滩国家级自然保护区	24 155.00
15	上海九段沙国家级自然保护区	42 020.00
16	南麂列岛国家级海洋自然保护区	20 106.00
17	深沪湾海底古森林遗迹国家级自然保护区	3 100.00
18	厦门海洋珍稀生物国家级自然保护区	39 000.00
19	漳江口红树林国家级自然保护区	2 360.00
20	惠东港口海龟国家级自然保护区	1 800.00
21	广东内伶仃岛—福田国家级自然保护区	921.64
22	湛江红树林国家级自然保护区	20 279.00

续表

序号	名称	面积（公顷）
23	珠江口中华白海豚国家级自然保护区	46 000.00
24	徐闻珊瑚礁国家级自然保护区	14 378.00
25	雷州珍稀海洋生物国家级自然保护区	46 865.00
26	广西山口红树林生态国家级自然保护区	8 000.00
27	合浦儒艮国家级自然保护区	35 000.00
28	广西北仑河口红树林国家级自然保护区	3 000.00
29	东寨港红树林国家级自然保护区	3 337.00
30	大洲岛海洋生态国家级自然保护区	7 000.00
31	三亚珊瑚礁国家级自然保护区	5 568.00
32	海南铜鼓岭国家级自然保护区	4 400.00
33	象山韭山列岛国家级自然保护区	48 478.00

表2-2 省级海洋自然保护区名录（共26个）

序号	名称	面积（公顷）
1	黄骅古贝壳堤省级自然保护区	117.00
2	青岛大公岛岛屿生态系统自然保护区	1 603.23
3	胶南灵山岛省级自然保护区	3 283.20
4	青岛市文昌鱼水生野生动物市级自然保护区	61.81
5	庙岛群岛斑海豹自然保护区	173 100
6	海阳千里岩岛海洋生态自然保护区	1 823.00
7	荣成成山头省级自然保护区	6 366.00
8	烟台崆峒列岛自然保护区	7 690.00
9	龙口依岛省级自然保护区	85.49
10	莱州浅滩海洋资源特别保护区	5 519.24
11	上海市金山三岛海洋生态自然保护区	46.00
12	长乐海蚌资源增殖保护区	4 660.00
13	泉州湾河口湿地省级自然保护区	7 008.00
14	东山珊瑚礁自然保护区	3 630.00
15	宁德官井洋大黄鱼繁殖保护区	19 000.00

续表

序号	名称	面积（公顷）
16	龙海九龙江口红树林自然保护区	420.20
17	南澎列岛海洋生态省级自然保护区	35 679.00
18	江门中华白海豚省级自然保护区	10 748.00
19	阳江南鹏列岛海洋生态省级自然保护区	20 000.00
20	琼海麒麟菜省级自然保护区	2 500.00
21	儋州白蝶贝省级自然保护区	30 900.00
22	文昌麒麟菜省级自然保护区	6 500.00
23	海南省清澜港红树林自然保护区	2 948.00
24	海南西南中沙群岛省级自然保护区	2 400 000.00
25	闽江河口湿地自然保护区	3 129.00
26	临高白蝶贝省级自然保护区	34 300.00

《海洋特别保护区管理办法》第十条规定，根据海洋特别保护区的地理区位、资源环境状况、海洋开发利用现状和社会经济发展的需要，海洋特别保护区可以分为海洋特殊地理条件保护区、海洋生态保护区、海洋公园、海洋资源保护区等类型。

（1）海洋特殊地理条件保护区

海洋特殊地理条件保护区是指具有重要海洋权益价值、特殊海洋水文动力条件的海域和海岛。

（2）海洋生态保护区

海洋生态保护区是指珍稀濒危物种自然分布区、典型生态系统集中分布区及其他生态敏感脆弱区或生态修复区。

（3）海洋公园

海洋公园是指特殊海洋生态景观、历史文化遗迹、独特地质地貌景观及其周边海域。

（4）海洋资源保护区

海洋资源保护区是指重要海洋生物资源、矿产资源、油气资源及海洋能等资源开发预留区域、海洋生态产业区及各类海洋资源开发协调区。

《海洋特别保护区管理办法》第十一条规定,海洋特别保护区分为国家级和地方级。

(1) 国家级海洋特别保护区

国家级海洋特别保护区是指具有重大海洋生态保护、生态旅游、重要资源开发价值、涉及维护国家海洋权益的海洋特别保护区。

(2) 地方级海洋特别保护区

地方级海洋特别保护区是指除国家级海洋特别保护区以外的其他海洋特别保护区。

目前,我国已经建立了国家级海洋特别保护区、海洋公园共计28个。其中,国家级海洋特别保护区21个,国家级海洋公园7个,详见表2-3、表2-4。

表2-3 国家级海洋特别保护区名录(共21个)

序号	名称	面积(公顷)
1	江苏海门市蛎岈山牡蛎礁海洋特别保护区	1 222.90
2	浙江乐清市西门岛国家级海洋特别保护区	3 080.00
3	浙江嵊泗马鞍列岛海洋特别保护区	54 900.00
4	浙江普陀中街山列岛国家级海洋生态特别保护区	20 290.00
5	浙江渔山列岛国家级海洋生态特别保护区	5 700.00
6	山东昌邑国家级海洋生态特别保护区	2 929.28
7	山东东营黄河口生态国家级海洋特别保护区	92 600.00
8	山东东营利津底栖鱼类生态国家级海洋特别保护区	9 404.00
9	山东东营河口浅海贝类生态国家级海洋特别保护区	39 623.00
10	山东东营莱州湾蛏类生态国家级海洋特别保护区	21 024.00
11	山东东营广饶沙蚕类生态国家级海洋特别保护区	8 282.00
12	山东文登海洋生态国家级海洋特别保护区	518.77
13	山东龙口黄水河口海洋生态国家级海洋特别保护区	2 168.89
14	山东烟台芝罘岛群海洋特别保护区	769.72
15	山东威海刘公岛海洋生态国家级海洋特别保护区	1 187.79

续表

序号	名称	面积（公顷）
16	山东乳山市塔岛湾海洋生态国家级海洋特别保护区	1 097.15
17	山东烟台牟平沙质海岸国家级海洋特别保护区	1 465.20
18	山东莱阳五龙河口滨海湿地国家级海洋特别保护区	1 219.10
19	山东海阳万米海滩海洋资源国家级海洋特别保护区	1 513.47
20	山东威海小石岛国家级海洋特别保护区	3 069.00
21	辽宁锦州大笔架山国家级海洋特别保护区	3 240.00

表2-4 国家级海洋公园名录（共7个）

序号	名称	面积（公顷）
1	广东海陵岛国家级海洋公园	1 927.26
2	广东特呈岛国家级海洋公园	1 893.20
3	广西钦州茅尾海国家级海洋公园	3 482.70
4	厦门国家级海洋公园	2 487.00
5	江苏连云港海州湾国家级海洋公园	51 455.00
6	刘公岛国家级海洋公园	3 828.00
7	日照国家级海洋公园	27 327.00

2.1.2 海洋保护区环境保护行政执法的历史

为保护海洋生态平衡、保障海洋资源可持续利用，1982年，《中华人民共和国海洋环境保护法》正式颁布实施，由于当时海洋环境的主要问题是海洋环境污染问题，因此该法的重点是各类污染源防治，考虑到海洋开发利用活动的发展趋势，该法在"总则"第四条中对"保护海洋生态"作出了规定。但因该规定过于笼统、概括，操作性不强，因此，当时海洋保护区执法的法律依据实质上处于空白阶段。

1994年9月2日，国务院第24次常务会议讨论并通过了《自然保护区条例》，并于 1994 年 10 月 9 日以《国务院第 167 号令》的形式发布。该条例明确了自然保护区的定义、建立自然保护区的条件、自然保护区的管理体制以及法律责任。条例第八条第三款，明确了国家海洋行政主管部门负有主管海洋自然保护区的职责。同时，条例第十条第三款规定，具有特殊保护价值的海域、海岸、岛屿等应当建立海洋自然保护区，从而为海洋自然保护区的管理和执法监督奠定了法律基础。

根据《自然保护区条例》规定，国家海洋局于 1995 年 5 月 29 日以部门规章的形式发布了《海洋自然保护区管理办法》，进一步明确了海洋自然保护区的管理要求。为切实履行法律赋予海洋行政主管部门的职责，结合海洋环境保护管理的形势和需要，从 1995 年起，国家海洋局陆续在珠海、深圳、厦门、上海、大连等沿海地区成立了海洋管区，但由于各海洋管区成立时间较短，执法力量比较薄弱，海洋自然保护区的环境保护行政执法工作尚处于探索和尝试阶段。

2.1.3　海洋保护区环境保护行政执法的现状

随着法制建设的不断深入，我国海洋环境保护立法工作得到不断加强。1999 年 12 月 25 日，全国人大常委会第十三次会议修订通过了《海洋环境保护法》，并于 2000 年 4 月 1 日起正式施行。为切实加强海洋生态环境的保护工作，该法以设立海洋生态保护专章的形式，对海洋自然保护区、海洋特别保护区的建立和管理作出了有关具体规定。2005 年 11 月 16 日和 2010 年 8 月 1 日，国家海洋局先后颁布了《海洋特别保护区管理暂行办法》、《海洋特别保护区管理办法》，对海洋特别保护区的管理工作进行了进一步的细化完善。根据《中华人民共和国海域使用管理法》、《中华人民共和国海岛保护法》等的规定，出台了《关于进一步加强自然保护区海域使用管理工作的意见》、《关于进一步规范海洋自然保护区内开发利用活动管理的若干意见》等规范性文件，对海洋自然保护区海域使用，海洋自然保护区内开发利用等活动加以规范。

上述法律和规范性文件的制定，与之前颁布实施的《自然保护区条例》、《海洋自然保护区管理办法》，以及有关地方性法规、规章等，构成了比较完整的海洋自然保护区管理法律体系。这些法律规范，对于强化海洋自然保护区、海洋特别保护区的建设与管理，加强海洋生态环境保护行政执法工作，起到了积极的作用，标志着我国海洋保护区管理工作走上了法制化、规范化的道路。

与此同时，海洋自然保护区执法工作也在不断推进。为切实加强海洋自然保护区的执法工作，根据海洋自然保护区执法工作的形势和任务需要，从2005年起，海洋自然保护区的主管部门，在海洋自然保护区内建立了中国海监机构，依法开展海洋自然保护区监督检查，查处违法行为，为海洋自然保护区的建设和管理提供有效保障。

目前，海洋保护区环保执法工作已经纳入各级政府及其海洋行政主管部门的重要议事日程，形成了国家、地方齐抓共管的良好格局。据统计，2006—2011年，各级海洋行政主管部门及其所属海监机构累计检查项目3 902个，发现违法行为2 827起，作出行政处罚1 834起。仅2010—2011年，处罚金额达到了1 763.94万元。

2.1.4　海洋保护区行政执法的任务和内容

海洋保护区行政执法是海洋行政执法工作的重要组成部分，是各级海洋行政主管部门、海洋保护区管理机构的重要职责，也是确保海洋保护区管理制度落实的重要手段。

1. 执法任务

根据法律、法规、规章等的规定，海洋保护区执法的任务概括来说，主要是：依法对海洋保护区管理机构、主管部门、有关单位和个人执行海洋保护区有关规定、行使权利和履行义务的情况实施监督检查，依法查处各类海洋保护区违法行为，促进海洋保护区管理制度的落实。

2. 执法内容

（1）海洋保护区行政检查

根据《海洋环境保护法》、《海域使用管理法》、《海岛保护法》、《自然保护区条例》、《海洋自然保护区管理办法》、《海洋特别保护区管理办法》等相关法律、法规、规章和规范性文件的规定，海洋自然保护区、海洋特别保护区主管部门及其管理机构，分别对海洋保护区的建立、建设和管理，以及海洋保护区内有关单位、人员遵守相关规定的情况进行检查，主要包括以下内容：

①海洋自然保护区、海洋特别保护区的审批情况；

②海洋自然保护区、海洋特别保护区的建设和管理情况；

③有关单位、人员遵守规章制度、接受管理的情况等。

（2）海洋保护区违法行为行政处罚

根据《海洋环境保护法》、《海域使用管理法》、《海岛保护法》、《自然保护区条例》、《海洋自然保护区管理办法》、《海洋特别保护区管理办法》等的规定，海洋自然保护区、海洋特别保护区主管部门及其管理机构，分别按照职责分工，对以下违法行为实施行政处罚：

①造成海洋生态系统及海洋水产资源、海洋保护区破坏、污染、损失的；

②擅自移动、搬迁，或破坏海洋自然保护区、特别保护区界碑、标志物及保护设施的；

③在海洋自然保护区、海洋特别保护区内从事非法采集海洋生物，非法砍伐、狩猎、捕捞，非法向海域排放污染物，擅自采集、加工、销售野生动植物及矿物质制品等的；

④破坏海洋特别保护区内领海基点等海洋权益保护标志和设施的；

⑤未经批准、擅自在海洋自然保护区、海洋特别保护区内从事相关活动的；

⑥海洋自然保护区内有关单位、个人拒绝接受检查，或者在被检查时

弄虚作假的；

⑦海洋自然保护区、海洋特别保护区建设、开发、管理活动违反《海域使用管理法》、《海岛保护法》等有关规定的。

2.2 法律依据

随着海洋法制体系建设的不断推进，目前，已经形成了比较完善的海洋保护区环境保护法律体系。主要有《海洋环境保护法》、《自然保护区条例》、《海洋自然保护区管理办法》、《海洋特别保护区管理办法》等。

2.2.1 法律法规

2.2.1.1 《海洋环境保护法》

《海洋环境保护法》是海洋保护区管理的主要法律依据。修订后的《海洋环境保护法》，对海洋生态环境保护作了重点补充和修改，增加了"海洋生态保护"一章，并在"法律责任"一章中新增了海洋自然保护区违法行为法律责任的规定。主要内容如下：

（1）明确了国务院有关部门和沿海省级人民政府选划、建立海洋自然保护区、海洋特别保护区的职责。

《海洋环境保护法》规定，国务院有关部门和沿海省级人民政府应当根据保护海洋生态的需要，根据海洋功能区划、海洋环境保护规划和海洋生态系统的特点，选划和建立海洋自然保护区。对于具有特殊地理条件、生态系统、生物与非生物资源及海洋开发利用特殊需要的区域，可以建立海洋特别保护区，采取有效的保护措施和科学的开发方式进行特殊管理。

（2）明确了选划、建立海洋自然保护区的程序

《海洋环境保护法》规定，海洋保护区分为国家级和地方级。对在国内外有典型意义的，在科学上有重大国际影响或者有特殊科学研究价值的自然保护区，应当列为国家级保护区，其建立需经国务院批准。对于地方

级的海洋保护区,由沿海省级人民政府批准,报国家海洋行政主管部门备案。

(3) 明确了建立海洋保护区的法定条件

《海洋环境保护法》规定,对于在海洋自然地理、海洋生态、生物物种等方面都具有典型性和代表性,或者具有特殊的地理位置、生态系统、地质结构等,或具有保护海洋历史、文化等重大科学价值,以及对海洋生态环境起到间接保护作用的区域,必须建立海洋保护区加以保护。

(4) 新增了海洋保护区违法行为的法律责任

《海洋环境保护法》规定,违反本法规定,造成珊瑚礁、红树林等海洋生态系统及海洋水产资源、海洋保护区破坏的,应承担相应的法律责任。

2.2.1.2 《自然保护区条例》

《自然保护区条例》是海洋保护区建设和管理的重要法律依据,也是规范海洋保护区建设和管理行为,保护海洋生态环境和海洋资源的重要法律依据。条例分为总则、自然保护区的建设、自然保护区的管理、法律责任和附则共五章,四十四条。主要内容如下:

(1) 明确了海洋保护区的管理体制

《自然保护区条例》规定,国家对海洋保护区实行综合管理与分部门管理相结合的管理体制。国家环境保护行政主管部门负责全国自然保护区的综合管理。国务院林业、农业、地质矿产、水利、海洋等有关行政主管部门在各自的职责范围内,主管有关的自然保护区。

(2) 明确了海洋保护区的建立条件

《自然保护区条例》规定,典型的自然地理区域、有代表性的自然生态系统区域以及已经遭受破坏但经保护能够恢复的同类自然生态系统区域;珍稀、濒危野生动植物物种的天然集中分布区域;具有特殊保护价值的海域、海岸、岛屿、湿地、内陆水域、森林、草原和荒漠;具有重大科学文化价值的地质构造、著名溶洞、化石分布区、冰川、火山、温泉等自然遗迹；经国务院或者省、自治区、直辖市人民政府批准，需要予以特殊保护的其他自然区域等，必须建立海洋保护区加以保护。

（3）明确了海洋保护区的分类

《自然保护区条例》规定，海洋保护区分为国家级自然保护区和地方级自然保护区。在国内外有典型意义、在科学上有重大国际影响或者有特殊科学研究价值的自然保护区，列为国家级海洋保护区；除列为国家级海洋保护区的外，其他具有典型意义或者重要科学研究价值的自然保护区列为地方海洋保护区。

（4）明确了自然保护区的审批程序

《自然保护区条例》规定，国家级自然保护区的建立，报国务院批准。地方级自然保护区的建立，报省、自治区、直辖市人民政府批准。跨两个以上行政区域的海洋保护区的建立，由有关行政区域的人民政府协商一致后提出申请，并按照规定的程序审批。建立海上自然保护区，须经国务院批准。

（5）明确了海洋保护区区域划分

《自然保护区条例》规定，保护区分为核心区、缓冲区和实验区；核心区禁止任何单位和个人进入内，不允许从事除依照有关规定经批准外的科学研究活动；在缓冲区，只准进入从事科学研究观测活动；在实验区，可以进入从事科学试验、教学实习、参观考察、旅游等活动。

（6）明确了海洋保护区的主管部门和管理机构设置

《自然保护区条例》规定，国家级自然保护区，由其所在地的省、自治区、直辖市人民政府有关自然保护区行政主管部门或者国务院有关自然保护区行政主管部门管理。地方级海洋保护区，由其所在地的县级以上地方人民政府有关保护区行政主管部门管理。海洋保护区行政主管部门应当在保护区内设立专门的管理机构，配备专业技术人员，负责自然保护区的具体管理工作。

2.2.2 规章

为加强海洋自然保护区的建设与管理,根据《自然保护区条例》的规定,国家海洋局于 1995 年 5 月 29 日发布了《海洋自然保护区管理办法》,进一步细化了海洋自然保护区的建设和管理工作。该办法共二十三条,主要内容如下:

(1) 明确了海洋自然保护区的选划、建设和管理原则

《海洋自然保护区管理办法》规定,海洋自然保护区的选划、建设和管理,实行统一规划、分工负责、分级管理的原则。

(2) 明确了海洋自然保护区保护区域和保护期间的划分

《海洋自然保护区管理办法》规定,海洋自然保护区可根据自然环境、自然资源状况和保护需要划为核心区、缓冲区、实验区,或者根据不同保护对象规定绝对保护期和相对保护期;根据不同保护对象的生活习性和保护需要,可以将某一时间规定为绝对保护期和相对保护期。

(3) 明确了开展相关活动的管理要求

《海洋自然保护区管理办法》规定,在海洋自然保护区内修筑设施的,应经有关海洋管理部门批准;在海洋自然保护区内从事科学研究、教学实习、考察等活动,应经该保护区管理机构批准,并提交活动成果的副本;开展旅游活动的,其活动区域和开发规划应经过批准,严禁开展与保护区保护方向不一致的旅游项目;与国外签署涉及国家级海洋自然保护区的协议,以及外国人到海洋自然保护区内从事有关活动,须事先报国家海洋行政主管部门或沿海省级海洋管理部门批准。

2.2.3 规范性文件

2.2.3.1 《关于进一步加强自然保护区海域使用管理工作的意见》

为了进一步加强对自然保护区的用海管理,促进海洋经济的可持续发

展,根据《海域使用管理法》、《海洋环境保护法》和《自然保护区条例》等法律法规的有关规定,2006年1月20日,国家海洋局印发了《关于进一步加强自然保护区海域使用管理工作的意见》。主要内容如下:

(1) 对自然保护区内的海域使用活动实行依法管理

《关于进一步加强自然保护区海域使用管理工作的意见》规定,自然保护区内的项目用海,应依法履行报批手续。自然保护区用海必须依法办理海域使用申请审批手续。选划、新建或调整自然保护区时,如涉及使用海域的,应当符合海洋功能区划。

(2) 明确了自然保护区内海域使用活动的管理要求

《关于进一步加强自然保护区海域使用管理工作的意见》规定,自然保护区的核心区,禁止任何形式的开发利用活动用海。核心区、缓冲区、实验区用海活动的海域使用权,分别由自然保护区管理机构、有关单位或个人申请取得。

(3) 明确了自然保护区内海域使用的申请审批程序

《关于进一步加强自然保护区海域使用管理工作的意见》规定,自然保护区内的项目用海,其海域使用申请由批准建立该自然保护区的人民政府的海洋行政主管部门受理,经审核同意后报同级人民政府审批;对超过审批权限的项目用海,应依法报有批准权的上级人民政府审批。

(4) 明确了自然保护区内海域使用的监督检查要求

《关于进一步加强自然保护区海域使用管理工作的意见》规定,自然保护区内的海域使用权人应遵守海域使用管理的各项法律法规,自觉接受监督检查。中国海监各级机构将应对自然保护区内非法使用海域、擅自改变海域使用用途等行为进行查处。

2.2.3.2 《关于进一步规范海洋自然保护区内开发利用活动管理的若干意见》

2006年9月22日,国家海洋局印发了《关于进一步规范海洋自然保护区内开发利用活动管理的若干意见》。主要内容如下:

(1) 海洋自然保护区内禁止进行破坏性开发，严格控制一般性开发活动，明确禁止围填海和海砂开采等改变海域自然属性的开发行为。

(2) 对海洋自然保护区核心区、缓冲区和实验区从事科学研究、教学实习、标本采集和旅游观光等相关活动，分别作出了禁止性和限制性规定。规定了从事上述活动的申请审批程序及管理要求。

(3) 明确海洋自然保护区内严格控制各类建设项目或开发活动。确需在海洋自然保护区实验区进行建设或开发的，必须提出申请，经批准后方可办理有关手续，并采取有效措施，给予生态补偿。

(4) 明确海洋自然保护区的开发活动必须严格遵守保护区功能分区，如功能分区需调整，必须经过科学论证，并按程序报有关部门批准。

2.2.3.3 《海洋特别保护区管理办法》

为加强海洋特别保护区的建设和管理，2005年11月16日，国家海洋局颁布了《海洋特别保护区管理暂行办法》；经修改完善，2010年8月1日，国家海洋局正式颁布了《海洋特别保护区管理办法》，对海洋特别保护区有关工作进行了进一步的明确。其主要内容为：

(1) 明确了适用范围和管理原则

《海洋特别保护区管理办法》规定，在我国内水、领海、毗连区、专属经济区、大陆架及我国管辖的其他海域和海岛建立、建设、管理海洋特别保护区的，均适用该办法；明确国家对海洋特别保护区实行科学规划、统一管理、保护优先、适度利用的原则。

(2) 明确了海洋特别保护区的监督管理体制

《海洋特别保护区管理办法》规定，国家海洋局负责全国海洋特别保护区的监督管理，会同沿海省、自治区、直辖市人民政府和国务院有关部门，制定国家级海洋特别保护区的建设发展规划并监督实施，指导地方级海洋特别保护区的建设发展。

(3) 明确了海洋特别保护区建区要求、管理制度

《海洋特别保护区管理办法》规定，海洋特别保护区可以分为海洋特

殊地理条件保护区、海洋生态保护区、海洋公园、海洋资源保护区等类型。具有重大海洋生态保护、生态旅游、重要资源开发价值、涉及维护国家海洋权益的海洋特别保护区可列为国家级海洋特别保护区。建立海洋特别保护区评审制度。要求海洋特别保护区所在地的县级以上人民政府应加强对海洋特别保护区的管理，建立管理机构。

（4）明确了海洋特别保护区保护、适度利用，以及法律责任等

《海洋特别保护区管理办法》规定，对典型海洋生态系统分布区、自然景观、历史遗迹、珍稀濒危海洋生物物种及重要海洋生物的洄游通道、产卵场等加以严格保护，严格限制将外来物种引入海洋特别保护区，不得破坏海洋特别保护区内领海基点等海洋权益保护标志和设施等；规定，海洋特别保护区内经有审批权的部门批准后可适度开展一定活动，符合海洋特别保护区总体规划的重点建设项目，须经保护区管理机构同意后，按照相关法律法规的要求进行海洋工程环境影响评价和海域使用论证；明确了对海洋特别保护区造成破坏的主体应承担的责任等具体内容。

2.2.3.4 《海洋生态保护调查取证工作细则》

为提高海洋生态保护案件的证据质量，细化调查取证工作程序，依据《海洋环境保护法》、《自然保护区条例》、《海洋自然保护区管理办法》等有关法律法规、规章和国家海洋局《海洋行政执法调查取证工作规则》，中国海监总队于 2009 年 10 月 29 日制定了《海洋生态保护调查取证工作细则》。该细则明确了海洋自然保护区违法行为的具体种类，规定了调查取证的主要内容、执法人员可采取的措施、提取证据的主要类型，以及证据收集具体要求等。该细则是各级海洋主管部门及其执法人员开展海洋保护区调查取证的指导性文件。

2.3 基本法律制度

海洋自然保护区、海洋特别保护区执法监督是一项法制性、专业性很

强的工作，需要执法人员需要具备良好的专业知识，熟悉相关法律规定。因此，了解掌握海洋保护区管理制度，是做好海洋保护区执法工作的重要保证。

2.3.1 海洋自然保护区管理制度

2.3.1.1 选划原则

《海洋环境保护法》第二十一条第一款规定，国务院有关部门和沿海省级人民政府应当根据保护海洋生态的需要，选划、建立海洋自然保护区。

《海洋自然保护区管理办法》第五条规定，国家海洋行政主管部门负责研究、制定全国海洋自然保护区规划，审查国家级海洋自然保护区建区方案和报告，审批国家级海洋自然保护区总体建设规划，统一管理全国海洋自然保护区工作；

沿海省、自治区、直辖市海洋管理部门负责研究制定本行政区域毗邻海域内海洋自然保护区选划，提出国家级海洋自然保护区选划建议，主管本行政区域毗邻海域内海洋自然保护区选划、建设、管理工作。

2.3.1.2 审批程序

《海洋环境保护法》第二十一条第二款规定，国家级海洋自然保护区的建立，须经国务院批准；地方级海洋自然保护区的建立，应经沿海省、自治区、直辖市人民政府批准。

海洋自然保护区的建立必须经过必要的申报和审批程序。建立国家级海洋自然保护区需经国务院批准。对于地方级的海洋自然保护区，由沿海省级人民政府批准，报国家海洋行政主管部门备案。

2.3.1.3 建区条件及海洋自然保护区特征

1. 《海洋环境保护法》、《海洋自然保护区》规定，海洋自然保护区的建立必须符合以下条件：

（1）典型的海洋自然地理区域、有代表性的自然生态区域，以及遭受破坏但经保护能恢复的海洋自然生态区域；

（2）海洋生物物种高度丰富的区域，或者珍稀、濒危海洋生物物种的天然集中分布区域；

（3）具有特殊保护价值的海域、海岸、岛屿、滨海湿地、入海河口和海湾等；

（4）具有重大科学文化价值的海洋自然遗迹所在区域；

（5）其他需要予以特殊保护的区域。

2. 根据上述条件，建立海洋自然保护区的区域，应当具备以下特征：

（1）在全球或全国生物地理区系中具有典型性，该自然生态区域在全球或全国海洋温度带中具有代表性；海洋生态系统脆弱或地理分布狭窄，虽然已经遭受部分破坏，但其主导功能尚为健康，经过保护能够恢复的海洋自然生态区域。典型的海洋自然地理区域、有代表性的自然生态区域，以及遭受破坏但经保护能恢复的海洋自然生态区域；

（2）海洋生物群落、种群类型多或较丰富，结构完整或较完整。建立自然保护区，以保护和保存其群落结构的完整性和物种类型、数量的多样性。"珍稀、濒危海洋生物物种的天然集中分布区域"中的珍稀物种是指具有重要经济或科研、文化价值，且数量稀少的物种；濒危物种通常指生物分类表上接近灭绝的物种。无论珍稀还是濒危物种均可分为不同级别。对于世界性珍稀、濒危物种或国内一类、二类重点保护的物种或者重点保护的特有物种，或者在区系或分类学上具有世界性或全国性代表意义的物种，均应选划为海洋自然保护区优先加以保护。同时也要注意保护海区珍稀、濒危物种天然集中分布区域。同一物种或种群，在其他海区可能属于正常的生物种，但在某些海区，则可成为珍稀、濒危物种；

（3）由于其地理位置的特殊，生态系统的完整、生态特点的显著，地质结构的特殊、生态环境的异常等，因而具有特殊保护价值的海域、海岸、岛屿、沿海湿地、入海河口和海湾等；

（4）在海洋中保存的海陆变迁的各种遗迹、剖面以及进化过程的自然遗迹，或者是典型的、优美的海洋地形地貌及其独特的自然景观以及人类活动遗留下的具有特殊价值的自然遗迹。这些遗迹在区域海洋演化史、古地理、古气候、古生物、古环境、人类海洋开发活动史等问题的研究中具有重要意义的海洋自然遗迹所在区域；

（5）受人类活动影响、损害较小，或者基本上没有遭到干扰的原始海洋环境和区域；具有代表性的自然景观和自然古迹是指自然形成具有观赏价值和研究价值、具有代表性和典型性的景观、剖面、露头、遗物、遗迹等原始的海洋生态环境；具有珍贵价值的海洋文化景观；具有历史或者考古价值等需要予以特殊保护的区域。

2.3.1.4　范围设定

《海洋自然保护区管理办法》第十条规定，海洋自然保护区的位置和范围由批准建立该保护区的人民政府划定。其具体位置和范围应标绘于图，公布于众，并设置适当的界碑、标志物及有关保护设施。

经批准建立的海洋自然保护区，应当是一个具有明确位置和范围的区域。海洋自然保护区的位置和范围由批准建立该海洋自然保护区的人民政府划定，其具体的位置和范围应通过一定方式进行明确：一是在地图或有关文件中，以图件的形式进行标绘，并通过适当途径向社会公众进行公布。二是在海洋自然保护区内设置界碑、界牌，标明海洋自然保护区的区域范围，设置有关标志物标示海洋自然保护区的具体位置等相关信息，还应在周围设置围墙、栅栏、隔离网等保护设施，以限制外来人员的进入，防止外来物种的侵入等。

2.3.1.5　调整变动

《海洋自然保护区管理办法》第十一条规定，海洋自然保护区的撤销、调整和变化，应经原审批机关批准。

经批准建立的海洋自然保护区，因保护需要或客观情况发生变化，可能出现需要撤销，或对保护区范围设置、保护区域划分、保护对象等进行调整的情形。根据上述规定，凡涉及海洋自然保护区的撤销、调整和变化，必须进行全面论证，重新履行审批手续，经原审批机关批准。

有关海洋自然保护区的撤销、调整和变化的审批程序，《海洋自然保护区管理办法》规定：

国家级海洋自然保护区撤销，调整和变化的，由沿海省、自治区、直辖市海洋管理部门提出申请，向国家海洋行政主管部门提交相关申报书及技术论证材料，国家海洋行政主管部门聘请各有关部门代表和专家组成海洋自然保护区评审委员会，负责对国家级海洋自然保护区撤销、调整和变化的技术论证材料评审工作。申报材料经评审委员会全体委员半数以上同意后，由国家海洋行政主管部门按规定程序报国务院审批。

地方级海洋自然保护区撤销、调整和变化的，由沿海省、自治区、直辖市海洋管理部门或同级有关部门会同海洋管理部门提出，经沿海省、自治区、直辖市海洋管理部门组织论证审查后，报同级人民政府批准，并报国家海洋行政主管部门备案。

海洋自然保护区撤销、调整和变化的，应在报批前，由提出申请机关向社会公示，征求公众意见。

2.3.1.6 管理机构及职责

《海洋自然保护区管理办法》第十二条规定，经批准建立的海洋自然保护区须设立相应的管理机构，配备专业技术人员。

根据《海洋自然保护区管理办法》的规定，海洋自然保护区管理机构的主要职责为：

（1）贯彻执行国家有关海洋自然保护区的法律、法规和方针、政策；
（2）制定保护区具体管理办法和规章制度，统一管理该区内各项活动；
（3）拟定保护区总体建设规划；
（4）设置保护区界碑、标志物及有关保护设施；
（5）组织开展保护区内基础调查和经常性监测、监视工作，建立保护区工作档案；

（6）组织开展保护区内生态环境恢复和科学研究工作；

（7）开展关于海洋自然保护宣传教育工作。

2.3.1.7 保护区域（保护期间）划分

《自然保护区条例》第十八条规定，自然保护区可以分为核心区、缓冲区和实验区。

《海洋自然保护区管理办法》第十三条规定，海洋自然保护区可根据自然环境、自然资源状况和保护需要划为核心区、缓冲区、实验区，或者根据不同保护对象规定绝对保护期和相对保护期。

1. 保护区域

根据自然环境、自然资源状况和保护需要，海洋自然保护区一般可划为核心区、缓冲区、实验区。

（1）核心区。是指海洋自然保护区的核心区域。在核心区内，除经沿海省、自治区、直辖市海洋管理部门批准进行的调查观测和科学研究活动外，禁止其他一切可能对保护区造成危害或不良影响的活动。

（2）缓冲区。是指紧临保护区核心区域之外，位于保护区缓冲区域之内的部分。在缓冲区内，在保护对象不遭人为破坏和污染前提下，经海洋自然保护区管理机构批准，可在限定时间和范围内适当进行渔业生产、旅游观光、科学研究、教学实习等活动。

（3）实验区。位于保护区缓冲区之外的区域，是海洋自然保护区最外缘区域。在实验区内，在海洋自然保护区管理机构的统一规划和指导下，可有计划地进行适度开发活动。

对海洋自然保护区进行保护区域的划分，并对在保护区内进行的有关活动加以适当限制，有利于海洋行政主管部门及保护区管理机构加强管理，有针对性地采取保护措施，最大程度地对保护对象实施保护。

2. 保护期间

除通过对海洋自然保护区内部区域进行划分，来对相关活动进行一定限制外,《海洋自然保护区管理办法》还规定,在保护对象生活、繁殖的重要期间内,禁止或限制某些损害、影响保护对象的行为。

根据不同保护对象,《海洋自然保护区管理办法》规定了绝对保护期和相对保护期。

(1) 绝对保护期:是指根据保护对象生活习性规定在一定时期内,在海洋自然保护区内禁止从事任何损害保护对象的活动。在绝对保护期内,经海洋自然保护区管理机构批准,可适当进行科学研究、教学实习活动。

(2) 相对保护期:是指在绝对保护期以外的时间,在海洋自然保护区内可从事不捕捉、损害保护对象的其他活动。

保护期间的划分,可由主管海洋自然保护区的海洋行政主管部门、海洋自然保护区管理机构根据实际需要具体确定。

2.3.1.8 有关活动管理

《海洋自然保护区管理办法》及有关规范性文件对海洋自然保护区内的单位、居民和进入该保护区的外来人员及船只在海洋自然保护区内进行的相关活动,作出了明确具体规定,主要内容有:

(1) 海洋自然保护区内的单位、居民和进入该保护区的外来人员及船只,必须遵守海洋自然保护区的各项规章制度,接受海洋自然保护区管理机构的管理。

(2) 在海洋自然保护区内禁止擅自移动、搬迁或破坏界碑、标志物及保护设施;禁止非法捕捞、采集海洋生物;禁止非法采石、挖沙、开采矿藏;禁止其他任何有损保护对象及自然环境和资源的行为。

(3) 不得擅自在海洋自然保护区内修筑设施。

(4) 在海洋自然保护区内从事科学研究、教学实习、考察等活动,应事先向该区管理机构提交申请和活动计划,经批准后方可进行,并提交活动成果的副本。

(5) 有条件开展旅游活动的海洋自然保护区,其活动区域和开发规划应经有关部门批准,旅游业务由海洋自然保护区管理机构统一管理,所得收入用于保护区的建设和保护事业。开展旅游活动必须采取有效措施，防止损害保护对象。严禁开展与保护区保护方向不一致的旅游项目。

（6）未经批准不得擅自与国外签署涉及海洋自然保护区的协议；未经批准，外国人不得擅自在海洋自然保护区内从事有关活动。

（7）在选划、新建或调整海洋自然保护区时，如涉及海域使用的，应当符合海洋功能区划。在海洋自然保护区使用海域的单位、个人，必须依法办理海域使用权证书。

（8）涉及海洋工程建设项目的，必须执行海洋环境影响评价制度，进行科学论证，编写环境影响评价报告，并根据环境影响评价结论采取有效的措施，防止海洋工程对海洋自然保护区生态环境、资源的污染损害。

2.3.2　海洋特别保护区管理制度

海洋特别保护区管理制度与海洋自然保护区制度基本相似，但有所侧重。主要内容有：

2.3.2.1　分类管理

《海洋特别保护区管理办法》第十条规定，根据海洋特别保护区的地理区位、资源环境状况、海洋开发利用现状和社会经济发展的需要，海洋特别保护区可以分为海洋特殊地理条件保护区、海洋生态保护区、海洋公园、海洋资源保护区等类型。

（1）在具有重要海洋权益价值、特殊海洋水文动力条件的海域和海岛建立海洋特殊地理条件保护区。

（2）为保护海洋生物多样性和生态系统服务功能，在珍稀濒危物种自然分布区、典型生态系统集中分布区及其他生态敏感脆弱区或生态修复区建立海洋生态保护区。

（3）为保护海洋生态与历史文化价值，发挥其生态旅游功能，在特殊海洋生态景观、历史文化遗迹、独特地质地貌景观及其周边海域建立海洋公园。

（4）为促进海洋资源可持续利用，在重要海洋生物资源、矿产资源、油气资源及海洋能等资源开发预留区域、海洋生态产业区及各类海洋资源开发协调区建立海洋资源保护区。

同时，《海洋特别保护区管理办法》第十一条规定，具有重大海洋生态保护、生态旅游、重要资源开发价值、涉及维护国家海洋权益的海洋特别保护区列为国家级海洋特别保护区。其他海洋特别保护区列为地方级海洋特别保护区。

2.3.2.2 审批程序

《海洋特别保护区管理办法》第十二条规定，国家建立海洋特别保护区评审制度。建立海洋特别保护区应当经过海洋特别保护区评审委员会的评审论证。

第十三条规定，沿海省、自治区、直辖市近岸海域内国家级海洋特别保护区的建立由沿海省、自治区、直辖市人民政府海洋行政主管部门提出申请，经沿海同级人民政府同意后，报国家海洋局批准设立。具体如下：

（1）领海以外海域和跨省、自治区、直辖市近岸海域国家级海洋特别保护区的建立由国家海洋局派出机构提出申请，报国家海洋局批准设立。

（2）国家海洋局依据相关法律法规，根据国家级海洋特别保护区评审委员会评审结论，审批国家级海洋特别保护区。

（3）地方级海洋特别保护区的建立由沿海县级以上人民政府海洋行政主管部门提出申请，经地方级海洋特别保护区评审委员会评审后，报沿海同级人民政府批准设立。

（4）跨区域地方级海洋特别保护区的建立，由所在地相关地方各人民政府共同的上一级海洋行政主管部门协调，经相关海洋特别保护区评审委员会评审，并由各相关地方人民政府同意后，报共同的上一级人民政府批准设立。

同时规定，建立海洋特别保护区，应当在报请批准机关批准之前，由提出申请的机关向社会公示，征求公众意见。

2.3.2.3 功能分区

《海洋特别保护区管理办法》第三十一条规定，海洋特别保护区实行功能分区管理，可以根据生态环境及资源的特点和管理需要，适当划分出重点保护区、适度利用区、生态与资源恢复区和预留区。

海洋特别保护区的功能区划遵循以下原则：

（1）以自然属性为主兼顾社会属性的原则；
（2）有利于促进海洋经济和社会发展原则；
（3）有利于海洋综合管理和资源可持续利用原则；
（4）国家主权权益和国防安全优先原则。

《海洋特别保护区管理办法》第三十二条规定，海洋特别保护区生态保护、恢复及资源利用活动应当符合其功能区管理要求。

在重点保护区内，实行严格的保护制度，禁止实施各种与保护无关的工程建设活动。

在适度利用区内，在确保海洋生态系统安全的前提下，允许适度利用海洋资源。鼓励实施与保护区保护目标相一致的生态型资源利用活动，发展生态旅游、生态养殖等海洋生态产业。

在生态与资源恢复区内，根据科学研究结果，可以采取适当的人工生态整治与修复措施，恢复海洋生态、资源与关键生境。

在预留区内，严格控制人为干扰，禁止实施改变区内自然生态条件的生产活动和任何形式的工程建设活动。

2.3.2.4 保护措施

《海洋特别保护区管理办法》第三十三条规定，严格保护典型海洋生态系统分布区、自然景观、历史遗迹、珍稀濒危海洋生物物种及重要海洋生物的洄游通道、产卵场、索饵场、越冬场、栖息地等各类重要海洋生态区域。

任何单位和个人不得擅自改变海洋特别保护区内海岸、海底地形地貌及其他自然生态环境条件；确需改变的，应当经科学论证后，报有批准权的海洋行政主管部门批准。

第三十四条规定，严格限制将外来物种引入海洋特别保护区；确需引入的，由海洋特别保护区管理机构组织论证后，报物种主管部门批准，物种主管部门在批准前应当征求同级海洋行政主管部门的意见。

第三十五条规定，任何单位和个人不得破坏海洋特别保护区内领海基点等海洋权益保护标志和设施。经依法批准，在海洋特别保护区内从事保护、恢复和资源利用等活动，不得影响领海基点的安全。

第三十六条规定，禁止在海洋特别保护区内进行狩猎、采拾鸟卵，砍伐红树林、采挖珊瑚和破坏珊瑚礁，炸鱼、毒鱼、电鱼，直接向海域排放污染物，擅自采集、加工、销售野生动植物及矿物质制品，移动、污损和破坏海洋特别保护区设施等行为。

2.3.2.5 适度利用

《海洋特别保护区管理办法》第五章，以专章的形式，对海洋特别保护区内适度开发利用作出了具体规定，主要内容有：

（1）根据海洋特别保护区生态环境及资源特点，经有审批权的部门批准后允许适度开展：生态养殖业、人工繁育海洋生物物种、生态旅游业、休闲渔业、无害化科学试验、海洋教育宣传活动及其他经依法批准的开发利用活动。

（2）海洋特别保护区内严格控制各类建设项目或开发活动，符合海洋特别保护区总体规划的重点建设项目，须经保护区管理机构同意后，按照相关法律法规的要求进行海洋工程环境影响评价和海域使用论证。

（3）严格限制在海洋特别保护区内实施采石、挖砂、围垦滩涂、围海、填海等严重影响海洋生态的利用活动。确需实施上述活动的，应当进行科学论证，并按照有关法律法规的规定报批。

（4）科学确定旅游区的游客容量，合理控制游客流量，加强自然景观和旅游景点的保护。禁止超过允许容量接纳游客和在没有安全保障的区域开展游览活动。禁止开设与海洋公园保护目标不一致的参观、旅游项目。

（5）海洋公园内可以建设管护、宣教和旅游配套设施，设施建设必须按照总体规划实施，并与景观相协调，不得污染环境、破坏生态。重点保护区、重要景观及景点分布区，除必要的保护和附属设施外，不得建设宾馆、招待所、疗养院和其他工程设施。

（6）在海洋特别保护区内从事科研、教学及其相关活动，建设实验基地的人员，不得破坏海洋生态系统；在海洋特别保护区内开展的科学研究成果应当与保护区管理机构共享，并向保护区管理机构提交副本。

2.4 行政检查

开展海洋保护区行政检查，是强化海洋保护区建设和管理的重要环节，也是促进海洋保护区管理制度贯彻落实的重要措施。

2.4.1 检查方式

按照《中国海监海洋环境保护行政执法工作实施办法》的规定，海洋环保行政检查可以有定期执法检查、不定期执法检查、专项执法检查、联合执法检查和应急执法检查等方式。结合海洋保护区建设和管理工作的特点，海洋自然保护区、海洋特别保护区的行政检查主要有以下方式：

（1）日常检查

日常检查是指海洋自然保护区、海洋特别保护区主管部门或海洋自然保护区、海洋特别保护区管理机构及其执法人员，依据有关法律规定，定期对有关单位、组织和个人执行海洋保护区管理规定，以及有关规章制度的情况实施检查的一种方式。日常检查是海洋保护区执法检查的一种常见而有效的方式。其特点是检查频度高、覆盖面广、获取的信息多、检查效果持久，对于全面了解和掌握有关情况，强化对海洋保护区的监管，进一步推进相关法律法规的贯彻落实、加强法制宣传等具有积极的作用。日常检查可以结合定期巡查进行，也可以作为例行性检查单独组织。其检查频率由海洋主管部门、海洋保护区管理机构根据需要确定，原则上应不低于定期巡查的频率。

(2) 突击检查

突击检查是指海洋自然保护区、海洋特别保护区主管部门或海洋自然保护区、海洋特别保护区管理机构为准确了解和掌握海洋自然保护区管理的情况，在事先未作通知的情况下，突然对有关单位、组织和个人执行海洋自然保护区管理规定，遵守有关规章制度的情况实施检查的一种方式。其特点是快速、机动、灵活，检查结果比较客观真实，有利于及时发现存在的问题，并采取改进措施。突击检查，原则上应在有举报信息或有相关线索，及需要对有关情况进行核实了解时采用，一般不宜经常使用。

(3) 专项检查

专项检查是指海洋自然保护区、海洋特别保护区主管部门或海洋自然保护区、海洋特别保护区管理机构针对某一具体内容，依法对有关单位、组织和个人执行海洋保护区管理规定，以及遵守有关规章制度的情况实施检查的一种方式。其特点是，目的明确、针对性强、检查结果客观真实，能够集中反映某一类具体问题，便于海洋行政管理部门或海洋保护区管理机构有针对性地采取相关措施。专项检查一般只针对特定事项，或某一海洋自然保护区违法行为，必须具有明确的目的和任务。该检查方式的运用，由海洋保护区主管部门、海洋保护区管理机构根据实际情况，适时采用。

上述三种海洋行政检查方式手段各异、目的不同，不存在优劣之分，是一种互为补充、相互包容的关系。实践中，海洋保护区主管部门、海洋保护区管理机构应当根据实际情况，有针对性地选择使用，以发挥最佳效用。

除上述几种检查方式外，海洋保护区主管部门、海洋保护区管理机构也可以根据实际情况，采用其他执法检查方式。

2.4.2 检查内容

根据《海洋环境保护法》、《自然保护区条例》、《海洋自然保护区管理办法》、《海洋特别保护区管理办法》等的规定,海洋保护区行政检查的内容主要有:

1. 海洋保护区审批情况

(1) 海洋自然保护区、海洋特别保护区的建立是否经过技术论证并经过有权机关的批准,是否按规定报备。

《海洋自然保护区管理办法》规定,地方省级人民政府在申请建立国家级海洋自然保护区时,应当向国家海洋行政主管部门提交业经同级人民政府批准的建区材料及技术论证材料;地方级海洋自然保护区建区建议由沿海省、自治区、直辖市海洋管理部门或同级有关部门会同海洋管理部门提出,经沿海省、自治区、直辖市海洋管理部门组织论证审查后,报同级人民政府批准,并报国家海洋行政主管部门备案;沿海省、自治区、直辖市近岸海域内国家级海洋特别保护区的建立由沿海省、自治区、直辖市人民政府海洋行政主管部门提出申请,经沿海同级人民政府同意后,报国家海洋局批准设立。地方级海洋特别保护区的建立由沿海县级以上人民政府海洋行政主管部门提出申请,经地方级海洋特别保护区评审委员会评审后,报沿海同级人民政府批准设立。

检查时,执法人员应对海洋自然保护区、海洋特别保护区批准文件、建区材料、技术论证资料和向上级机关的备案材料等进行核实。

(2) 海洋自然保护区是否发生撤销、调整和变化,是否经原审批机关批准。

《海洋自然保护区管理办法》规定,海洋自然保护区的撤销、调整和变化,应经原审批机关批准。海洋自然保护区一经建立,不得随意撤销,保护区的位置和范围不得随意调整,保护区的性质和保护对象等也不得随意改变。如确需撤销、调整或变化的,必须经原审批机关批准。

检查时，执法人员应了解掌握该海洋自然保护区是否发生撤销、调整和变化的情形。如发生上述情形时，须核实是否按规定履行了审批手续。

2. 海洋自然保护区、海洋特别保护区的建设和管理情况

（1）批准建立海洋保护区的机关是否将海洋自然保护区、海洋特别保护区的位置和范围标绘于图、公布于众，并设置适当的界碑、标志物和保护设施。

《海洋自然保护区管理办法》第十条规定，海洋自然保护区批准建立后，批准建立该保护区的机关应当划定保护区的位置和范围，并通过公告的形式告知社会公众。同时，还需要设立相应的界碑、标注物，以及有关保护区设施。

《海洋特别保护区管理办法》第十七条规定，海洋特别保护区建立后，其管理机构应当按照批准的海洋特别保护区的范围和界线，在适当位置设立界标和标牌，标牌应公布海洋特别保护区边界坐标，并公布海洋特别保护区管理的规章、制度、措施等相关信息。

检查时，执法人员主要对划定海洋自然保护区、海洋特别保护区的位置、范围等相关文件资料，对外公布的海洋自然保护区、海洋特别保护区位置、范围的图标，以及在海洋自然保护区、海洋特别保护区设置的界碑、标志物和保护设施等。

（2）海洋保护区是否按规定建立了管理机构、配备了专业技术人员。

《海洋自然保护区管理办法》第十二条规定，经批准建立的海洋自然保护区须设立相应的管理机构，配备专业技术人员。

《海洋特别保护区管理办法》第十八条规定，已经批准建立的海洋特别保护区所在地的县级以上人民政府应当加强对海洋特别保护区的管理，建立管理机构。必要时可以在海洋特别保护区管理机构内设立中国海监机构，履行海洋执法职责，并接受中国海监上级机构的管理和指导。

检查时，执法人员应对该海洋保护区管理机构的设置、人员的配备，以及相关工作的开展情况进行核实。

（3）海洋保护区管理机构是否制定保护区总体建设规划，是否建立了有关规章制度，并进行经常性的监测、监视，是否建立了档案。

《海洋自然保护区管理办法》、《海洋特别保护区管理办法》规定，海洋自然保护区、海洋特别保护区管理机构在建立后，应拟定保护区的总体建设制定规划，制定保护区管理的规章制度，并进行经常性的监测、监视，建立保护区工作档案等。

检查时，执法人员应就该海洋自然保护区、海洋特别保护区总体建设规划，规章制度的制定，以及检测、监视工作开展情况等进行认真了解核实，并查阅相关档案资料。

（4）海洋保护区是否划分了保护区域和保护期间，是否落实了相应的保护措施。

《海洋自然保护区管理办法》第十三条规定，海洋自然保护区可根据自然环境、自然资源状况和保护需要划为核心区、缓冲区、实验区，或者根据不同保护对象规定绝对保护期和相对保护期。

《海洋特别保护区管理办法》第三十一条规定，海洋特别保护区实行功能分区管理，可以根据生态环境及资源的特点和管理需要，适当划分出重点保护区、适度利用区、生态与资源恢复区和预留区。第三十二条还规定，海洋特别保护区生态保护、恢复及资源利用活动应当符合其功能区管理要求。

检查时，执法人员应查阅该海洋保护区保护区域、保护期间划分的相关资料，并现场查看区域划分情况，了解有关保护措施的落实情况等。

（5）在海洋保护区内修筑设施情况。

《海洋自然保护区管理办法》第十六条规定，未经国家海洋行政主管部门或沿海省、自治区、直辖市海洋管理部门批准，任何单位和个人不得在海洋自然保护区内修筑设施。在国家级海洋自然保护区内修筑设施的，须经国家海洋行政主管部门批准。在地方级海洋自然保护区内修筑有关设施的，由沿海省、自治区、直辖市海洋管理部门批准。未经批准、擅自在海洋自然保护区内修筑有关设施的，有关海洋行政主管部门责令拆除或恢复原状。

《海洋特别保护区管理办法》第四十三条规定，海洋公园内可以建设管护、宣教和旅游配套设施，设施建设必须按照总体规划实施，并与景观相协调，不得污染环境、破坏生态。重点保护区、重要景观及景点分布区，除必要的保护和附属设施外，不得建设宾馆、招待所、疗养院和其他工程设施。

检查时，执法人员应了解在该海洋保护区内是否存在修筑相关设施的情况，获取有关部门的批准文件，核实修筑的设施是否与批准的内容和要求相一致，是否符合法律规定。

（6）在海洋保护区内进行的有关活动，是否经过批准。在海洋保护区内开展科研等活动的，是否递交活动成果副本。

《海洋自然保护区管理办法》第十七条、第十八条规定，在海洋自然保护区内进行的科学研究、教学实习和考察等活动的，应事先向保护区管理机构提出申请，递交活动计划，经批准后方可实施。同时，在相关活动结束后，有关单位、组织或个人应向保护区管理机构提交有关活动成果的副本。有条件开展旅游活动的海洋自然保护区，其活动区域和开发规划应由国家海洋行政主管部门或沿海省、自治区、直辖市海洋行政主管部门批准。保护区管理机构必须采取有效措施，防止损害保护对象，并不得开展与保护区保护目标不一致的旅游项目。

《海洋特别保护区管理办法》第四十四条规定，海洋特别保护区可以作为海洋生态保护和资源可持续利用的科研、教学和实验基地。在海洋特别保护区内开展的科学研究成果应当与保护区管理机构共享，并向保护区管理机构提交副本。

检查时，执法人员应了解在该海洋保护区内是否存在开展科学研究、教学实习和考察，以及旅游活动等情形，获取相关批准文件，核实成果递交情况，以及有关单位、个人遵守相关规定的情况。

（7）海洋自然保护区涉外协议的签订，及外国人在保护区开展有关活动时，是否经相关部门批准。

《海洋自然保护区管理办法》第十九条规定，任何单位凡是与国外签署涉及海洋自然保护区的协议时，必须事先报海洋自然保护区主管机关批准。外国人在海洋自然保护区进行相关活动的，也须经海洋自然保护区主管机关批准。

检查时，执法人员应了解是否存在与外国组织、个人签署涉及该海洋自然保护区协议，以及是否存在外国人未经批准、擅自在该海洋自然保护区从事相关活动的情况，获取批准文件，并核实执行情况。

（8）海洋保护区涉及用海的，是否办理了申请审批手续，用海活动是否符合规定。海洋保护区选划、新建和调整时，涉及海域使用的，是否符合海洋功能区划。

国家海洋局在《关于进一步加强自然保护区海域使用管理工作的意见（国海函【2006】3号）》中规定，在海洋自然保护区使用海域的，必须办理海域使用申请审批手续，取得海域使用权证书，并不得擅自改变海域使用用途。国家级海洋自然保护区属于禁止开发区域，海洋自然保护区内禁止围填海和海砂开采等改变海域自然属性的开发活动。有关部门在选划、新建或调整自然保护区时，如涉及海域使用的，还应当符合海洋功能区划。

《海洋特别保护区管理办法》第二十三条规定，海洋特别保护区内保护与利用活动使用海域的，应当按照《海域使用管理法》等有关法律规定进行。

检查时，执法人员应了解该海洋保护区管理机构、在海洋保护区内用海的单位和个人海域使用手续办理情况，查阅海域使用权证书；获取该区域海洋功能区划文件，核实该海洋保护区的选划、新建或调整是否符合海洋功能区划。

（9）海洋保护区内是否存在各类建设项目和开发活动，确需在保护区实验区内进行开发建设的重点建设项目单位和个人是否遵守有关规定。

国家海洋局在《关于进一步规范海洋自然保护区内开发利用活动管理的若干意见（国海函【2006】26号）》中规定，海洋自然保护区内严格控制各类建设项目或开发活动，因重点建设项目确需在保护区实验区内进行开发建设的单位和个人，必须提出申请。保护区管理机构因工作需要，自身组织开展工程建设的，也需要编制保护区生态环境影响报告。涉及海洋工程建设项目的，还必须执行海洋环境影响评价制度。

《海洋特别保护区管理办法》第三十八条规定，海洋特别保护区内严格控制各类建设项目或开发活动，符合海洋特别保护区总体规划的重点建设项目，须经保护区管理机构同意后，按照相关法律法规的要求进行海洋工程环境影响评价和海域使用论证。海洋工程环境影响报告和海域使用论证报告应当设专章编写生态环境保护、生态修复恢复和生态补偿赔偿方案及具体措施。

检查时，执法人员应了解海洋保护区内各类建设项目或开发活动开展及审批情况。海洋环境影响评价制度执行情况等。

3. 海洋保护区是否存在违法行为

《海洋自然保护区管理办法》的规定，擅自移动、搬迁或破坏界碑、标志物及保护设施，非法捕捞、采集海洋生物，非法采石、挖沙、开采矿藏，其他任何有损保护对象及自然环境和资源的，均属于违法行为。

《海洋特别保护区管理办法》规定，造成海洋特别保护区破坏，造成领海基点及其周围环境被侵蚀、淤积或者损害，造成海洋环境造成污染或者严重影响海洋景观，破坏海洋特别保护区、给国家造成重大损失的，均属违法行为。

检查时，执法人员应严格按照规定，详细核实有关情况，以及时发现并制止存在的违法行为，并依法展开调查取证。

4. 对其他行为进行检查

对海洋保护区内单位、人员，进入保护区的外来人员、船只遵守海洋保护区规章制度，接受保护区管理机构管理，以及海洋保护区主管部门、管理机构和其他管理部门、相关人员执行保护区管理制度的情况进行检查。

需要注意的是，海洋保护区行政检查，应根据不同的内容，分别由该海洋保护区的主管部门和保护区管理机构承担。具体为：对海洋保护区管理机构执行有关规定情况的行政检查，由该保护区的海洋主管部门，或上级海洋主管部门实施。对有关单位、个人执行有关规章制度的情况检查，可由上级海洋主管部门、主管该保护区的海洋行政部门和保护区管理机构实施。

2.4.3 检查措施

根据《中华人民共和国行政处罚法》（以下简称《行政处罚法》）、《海洋环境保护法》、《海洋行政处罚实施办法》等的相关规定，海洋行政主管部门、海洋保护区管理机构及其执法人员在检查时，有权采取以下措施：

1. 听取关于海洋保护区建设和管理情况的介绍

执法人员可以要求有关单位、个人介绍海洋保护区的审批、建设和管理，以及有关活动开展等相关情况。

2. 要求被检查的单位或有关人员就相关问题作出说明

执法人员认为某一具体事项存在疑问、需要进一步了解，或某一事项可能对检查结论产生重大影响时，可以要求有关单位、个人作出详细说明。

3. 要求被检查单位或个人提供相关文件、资料等

执法人员可以要求被检查的海洋保护区管理机构，或有关单位或个人提供海洋保护区的申请资料、技术论证资料、审批材料、批准文书，海域使用证书，环境影响评价报告，海洋保护区的位置、范围和功能分区、保护期间划分的文件资料和图标，与有关单位、个人签署的有关协

议、合同等资料，以及保护区监测、监视档案资料，保护区总体建设规划、规章制度等资料。

4. 查阅或者复制有关文件资料

执法人员有权要求被检查的海洋保护区管理机构，或有关单位或个人提供与检查有关的相关文件、资料并查阅。如执法人员认为有必要，有权复制有关文件资料并带回。

5. 进入现场进行监测、勘查、取样检验、拍照、摄像

执法人员可以进入现场进行监测、勘察，对被搬迁、损害的界碑、界标和保护设施，非法采集的海洋生物、砂石样品，非法砍伐的树木等植物样品，非法捕捞的动物标本，以及其所使用的各种器械、工具等进行取样化验、拍照（摄像）取证，对有关物品进行封存或证据保全登记。

6. 责令违法者停止违法活动，接受调查处理

如检查发现当事人的行为涉嫌违反海洋保护区有关管理规定时，执法人员应责令当事人停止正在进行违法行为，并要求其在规定时间内接受进一步调查处理。

7. 法律规定的其他措施

执法人员可以采取《行政处罚法》、《海洋环境保护法》、《海洋行政处罚实施办法》规定的其他措施。

2.4.4　注意事项

海洋主管部门及其管理机构、执法人员应当严格按照法律规定，依法开展海洋保护区行政检查。检查时，需要注意以下事项：

1. 了解基本信息

主要是了解海洋保护区的主管机关、建立时间、批准机关、管理机构，海洋保护区的性质、类型、位置、范围，保护对象、保护区域的设置等基本信息；以及海洋保护区撤销、调整，相关工作开展情况等相关信息，以便确定重点，有针对性地实施检查。

2. 检查前的准备

做好检查前的准备，是保证海洋保护区执法检查顺利实施，确保检查效果的关键环节。检查前，应重点做好以下准备工作：

（1）制定检查计划和方案

在实施检查前，海洋主管部门、保护区管理机构应组织有关人员制定详细周密的检查计划、方案，根据该保护区的基本情况，或以前检查掌握的相关信息，确定检查方式、检查范围、检查内容、检查重点和检查要求，明确人员安排、职责分工，落实车、船（机）及各种执法等设备，及技术检验鉴定事项等。

（2）法律文书准备

做好检查文书的准备，事先制作《检查通知书》、《责令停止海洋违法行为通知书》、《调查询问笔录》、《现场检查笔录》、《现场勘验笔录》、《证据保全登记表》、《证据提取登记表》、《抽样登记表》等有关法律文书，并在检查时有针对性地使用。

（3）执法装备准备

根据检查计划的安排，对执行任务的船、机和车辆等运载工具进行全面检查，对照相、摄像、录音、计算机、打印等各种调查取证设备进行调试，确保其处于良好状态。如可能涉及检测、鉴定的，应协调有资质的单位，落实相关技术检验鉴定事项。

3. 全面检查

（1）详细核实有关情况。根据检查计划、方案的要求，执法人员向有关单位、个人全面核实相关情况，也可以直接就某一问题进行有针对性的核实，认真查阅并复制有关文件、技术材料，系统收集相关资料。

（2）进入现场进行检查。执法人员应进入现场，对保护区界碑和标志物等保护设施进行检查；进入海洋工程建设现场，对建设单位、施工单位和有关个人执行国家有关法律的情况进行检查；进入污染事故现场进行检查，开展检测、检验工作，获取相关样品。制作《现场检查登记表》、《勘验登记表》等。

（3）对涉嫌违反海洋自然保护区、海洋特别保护区管理规定的行为，应立即展开调查取证，及时获取影（音）像及相关物品等证据资料，避免因取证不及时而导致证据灭失。

4. 检查结束后，应对检查情况进行分析汇总，形成结论，并编写总结报告报上级有关部门

要建立检查档案，对检查中形成的各种文书、文字、照片、影像（音）资料等进行系统整理，一并归入该海洋保护区检查档案内，便于日后查阅和比较分析。

5. 需要注意的其他事项

（1）执法主体

监督检查对象是：海洋自然保护区、海洋特别保护区的管理机构，以及有关单位、个人。因此，不同的主体，其监督检查对象、监督检查的内容均有所不同，按照《自然保护区条例》、《海洋自然保护区管理办法》、《海洋特别保护区管理办法》等的规定，主管该海洋保护区的海洋主管部门及其上级机关，依法可以对海洋保护区管理机构，以及有关单位、个人进行监督检查。海洋保护区管理机构只能对保护区内有关单位和个人进行监督检查。

（2）执法依据

海洋保护区执法检查，应依据《海洋环境保护法》、《自然保护区条例》、《海洋自然保护区管理办法》、《海洋特别保护区管理办法》的要求展开。由于海洋自然保护区、海洋特别保护区的选划、建设和管理同时还会涉及海域使用，海岛保护等工作，因此，除了依据上述法律、法规、规章外，还必须依据《海域使用管理法》、《海岛保护法》，以及国家海洋局有关规范性文件的规定，对海洋保护区内有关单位、个人执行海域使用、海岛管理规定的情况进行检查。

2.5 违法行为及其法律责任

2.5.1 违法行为种类

2.5.1.1 海洋自然保护区违法行为

根据《海洋环境保护法》、《海洋自然保护区管理办法》等的有关规定,下列行为属于海洋自然保护区违法行为:

(1) 在海洋自然保护内的活动不符合核心区、缓冲区、试验区的规定,造成珊瑚礁、红树林等海洋生态系统及海洋水产资源、海洋自然保护区破坏、污染、损失的;

(2) 擅自移动、搬迁或破坏海洋自然保护区界碑、标志物及保护设施的;

(3) 在海洋自然保护区内不遵守绝对保护期和相对保护期规定采集海洋生物,或非法进行砍伐、放牧、狩猎、捕捞、开垦、烧荒、开矿、采石、挖沙等活动的;

(4) 未经海洋自然保护区管理机构批准,在海洋自然保护区内从事科学研究、教学实习、考察和标本采集的;

(5) 经批准在海洋自然保护区内从事科学研究、教学实习、考察和标本采集的单位和个人,不按规定向海洋自然保护区管理机构提交活动成果副本的;

(6) 未经海洋行政主管部门批准,在海洋自然保护区内修筑设施的;

(7) 未经海洋自然保护区管理机构批准,在海洋自然保护区内开展旅游业务的,或其旅游业务不服从海洋自然保护区管理机构统一管理,所得收入未用于保护区的建设和保护事业的;

(8) 未经海洋自然保护区管理机构批准,在海洋自然保护区内开展与保护区保护方向不一致的旅游项目的,或旅游活动未采取有效措施防止损

害保护对象的;

（9）未经国家海洋行政主管部门批准，与国外签署涉及国家级海洋自然保护区的协议，或外国人擅自在保护区内从事有关活动的;

（10）拒绝海洋行政主管部门监督检查，或者在被检查时弄虚作假的;

（11）其他任何有损海洋自然保护区保护对象及自然环境和自然资源的行为。

2.5.1.2　海洋特别保护区违法行为

根据《海洋环境保护法》、《海洋特别保护区管理办法》等的有关规定，海洋特别保护区违法行为主要有:

1. 擅自改变海洋特别保护区内海岸、海底地形地貌及其他自然生态环境条件的。

2. 擅自将外来物种引入海洋特别保护区的。

3. 破坏海洋特别保护区内领海基点等海洋权益保护标志和设施，影响领海基点安全的。

4. 在海洋特别保护区内从事以下活动的:

（1）狩猎、采拾鸟卵;

（2）砍伐红树林、采挖珊瑚和破坏珊瑚礁;

（3）炸鱼、毒鱼、电鱼;

（4）直接向海域排放污染物;

（5）擅自采集、加工、销售野生动植物及矿物质制品;

（6）移动、污损和破坏海洋特别保护区设施。

5. 擅自在海洋特别保护区内实施采石、挖沙、围垦滩涂、围海、填海等活动，严重影响海洋生态的。

6. 在海洋特别保护区内从事海水养殖，对海洋环境造成污染或者严重影响海洋景观的。

对于上述行为，海洋自然保护区主管部门、海洋自然保护区管理机构应分别根据职责分工，依法开展调查取证。

另外,在海洋自然保护区、海洋特别保护区内未按规定使用海域、未按规定从事海洋工程建设项目的,也属于违法行为。应由海洋行政主管部门及中国海监各级机构分别依照《海域使用管理法》、《海洋环境保护法》、《防治海洋工程建设项目污染损害海洋环境管理条例》等的规定进行查处,在此不做展开。

2.5.2 调查取证

根据《行政处罚法》、《海洋环境保护法》和国家海洋局《海洋行政执法调查取证工作规则》、《海洋生态保护调查取证工作细则》的规定,海洋自然保护区、海洋特别保护区违法行为的调查取证可在现场检查、听取保护区管理机构汇报、巡航监视中开展。

2.5.2.1 调查取证内容

调查取证时,执法人员应当详细了解核实以下具体内容:

(1)当事人在海洋保护区内从事科学研究、教学实习、考察、标本采集等活动,以及旅游等各项开发利用活动的批复情况;

(2)当事人进入海洋保护区内活动、作业情况;

(3)当事人活动造成珊瑚礁、红树林等海洋生态系统及海洋水产资源、海洋保护区破坏及损失情况;

(4)当事人遵守海洋生态保护及海洋保护区管理规定,接受保护区管理机构管理的情况;

(5)法律、法规、规章规定的其他事项。

2.5.2.2 调查取证措施

根据相关法律、法规、规章等规定,在调查取证过程中,执法人员可采取下列措施:

(1)要求当事人和有关人员提供向海洋保护区管理机构提出的申请及其审批等文件,海洋生态保护相关技术资料等;

（2）向当事人和有关人员询问海洋保护区内海洋生态被破坏、污染、损失的有关情况，要求其作出说明及陈述、申辩；

（3）进入保护区现场进行勘查、拍照、摄像等；

（4）要求当事人采取相应措施，防止海洋环境污染、海洋资源损害程度进一步扩大；

（5）责令当事人停止正在进行的破坏海洋生态环境、海洋资源的违法行为，接受调查处理；

（6）法律、法规、规章规定的其他措施。

2.5.2.3　证据类型

根据《行政处罚法》、《海洋行政处罚实施办法》等的规定，在对海洋保护区违法行为进行调查取证时，执法人员应提取下列主要证据：

1. 书证

海洋保护区设立的批准文件，海洋保护区的管理规定，当事人在海洋保护区内活动的申请与相关技术资料、主管部门的批复文件、有关协议和合同，当事人、受委托人的身份证明及授权委托书等。

2. 物证

被移动、搬迁或被破坏的界碑、标牌、标志物及保护设施，非法采集、捕捞的海洋生物样品，非法采集、加工、销售野生动植物及矿物质制品，非法采挖的沙石、开采的矿藏样品及其实施违法行为时所使用的工具、器械等。

3. 视听资料

现场及相关物品的录音、录像、电子信息等资料。

4. 证人证言

海洋保护区管理机构、有关单位及其他知情人员就有关情况所作的陈述（以笔录形式记载）。

5. 当事人的陈述、申辩

当事人就相关问题所作的陈述、申辩（以笔录形式记载）。

6. 鉴定结论

具有资质的单位对海洋生态环境损害程度所做的技术检测或鉴定结论。

7. 勘验笔录、现场笔录

对现场进行勘验、检查的情况记录。

8. 法律规定的其他证据。

2.5.2.4 证据收集

为规范海洋自然保护区违法行为调查取证工作，根据《行政处罚法》、《海洋行政处罚实施办法》等的规定，中国海监总队制定了《海洋生态保护调查取证工作细则》。其中规定，除收集法律规定的主要证据外，还应根据海洋自然保护区的特点，有针对性地收集相关证据。主要内容有：

1. 对于移动、破坏海洋自然保护区标志物、保护设施；非法采集海洋生物，非法捕捞、采石、挖沙等，未经批准从事相关活动，或经批准但未执行有关规定，以及违反涉外管理规定等违法行为，还应收集以下证据材料：

（1）海洋自然保护区所在的具体位置和范围，政府公布的海洋自然保护区文件及图件，国家海洋行政主管部门批准与国外签署涉及国家级海洋自然保护区的协议或允许外国人在保护区内从事有关活动的批准文件，海洋行政主管部门批准在海洋自然保护区内修筑设施的文件及图件，海洋自然保护区管理机构批准当事人在保护区内从事旅游开发、科学研究、教学实习、考察和标本采集等活动的有关文件等；

（2）可证明当事人擅自移动、搬迁、或破坏海洋自然保护区界碑、标志物、及保护设施的证据材料；

（3）可证明当事人在海洋自然保护区内不遵守绝对保护期和相对保护期规定采集海洋生物，或非法进行砍伐、放牧、狩猎、捕捞、开垦、烧荒、开矿、采石、挖沙等活动的证据材料；

（4）可证明当事人在海洋自然保护区内从事科学研究、教学实习、考察和标本采集的单位和个人，不按规定向海洋自然保护区管理机构提交活动成果副本的证据材料；

（5）可证明当事人在海洋自然保护区内开展旅游业务不服从海洋自然保护区管理机构统一管理，所得收入未用于保护区的建设和保护事业的证据材料；

（6）可证明当事人在海洋自然保护区内开展与保护区保护方向不一致的旅游项目的，或旅游活动未采取有效措施防止损害保护对象的证据材料；

（7）可证明当事人不服从管理机构管理的陈述、申辩、证人证言、录音、录像资料等的证据材料；

（8）有资质单位出具的海洋自然保护区内海洋生态环境遭受影响、受到损害的鉴定结论或技术检测、评估报告等。

2. 对于在海洋自然保护内的活动不符合核心区、缓冲区、试验区的规定，造成珊瑚礁、红树林等海洋生态系统及海洋水产资源、海洋保护区破坏、污染、损失的，还应收集以下证据材料：

（1）海洋自然保护区的具体位置和范围、保护区域的划分，有关海洋生态系统、海洋水产资源、海洋自然保护区的技术资料等；

（2）当事人就海洋生态、水产资源、保护区环境遭受影响、受到损害等相关问题所作的陈述、申辩等；

（3）有资质单位出具的相关损害的鉴定结论或技术检测、评估报告等；

（4）海洋生态环境改变、物种减少或死亡灭绝、科研价值减损等方面的证人证言，及有关物证、视听资料等；

（5）海洋行政主管部门或海洋自然保护区管理机构要求或责令当事人停止正在进行的造成或可能造成海洋生态环境损害行为的文书，委托有关单位代为履行恢复原状的合同或协议，恢复原状或弥补损失的费用证明材料等。

3. 对于拒绝海洋行政主管部门监督检查，或者在被检查时弄虚作假的，还应收集以下证据材料：

（1）当事人拒不接受或对抗海洋生态保护监督检查的证人证言、现场笔录、视听资料等；

（2）当事人提供的虚假信息、材料、资料等；

（3）当事人暴力对抗、造成执法人员人身伤害的证人证言、视听资料、法医鉴定报告等。

总之，在对自然海洋保护区违法行为调查取证时，执法人员应当围绕案情需要，根据不同违法行为的性质，全面、客观和有针对性地收集有关证据材料，确保证据的真实、合法、有效，为查清案件事实、最终实施行政处罚奠定基础。

海洋特别保护区违法行为调查取证工作，可结合实际案情，参照《海洋生态保护调查取证工作细则》的具体规定执行。

2.5.3　法律责任

《海洋环境保护法》、《自然保护区条例》、《海洋自然保护区管理办法》、《海洋特别保护区管理办法》等分别对海洋保护区违法主体规定了法律责任。其主要内容有：

1. 《海洋环境保护法》第七十六条规定，违反本法规定，造成珊瑚礁、红树林等海洋生态系统及海洋水产资源、海洋保护区破坏的，由依照本法规定行使海洋环境监督管理权的部门责令限期改正和采取补救措施，并处1万元以上10万元以下的罚款；有违法所得的，没收其违法所得。

2. 《海洋环境保护法》第七十七条规定，违反本法第三十条第三款规定，在海洋自然保护区、重要渔业水域、海滨风景名胜区和其他需要特别保护的区域，新建排污口的，由县级以上地方人民政府环境保护行政主管部门责令其关闭，并处2万元以上10万元以下的罚款。

3. 《海洋环境保护法》第九十条第二款规定，对破坏海洋生态、海洋水产资源、海洋保护区，给国家造成重大损失的，由依照本法规定行使海洋环境监督管理权的部门代表国家对责任者提出损害赔偿要求。

4. 《自然保护区条例》第三十四条规定，违反本条例规定，有下列行为之一的单位和个人，由自然保护区管理机构责令其改正，并可以根据不同情节处以 100 元以上 5 000 元以下的罚款：

（1）擅自移动或者破坏自然保护区界标的；

（2）未经批准进入自然保护区或者在自然保护区内不服从管理机构管理的；

（3）经批准在自然保护区的缓冲区内从事科学研究、教学实习和标本采集的单位和个人，不向自然保护区管理机构提交活动成果副本的。

5. 《自然保护区条例》第三十五条规定，违反本条例规定，在自然保护区进行砍伐、放牧、狩猎、捕捞、采药、开垦、烧荒、开矿、采石、挖沙等活动的单位和个人，除可以依照有关法律、行政法规规定给予处罚的以外，由县级以上人民政府有关自然保护区行政主管部门或者其授权的自然保护区管理机构没收违法所得，责令停止违法行为，限期恢复原状或者采取其他补救措施；对自然保护区造成破坏的，可以处以 300 元以上 10 000 元以下的罚款。

6. 《自然保护区条例》第三十六条规定，自然保护区管理机构违反本条例规定，拒绝环境保护行政主管部门或者有关自然保护区行政主管部门监督检查，或者在被检查时弄虚作假的，由县级以上人民政府环境保护行政主管部门或者有关自然保护区行政主管部门给予 300 元以上 3 000 元以下的罚款。

7. 《自然保护区条例》第三十七条规定，自然保护区管理机构违反本条例规定，有下列行为之一的，由县级以上人民政府有关自然保护区行政主管部门责令限期改正；对直接责任人员，由其所在单位或者上级机关给予行政处分：

（1）未经批准在自然保护区开展参观、旅游活动的；

（2）开设与自然保护区保护方向不一致的参观、旅游项目的；

（3）不按照批准的方案开展参观、旅游活动的。

8.《自然保护区条例》第三十八条规定，违反本条例规定，给自然保护区造成损失的，由县级以上人民政府有关自然保护区行政主管部门责令赔偿损失。

9.《海洋自然保护区管理办法》第十六条规定，未经国家海洋行政主管部门或沿海省、自治区、直辖市海洋管理部门批准，任何单位和个人不得在海洋自然保护区内修筑设施。对海洋自然保护区内的违章建筑，国家海洋行政主管部门或沿海省、自治区、直辖市海洋管理部门可责令拆除或恢复原状。

10.《海洋自然保护区管理办法》第二十条规定，违反本办法有关规定者，国家海洋行政主管部门或沿海省、自治区、直辖市海洋管理部门及海洋自然保护区管理机构可依据《中华人民共和国自然保护区条例》第三十四条、第三十五条、第三十八条有关规定予以处理。

11.《海洋特别保护区管理办法》第四十七条规定，违反本办法，对海洋特别保护区造成破坏的，由县级以上人民政府海洋行政主管部门及其所属的中国海监机构依照《中华人民共和国海洋环境保护法》第七十六条的规定，责令限期改正和采取补救措施，并处1万元以上10万元以下的罚款；有违法所得的，没收其违法所得。

12.《海洋特别保护区管理办法》第四十八条规定，海洋特别保护区内从事资源开发利用活动的单位和个人造成领海基点及其周围环境被侵蚀、淤积或者损害的，由县级以上人民政府海洋行政主管部门依照《中华人民共和国防治海洋工程建设项目污染损害海洋环境管理条例》第四十九规定，责令停止建设、运行，限期恢复原状；逾期未恢复原状的，海洋行政主管部门及其所属的中国海监机构可以指定具有相应资质的单位代为恢复原状，所需费用由建设单位承担，并处恢复原状所需费用的1倍以上2

倍以下的罚款。

13.《海洋特别保护区管理办法》第四十九条规定，海洋特别保护区内从事海水养殖，对海洋环境造成污染或者严重影响海洋景观的，由县级以上人民政府海洋行政主管部门及其所属的中国海监机构依照《中华人民共和国防治海洋工程建设项目污染损害海洋环境管理条例》第五十四条规定，责令限期改正；逾期不改正的，责令停止养殖活动，并处清理污染或者恢复海洋景观所需费用1倍以上2倍以下的罚款。

14.《海洋特别保护区管理办法》第五十条规定，对破坏海洋特别保护区，给国家造成重大损失的，按照《中华人民共和国海洋环境保护法》第九十条规定，由行使海洋环境监督管理权的部门代表国家对责任者提出损害赔偿要求。

此外，在海洋自然保护区内如涉及违反海域使用、海岛保护管理相关规定的，应按照《海域使用管理法》、《海岛保护法》的规定，依法追究当事人的法律责任。

对于违反有关规定，造成海洋环境污染损害；或造成重大海洋环境污染事故，致使公私财物遭受重大损失或者人身伤亡严重后果；海洋环境监督管理人员滥用职权、玩忽职守、徇私舞弊，造成海洋环境污染损害的，应分别追究行政责任和刑事责任。

2.5.4 注意事项

海洋保护区违法行为种类繁多、形式多样，尤以非法采集海洋生物，或非法采集、加工、销售野生动植物及矿物质制品等违法行为居多。开展调查取证时，应当注意以下具体事项：

1. 重视物证的收集

与其他海洋违法行为调查取证不同的是，海洋保护区违法行为的调查取证，除了应当收集当事人必要的书证外，更多侧重于物证的收集。这些物证，通常包括当事人的作案工具以及采集、捕捞、开采的海洋生物、动植物和海砂等矿产资源样品，显然，这些物证具有直接的证明效力，对于行政机关定案起到关键的作用，因此，应当及时收集相关物证，并妥善保存。在收集物证时，必须依法履行必要手续。同时，要进行照相、摄像加以固定。对于那些数量较多无法全部保存的物证，可以抽样登记保存；对于易于死亡、变质的海洋生物、动植物样品，要采取适当措施予以保存，待案件处理终结后，履行必要的程序，经批准后再统一处理。

2. 重视技术检验鉴定工作

公正、公平是行政处罚的基本原则。《行政处罚法》第四条规定，行政处罚遵循公正、公开的原则。设定和实施行政处罚必须以事实为依据，与违法行为的事实、性质、情节以及社会危害程度相当。海洋行政机关在对海洋保护区违法行为实施行政处罚时，除了应当掌握案件事实、违法行为的性质和违法情节外，还必须查清该违法行为造成的社会危害程度。因此，海洋保护区违法行为如可能或已经造成对海洋生态环境、海洋资源污染、损害的，海洋主管部门必须依法委托具有资质的技术单位进行检验鉴定。海洋主管部门应当根据鉴定结论，在结合当事人的违法事实、性质、情节等基础上，综合考量后依法作出行政处罚，由此避免事实认定不清而导致行政处罚的随意性，确保行政处罚的公正、公平。

3. 重视调查取证的时机

由于海洋保护区范围广阔、人烟稀少、地形复杂，实施违法行为的又以个体居多，其行为多具有隐蔽性、流动性等特点。如不及时获取证据，事后难于弥补。因此，执法人员必须在严格遵守法定程序的前提下，及时迅速组织开展调查取证，以免延误调查取证的有利时机。一般情况下，尤其是对个体违法者，如发现其涉嫌从事非法活动的，应首先封存其非法获取的有关物品、作案工具等，并通过照相、摄像加以固定，然后再调查核实其他相关情况。确保在第一时间内获取重要、直接证据，为最终实施行政处罚奠定基础。

2.6 案例分析

2.6.1 违法行为的认定与法律适用

案例：朱某未经许可擅自进入保护区核心区采集贝藻行政处罚案

【基本案情】

1. 被处罚人：朱某
2. 处罚机关：南麂列岛自然保护区管理局
3. 案件事实：

2006年8月21日，中国海监南麂列岛自然保护区支队发现在自然保护区内有灯光闪动，当即组织执法人员前往现场检查。发现，门屿村村民朱某于当日凌晨一点与同村另一渔民秋某，在未经保护区主管机关批准的情况下，擅自进入南麂列岛自然保护区核心区龙船礁一带海域，从事羊栖菜（一种珍稀保护贝藻）采集活动。经核实，上述2人已经采集羊栖菜约3斤，破坏面积达3平方米左右。

【查处结果】

当事人的行为，涉嫌违反了《浙江省南麂列岛国家级海洋自然保护区条例》的有关规定。

依据《浙江省南麂列岛国家级海洋自然保护区条例》第二十五条第一款的规定，对当事人处于"没收非法所得，并处人民币5 000元"的行政处罚。

当事人在接到《行政处罚告知书》后，未提出陈述申辩意见，并在收到《行政处罚决定书》后，按期缴纳了罚款。

【分析意见】

1. 当事人采集羊栖菜的行为是否违反有关规定？

南麂列岛位于我国浙江平阳沿海，岛上气候宜人，生长多种珍稀海洋植物。因保护需要，经国务院批准，建立了南麂列岛国家级海洋自然保护区。羊栖菜是一种贝藻，是岛上十分常见的一种植物。在保护区建立之前，该岛部分渔民经常从事羊栖菜的采集活动，并以此作为食物或用于出售。虽然南麂列岛国家级海洋自然保护区建立多年，但仍有个别渔民冒着违法的风险从事采集活动，以获取不法利益。《浙江省南麂列岛国家级海洋自然保护区条例》的规定，该自然保护区内的海洋贝藻物种均为保护对象。同时，该条例第十一条还规定，在一级保护区内禁止从事除经批准的科学研究和考察活动、行政管理活动、船舶无害通过，以及省海洋管理部门和保护区管理局特别许可之外的其他活动。

本案中，当事人进入保护区的行为，未经自然保护区管理机构批准。且其在保护区核心区内采集的羊栖菜属于保护区保护的珍稀物种。因此，其行为违反了《浙江省南麂列岛国家级海洋自然保护区条例》的有关规定。理应承担有关法律责任。

2. 法律适用

为加强保护区的管理工作，1996年根据《中华人民共和国海洋环境保护法》、《中华人民共和国自然保护区条例》规定，浙江省人大颁布了《浙江省南麂列岛国家级海洋自然保护区条例》，专门就保护区的管理、机构建立、保护、开发利用等事项作出了规定。同时，该条例第十一条、第十二条、第十三条分别对未经批准擅自进入保护区、擅自采集贝藻等行为作出了禁止性规定。第二十五条还规定，"在一级保护区内采集、捕捞贝藻和其他海洋生物的"，保护区管理机构局责令停止违法行为，赔偿损失，没收违法所得，并可处300元以上2 000元以下的罚款；情节严重的，可处2 000元以上1万元以下的罚款。

本案中，当事人虽采集的贝藻仅为3斤左右，但其采集的地点位于一级保护区内的核心区域，属于明令禁止擅自进入和从事采集、捕捞贝藻的区域。据此，行政机关认定其行为性质严重，并依据《浙江省南麂列岛国家级海洋自然保护区条例》的有关规定，作出了罚款5 000元的行政处罚。

此外，该案选择适用了《浙江省南麂列岛国家级海洋自然保护区条例》。这是由于特别法优于一般法，新法优于老法的原因。行政机关作出的行政处罚决定，完全符合法律规定。

2.6.2 处罚种类的适用

案例：林某非法采石行政处罚案

【基本案情】

1. 被处罚人：林某
2. 处罚机关：南麂列岛国家级海洋自然保护区管理局
3. 案件事实：

2008年5月23日，根据举报，中国海监南麂列岛国家级海洋自然保护区支队执法人员赶赴保护区内三盘尾村，对该村村民林某新建海带加工场一事进行检查。经检查，加工场所需建筑石料均采自南麂列岛国家级海洋自然保护区内，但未经保护区主管部门批准，其行为违反了《浙江省南麂列岛国家级海洋自然保护区条例》（以下简称《保护区管理条例》）第十九条第二款规定。后经进一步调查，林某于2008年5月19日至2008年5月20日期间实施了非法采石活动，采石量约2立方米。

【处理结果】

《保护区管理条例》第二十五条规定，"在保护区内擅自砍伐林木、挖沙、采石、烧荒、在野外燃烧废弃物的，由保护区管理局责令其停止违法行为，赔偿损失，没收非法所得，并可处以300元以上2 000元以下的罚款；情节严重的，可处以2 000元以上1万元以下的罚款"。依据本条规定，综合考虑当事人采石活动持续时间较短、石方量不大、且积极配合执法等情节，行政机关对当事人作出"罚款人民币1 700元"的行政处罚。当事人如期缴纳了罚款。

【分析意见】

依据《保护区管理条例》第二十五条规定,"在保护区内擅自砍伐林木、挖沙、采石、烧荒、在野外燃烧废弃物的,由保护区管理局责令其停止违法行为,赔偿损失,没收非法所得,并可处以300元以上2 000元以下的罚款;情节严重的,可处以2 000元以上1万元以下的罚款"。

上述条款,涉及四类行政处罚,其中"责令停止违法行为、赔偿损失、没收非法所得"是并用款项,"罚款"是选用款项。处罚决定应当依法作出,不可随意增减。本案中,由于采石方量并不大,所造成的损失也不大,且《保护区管理条例》并未规定有关损失评估的办法,为避免争议,行政机关没有将"赔偿损失"一项列入处罚决定;同时,由于当事人采石是用于自建,而非营利性活动,故没有"非法所得";但是,行政机关下达的处罚决定中,没有将"责令停止违法行为"载明,却是一个瑕疵。根据该条规定,"责令停止违法行为"应当是一个必用款项,行政机关没有理由随意删减。反之,本条规定中"罚款"是选用款项,行政机关可根据当事人的行为情节轻重合理裁量,是否需要"并处罚款"以及"罚款多少"。

综上所述,行政处罚决定的作出是件十分严肃的事情,行政机关应当依法作出,正确把握"法定"与"酌定"的关系。

2.6.3 海洋自然保护区海洋行政检查活动的特殊要求

案例:"浙平渔1144"未经许可非法从事渔业捕捞行政处罚案

【基本案情】

1. 被处罚人:"浙平渔1144"船
2. 处罚机关:南麂列岛国家级海洋自然保护区管理局
3. 案件事实:

2009年3月6日,中国海监南麂列岛国家级海洋自然保护区支队执法人员在巡航过程中发现,"浙平渔1144"船在南麂大擂岛至后隆海域实施拖网捕捞。经调查，该船于当日凌晨6时进入保护区，上午11时开始捕捞作业，至执法人员查获时，已捕获鱼、虾、蟹等海洋生物40公斤左右。

当事人在保护区内（事发地属二级保护区）从事渔业捕捞活动，未经保护区管理局许可，违反了《浙江省南麂列岛国家级海洋自然保护区条例》（以下简称《保护区管理条例》）第十六条第一款的规定。

【处理结果】

依据《保护区管理条例》第二十五条第（三）项的规定，行政机关对当事人作出"责令停止违法行为，没收非法所得，并处罚款人民币3 000元"的行政处罚。当事人如期缴纳了罚款。

【分析意见】

海洋自然保护区的违法案件，多以非法获取各类海洋资源为主。违法行为多具有隐蔽性、流动性等特点。

因此，在海洋自然保护区执法，应当注重以下几方面：

（1）提高违法行为发现率

保护区执法监管机构应当建立完善的巡查制度，巡查计划不留死角；针对核心区、案件多发区重点布控；针对非法采盗活动的特点，加大夜间巡查力度；此外，还应高度重视举报线索，对举报有功人员予以奖励，提高群众协查积极性。

（2）重视执法办案程序的合法性

由于保护区内违法案件基本属于一般案件，案情简单，处罚力度不大，因此，容易造成松懈，出现一些违反合法性要求的情况，对此，执法人员应当高度重视，坚决杜绝违法行政情况的出现。执法办案要严格依照《中华人民共和国行政处罚法》和《海洋行政处罚实施办法》的规定进行，正确适用简易程序或一般程序，应当进行会审及听证的，应当按照程序要求进行，不得随意取消，损害当事人的权益。

（3）重视证据收集

与海域等违法案件查处不同，海洋自然保护区违法案件更多侧重于物证的收集。这些物证,通常包括当事人的作案工具以及采获的物品,这些物证对于行政机关定案有直接的证明效力,因此要及时收集、妥善保存。但物证收集要注意依法履行必要手续。

2.6.4 法律规范竞合的应用

案例:蔡某非法采拾贝类行政处罚案

【基本案情】

1. 被处罚人:蔡某
2. 处罚机关:南麂列岛国家级海洋自然保护区管理局
3. 案件事实:

2010年12月28日,中国海监南麂列岛国家级海洋自然保护区支队执法人员接群众举报,在保护区一级区(核心区)南面角沙滩内,查获当事人蔡某偷采等边浅蛤(沙蛤)5.6斤,造成破坏面积为5.8米×0.8米。其行为违反了《浙江省南麂列岛国家级海洋自然保护区管理条例》(以下简称《保护区管理条例》)第十一条规定。根据该条规定,一级保护区内实行封闭式保护,除特许事项外禁止一切活动。

【处理结果】

案件调查终结后,依照程序对该案进行了会审,并于2011年1月8日向当事人送达《行政处罚听证告知书》,当事人明确表示放弃听证。2011年1月11日行政机关依据《保护区管理条例》第二十五条第(一)项规定,对当事人作出"没收非法所得,并处罚款人民币5 000元"的行政处罚决定。2011年1月22日当事人缴纳罚款,案件终结。

【分析意见】

本案的评析问题的焦点主要是:如何把握法律规范竞合在执法中的应用。

实际上,依据《保护区管理条例》,当事人的行为有两个法律责任条款均可适用,一是第二十四条第(二)项,本项规定的是对"未经批准进入一级保护区"的违法行为应负的法律责任；二是第二十五条第（一）项，本项规定的是对"在一级保护区内采集、捕捞贝藻类和其他海洋生物"的违法行为应负的法律责任。

既然当事人的行为触犯了两个违法责任，那是否应该按两个违法责任同时处罚？

这就涉及法律规范竞合。所谓法律规范竞合，是指多个法律条文间，其规定的内容存在重合或包容关系，即其中一个法律条文的内容，为其他法律条文所包括。

在此我们不难看到，"在一级保护区内采集、捕捞贝藻类和其他海洋生物"必然是以"进入一级保护区"为前提，二者关系相包容，后者被前者所吸收，因此适用第二十五条第（一）项规定。

此外，我们还应注意，法律规范竞合时的处理原则是"吸收原则"与"重法优于轻法原则"相结合。以本案为例，第二十四条第（二）项规定的罚则是"由保护区管理局责令其改正，并可处以 100 元以上 2 000 元以下的罚款；情节严重的，可处以 2 000 元以上 5 000 元以下的罚款"，第二十五条第（一）项规定的罚则是"由保护区管理局责令其停止违法行为，赔偿损失，没收非法所得，并可处以 300 元以上 2 000 元以下的罚款；情节严重的，可处以 2 000 元以上 1 万元以下的罚款"。很明显，后者规定的处罚更重。因此，按照"吸收原则"适用第二十五条第（一）项的同时也不违背"重法优于轻法原则"。但如果相反，后者规定的处罚更轻，则即便按照"吸收原则"适用后者，最终仍然应按重法论处。这也体现了法律的公平价值。

思考题：

1. 海洋自然保护区的种类有哪些？如何界定？
2. 海洋自然保护区环保执法的任务是什么？
3. 简述海洋自然保护区环保执法的主要内容。

4. 海洋自然保护区建立的法定条件是什么？

5. 海洋自然保护区撤销、调整和变化的审批机关是什么？应当经过哪些程序？

6. 海洋自然保护区用海活动管理的具体要求有哪些？

7. 简述海洋自然保护区违法行为的种类。

8. 简述海洋自然保护区违法行为证据收集的主要类型。

3 海洋倾废执法

3.1 概述

3.1.1 海洋倾废管理的含义与倾倒的定义

3.1.1.1 海洋倾废管理

海洋倾废管理是指为防止、控制和减少由于倾倒废弃物和其他物质造成海洋生态环境的污染损害，海洋管理部门依据有关法律规定，采取一切切实可行的步骤和有效的措施，对海上倾废活动实施的管理。其目的是使倾废活动按照法律的程序和科学的步骤进行，以达到保护海洋生态环境、资源，促进经济发展的目标。

1. 海洋倾废管理目标

海洋倾废是人类有意识、有目的地利用海洋环境容量和迁移能力处置废弃物的一种活动。"严格控制向海洋倾倒废弃物，防止废弃物对海洋环境造成污染"是我国海洋倾废管理的方针。"严格控制向海洋倾倒废弃物，防止对海洋环境的污染损害，保护海洋资源，促进海洋事业的发展"是我国海洋倾废管理的目标。

2. 海洋倾废管辖范围

《中华人民共和国海洋环境保护法》第二条第一款规定："本法适用于中华人民共和国的内水、领海、毗连区、专属经济区、大陆架以及中华人民共和国管辖的其他海域。在中华人民共和国管辖海域以外，造成中华人民共和国管辖海域污染的,也适用本法。"凡在上述海域进行倾倒活动的,均按我国海洋倾废法律法规实施管理。

3. 海洋倾废管理对象

《中华人民共和国海洋环境保护法》第二条第二款规定:"在中华人民共和国管辖海域内从事航行、勘探、开发、生产、旅游、科学研究及其他活动,或者在沿海陆域内从事影响海洋环境活动的任何单位和个人,都必须遵守本法。"也就是说,海洋倾废的管理对象既适用于我国公民和单位,也适用于对我国海洋环境有影响的外国公民和外国单位。

《中华人民共和国海洋倾废管理条例》第三条和《中华人民共和国海洋倾废管理条例实施办法》第二条具体列举了适用于规定的几种海洋倾废行为,包括:向我国管辖海域倾倒废弃物和其他物质;以倾倒为目的,在我国境内装载废弃物和其他物质;以倾倒为目的,经我国管辖海域运送废弃物和其他物质;在我国管辖海域焚烧处置废弃物和其他物质;向海上弃置船舶、平台、航空器及其运载工具。

同时,《中华人民共和国海洋环境保护法》第二条第三款规定:"在中华人民共和国管辖海域以外,造成中华人民共和国管辖海域污染的,也适用本法。"这一规定是根据海洋污染所具有的污染扩散范围大的特点,参照有关国际公约制定的。

4. 海洋倾废管理主管部门

(1)《中华人民共和国海洋环境保护法》第五条第二款规定国家海洋行政主管部门是防止海洋倾废污染损害我国海域的环境保护工作的主管部门。沿海县级以上地方人民政府行使海洋环境监督管理权的部门的职责,由省、自治区、直辖市人民政府根据本法及国务院有关规定确定。

(2)《中华人民共和国海洋倾废管理条例》第四条规定:"海洋倾倒废弃物的主管部门是中华人民共和国国家海洋局及其派出机构。"

(3)《委托签发海洋倾倒许可证管理办法》第二条规定:"国家海洋行政主管部门委托沿海省、自治区、直辖市海洋行政主管部门(以下简称省级海洋行政主管部门）签发废弃物海洋倾倒普通许可证适用本办法。"第十四条规定："国家海洋行政主管部门负责全国海域海洋倾废活动的管理。省级海洋行政主管部门负责对本行政区毗邻海域的海洋倾废活动和其签发的废弃物海洋倾倒普通许可证的倾倒活动实施监督检查。废弃物装载时，应当进行核实，必要时可以派员随航监督。海区分局负责本海区海洋倾废活动的指导、协调、监督和管理。国家海洋局深圳海洋管理处、国家海洋局珠海海洋管理处分别负责深圳市、珠海市毗邻海域的海洋倾废活动的管理。"

以上规定说明，国家海洋局及海区分局是海洋倾废的行政主管部门，省级海洋行政主管部门根据国家海洋行政主管部门委托对本行政区毗邻海域的海洋倾废活动和其签发的废弃物海洋倾倒普通许可证的倾倒活动实施行政管理权。

3.1.1.2 海洋倾倒的定义与阐释

"倾倒"，源于《防止倾倒废物及其他物质污染海洋的公约》，即《1972伦敦公约》，英文"dumping"直译为"倾倒"，在海洋环境保护界中，与"海洋倾倒"（Ocean Dumping）是同一种含义，是指利用船舶、航空器、平台和其他运载工具，向海洋处置废弃物或其他物质；向海洋弃置船舶、航空器、平台和其他人工构造物以及向海洋处置由于海底矿产资源的勘探开发及勘探开发相关的海上加工所产生的废弃物和其他物质。

"海洋倾废"是"海洋倾倒废弃物"的简称，与"海洋倾倒"同义，但从与相关的国际公约《防止倾倒废物及其他物质污染海洋的公约》（《1972伦敦公约》）用语一致的角度出发，使用"海洋倾倒"更为全面。海洋倾倒的行为不仅包括废弃物的海洋倾倒，而且包括其他有毒有害物质的海洋倾倒。

《中华人民共和国海洋环境保护法》对"海洋倾倒"的定义是："倾倒"是指通过船舶、航空器、平台和其他运载工具，向海洋处置废弃物和其他有害物质的行为，包括弃置船舶、航空器、平台及其他辅助设施和其他浮动工具的行为。

《中华人民共和国海洋环境保护法》对该定义释义如下：倾倒是以处置废弃物为目的，包括以下四个方面的内容：①通过船舶、航空器、平台和其他运载工具将废弃物和其他物质在海洋中进行的任何故意处置；②将船舶、航空器、平台及其他辅助设施和其他运载工具在海洋中进行任何的故意处置；③通过船舶、航空器、平台和其他运载工具将废弃物或其他物质在海床及其底土中进行的任何贮藏；④为达到故意处置的目的在现场对平台或其他海上人工构造物进行的任何弃置或故意贮藏，如海上开采油气的平台在海上的弃置。

倾倒不包括以下三种情况：①船舶、航空器、平台和其他运载工具和设施在正常操作过程中所产生或伴生的废弃物和其他物质在海洋中处置，如机舱污水、平台采出水等的排放（本法其他章的条款对这些废弃物的排放做了相应的规定）；②在海洋中并非为单纯的物质处置而放置的物质，如电缆、管道和海洋科研调查装置等；③处置或贮藏直接产生于海床矿物资源的勘探、开发和相关近海加工或与此有关的废物或其他物质。

在倾倒方式上，《〈伦敦倾废公约〉1996议定书》中对"倾倒"的定义增加了以处置为目的的平台或其他海上人工构造物在原址的倾覆。

3.1.2 海洋倾废管理的历史

人类利用海洋处置废物已有140多年的历史，美国、英国、德国、日本等国都是较早开展海洋倾废的国家。从倾倒废物的数量、程度和倾废管理历程上，可将其划分为四个阶段：

第一阶段：从19世纪中叶到第二次世界大战前。人类社会发展到产业革命阶段，由于临海的优势，沿海城市规模扩大，海上运输业发展迅猛。海洋交通运输业的发展所带来的疏通河道、扩建港口的需求，导致了大量疏浚物及废物的产生，一些沿海国家由此开始向海洋倾倒生活垃圾及疏浚物，如英国的利物浦港、布里斯托尔海峡、普利茅斯海湾，美国的费城港、普利茅斯海湾等。这一时期的倾倒特点是规模小，废物种类以航道疏浚物为主，对海洋生态环境造成的影响不大。

第二阶段：第二次世界大战结束到1972年。第二次世界大战期间，各国生产了大量的武器，随着战争的结束，为了避免武器中的有害物质对人类的直接危害，西方一些国家将海洋作为处置这些化学生物武器的场所，但这一阶段没有对这些武器进行任何技术处理就投向大海。这一阶段海洋倾废的特点是海洋倾废的种类、数量都有不同程度的增加，特别是有毒、有害物质的倾倒行为愈发严重，各国及国际组织相关的管理机制没有建立，海洋倾倒基本处于混乱和无序状态。

第三阶段：1972—1996年。1972年，第一次世界环境大会在瑞典的斯德哥尔摩召开，人类对生态、环境与人类发展关系的认识进入了新的阶段。海洋倾废被列为海洋污染的五大污染源之一，具有毒性大、稳定性强、生物富集能力集中的特点，对人类和生物具有较大的危害。为此，各国政府与有关国际组织给予了高度的重视。联合国人类环境会议筹备委员会设立了污染问题工作组，并与美国政府代表团草拟了《大洋倾倒若干条款草案》。1971年，政府间海洋污染工作组在渥太华召开第二次会议，审议并通过了这一草案，1972年10月，在伦敦召开的关于海上倾倒废弃物公约的政府间会议，通过了《防止倾倒废物及其他物质污染海洋的公约》，即《1972伦敦公约》。以《1972伦敦公约》的通过与实施为标志，人类开始对海洋倾倒进行科学、有序的管理阶段。

第四阶段：1996年至今。1992年联合国环境保护与发展大会召开，全球环境保护呼声高涨，伦敦公约缔约国协商大会决定对《防止倾倒废物及其他物质污染海洋的公约》进行全面修改，1993年，《伦敦公约》缔约国会议通过了禁止倾倒工业废弃物、禁止倾倒放射性废弃物和终止有毒液体海上焚烧三项决议，并于1994年启动《议定书》的起草工作，《〈防止倾倒废物及其他物质污染损害海洋的公约〉1996年议定书》在1996年召开的政府间特别会议上通过，并于2006年3月24日生效，国家海洋局代表中国政府参加了谈判修改的全过程。以议定书的生效为标志，人类开始进入全球重视和保护海洋环境的新阶段。

我国海洋倾废的历史与世界海洋倾倒历史基本同步。

1883年，当时的清政府为了疏通因泥沙受阻的黄浦江与长江汇流之处的吴淞口，向英购置了"安定"号挖泥船进行疏浚作业，将挖出的疏浚物倾倒在吴淞口外的海域。这是我国最早的海洋倾倒活动。1889年，清政府又添置了"开通"号拖轮一艘，铁壳泥驳船三艘，两年内向海洋倾倒疏浚物24万余吨。从1912—1941年的30年间，我国海洋疏浚物总量达5 000万吨，平均年倾倒量160多万吨。从1901年开始，青岛港对航道、港池进行疏浚，将疏浚物倾倒在附近海域，至1931年，仅青岛港3号码头疏浚物倾倒量就达45万吨以上。此外，天津港、广州港、烟台港及安东港、营口港等也相继开始进行疏浚物的倾倒活动。

新中国成立后，我国海上交通和对外贸易事业不断发展，随着现代化综合性港口和专业化深水泊位的建成，港口和码头的新建、改造和扩建工程以及港池、泊位、可通行航道的疏浚需求不断增加，疏浚物的海上倾倒量也逐年增大。据统计，20世纪50年代至80年代的疏浚物倾倒总量大致为300万立方米/年、800万立方米/年、2 000万立方米/年、5 000万立方米/年。1998年以来，我国的港口、航道、海岸海洋工程建设达到一个新的高潮，全国沿海地区基建性和维护性疏浚泥倾倒数量迅速增加，2000年以来的年疏浚物倾倒总量持续在1亿立方米左右，2012年全国海洋疏浚物倾倒量达1.892 2亿立方米，较上年增加15%，倾倒物质主要为清洁疏浚物。

3.1.3　海洋倾废管理的现状

1. 我国海洋倾废管理实践

1974年1月，国家颁布了《防止沿海水域污染暂行规定》，开始了防治海洋污染的立法。1983年3月1日，《中华人民共和国海洋环境保护法》正式实施，把海洋倾废作为一个入海污染源加以管控。1999年12月25日，第九届全国人民代表大会常务委员会对该法进行了修订，并于2000年4月1日正式施行。

随着《中华人民共和国海洋环境保护法》的生效，一系列配套法规、规章及政策文件相继出台，国家海洋局、各海区分局和委托签发许可证的地方海洋行政主管部门按照法律规定，认真履行倾废管理职责，通过认真落实倾废许可证制度、废弃物分类管理制度，加强海洋倾倒区管理和海洋倾倒区监测等途径方法，对我国管辖海域的倾废活动，以及在我国管辖海域以外海域进行的影响或可能影响我国海域环境的倾倒行为实施有效管理，建立了良好的倾废管理秩序，有效地保护了海洋环境。

为保护海洋环境和资源，防止海上倾倒造成污染损害，保证其他海上合法活动免遭海上倾倒干扰，减少或避免对其他合理利用海洋空间的影响，1985年3月6日，国务院发布了《中华人民共和国海洋倾废管理条例》，根据该条例的有关规定，国家海洋局划定的第一批三类疏浚物海洋倾倒区上报国务院，于1986年11月2日获得批准，同年11月10日国家海洋局授权发布第一批海洋倾倒区通告。第一批海洋倾倒区包括天津、大连、上海机场空中放油区；东海人粪尿临时倾倒区；胶州湾外第三类疏浚物倾倒区。此后，国家海洋局相继划定一批倾倒区并报国务院批准。自1986年以来，国家海洋局组织选划并上报国务院批准了五批共51个海洋倾倒区，其中有44个三类疏浚物倾倒区，2个三类工业废弃物倾倒区，4个空中放油区，1个人粪尿临时倾倒区（已关闭），并选划了一批临时倾倒区，基本满足了港口、航道、码头等海洋、海岸工程建设的需要，在保护海洋环境和资源的同时，保证了沿海经济建设的需求。

根据海洋发展和管理的需要，国家海洋局于1990年授权海南省海洋局海洋监察管理权，使海南省海洋局成为全国第一个授权管理海洋倾废的省级海洋行政主管部门（国海管字［1990］416号）；1992年7月、1993年9月、1993年12月国家海洋局分别向辽宁省、广西壮族自治区和天津市海洋管理部门授予海洋监察管理权，截止到1993年底，国家海洋局已完成向包括河北省在内的五个省市的海洋监察管理权授权工作。这种授权是国家海洋局转变职能，加强地方政府对海洋工作的领导，强化海洋管理部门行政职能，加速国家海洋行政管理体制改革的重要举措。2004年，根据《中华人民共和国行政许可法》和国务院清理整顿行政许可的有关规定，国家海洋局下发关于废止部分海洋行政许可文件的规定，据此对各省有关海洋监察授权的有关文件予以终止；同时根据《中华人民共和国行政许可法》的有关规定，国土资源部于2004年底颁布了《委托签发废弃物海洋倾倒许可证管理办法》，各省级海洋行政主管部门获得海洋倾废委托审批职能。

近年来，由于全国经济的高速发展，我国海洋经济开发活动呈现大规模建设热潮，港口码头、临海工业等项目纷纷开工建设，基建性和维护性海洋倾废任务量不断增多，使海洋倾倒量剧增，海洋环境的压力日益增大。

2. 海洋倾废执法实践

自开展海洋倾废管理工作以来，海洋行政执法部门按照法律规定，认真履行监督检查职责，对我国管辖海域的倾废活动，以及在我国管辖海域以外海域进行的影响或可能影响我国海域环境的倾倒行为加强监督监视，查处了一批违法倾废作业的企业和个人。2012年，中国海监各级执法队伍，依照有关海洋法律、法规加大了对海洋倾废行为的执法监察力度，有重点地开展了专项、联合执法检查行动和近岸海域巡航监视，对发现的违法、违规行为及时进行了查处，我国海洋倾废的执法能力和水平得到快速提升，海洋倾废的执法时效性、执法覆盖率不断提高。据统计，全国各级海监机构2012年共检查倾废项目1 504个，检查次数6 419次，发现违法行为148起，作出行政处罚145件。

3. 海洋倾废管理发展趋势

随着国际社会和各国政府的重视、公众保护海洋环境意识的增强、废弃物综合利用率的提高以及环境保护科学技术的发展，国际海洋倾废立法出现了统一化、区域化、标准严格化的加强趋势，许多国家为执行国际协议和控制国家沿海海洋污染都制定了国内立法，并大都宣布了污染控制区。海洋倾废活动也越来越向单一化、无害化和科学化的趋势发展。

（1）海洋倾倒物质单一化趋势

20世纪70年代海洋倾废立法以前，向海洋倾倒物质有大量的疏浚物、城市垃圾、工业废渣、污水污泥、船骸、战争废物、有毒化学品和放射性物品等，随着《1972伦敦公约》、1996年议定书和《中华人民共和国海洋倾废管理条例》的实施，目前仅有疏浚物、污水污泥、鱼类废物或工业性鱼类加工产生的物质、船舶、平台或其他海上人工构造物、惰性或无机地质材料以及天然有机物等可以按法律程序向海上倾倒，向海上倾倒物质单一化趋势越来越明显。

（2）海洋倾废活动无害化趋势

根据海洋环境的特性，海洋污染具有不可逆转的性质，因此海洋环境保护最重要的是贯彻预防为主原则。目前，在环境影响方面强调了海洋环境潜在危险评价，采取环境影响最小原则，以保证海洋倾倒活动对海洋环境影响最小，并向无害化方向发展，海洋倾废活动无害化已成为主管部门签发倾废许可证的重要原则。

（3）海洋倾废管理科学化的趋势

在倾倒物质的前处理、倾倒技术以及倾倒区环境条件选择等方面，科学技术的发展均为控制和减少倾倒废弃物对海洋造成的影响提供了新的手段，使倾废管理走上了科学化的道路，科学技术越来越体现于海洋倾废管理决策之中。同时，随着科学技术水平的提高，海上监视、监测能力也得到了极大提高，科学技术在海洋倾废管理的实际工作中也发挥着越来越大的作用。

3.2 法律依据

我国海洋倾废行政执法的法律依据是指用于海洋倾废管理活动的法律法规及其配套性规范性文件，包括宪法、法律、行政法规、地方性法规、规章以及国际公约和国际协定。我国海洋倾废行政执法的法律体系是以宪法关于环境保护规定为根本、以一般性法律规范为基础、以《中华人民共和国海洋环境保护法》和《海洋倾废管理条例》单行法律法规为专门法、以倾废管理的部门规章为配套、以海洋倾废管理的地方性法规和规章为补充、以海洋倾废技术规范和相应海洋环境标准为支撑以及与倾废国际公约相衔接的、完整的法律规范构成的有机整体。

3.2.1 法律法规

1. 宪法

现行《中华人民共和国宪法》（即 1982 年《宪法》）关于"环境保护"的规定，是进行环境监督管理和制定环境法律、法规、规章的根本依据。把环境保护作为一项国家职责和基本国策在宪法中予以确认，把环境保护的指导原则、任务、内容和范围在宪法中作出规定，为国家和社会的环境活动奠定了宪法基础，赋予了最高的法律效力和立法依据。

《中华人民共和国宪法》第二十六条规定："国家保护和改善生活环境，防止污染和其他公害。"这一条款是国家环境保护的总政策，说明环境保护是国家的一项基本职责。此外，宪法第九条第一款、第二款，第二十二条第二款、第五十一条的有关规定，都为我国的环境保护活动、立法和管理提供了指导原则和依据。

2. 法律

根据调整对象的范围和标准，海洋倾废行政执法的法律依据可以分为两类，即专门性法律规范（也称特别性法律规范）和一般性法律规范。

专门性（特别性）法律指对于某一方面或某一领域的行政关系加以调整的法律规范的总称。一般性法律规范指对于一般行政关系加以调整的法律规范的总称。一般性法律规范通常是其他行政法律规范的基础。

（1）专门性法律

《中华人民共和国海洋环境保护法》于1982年8月23日第五届全国人民代表大会常务委员会第24次会议上获得通过，于1983年3月1日正式实施，其中第五章为"防止倾倒废弃物对海洋环境的污染损害"，仅有三条规定。1999年12月25日，经修订的《中华人民共和国海洋环境保护法》由九届全国人大第十三次会议审议通过，于2000年4月1日正式施行，修订后的《中华人民共和国海洋环境保护法》将"防止"改为"防治"，共分十章，其中第七章（第五十五条至第六十一条）对"防治倾倒废弃物对海洋环境的污染损害"作出专门规定，该章由原来的三条增加到七条，从三个方面对海洋倾废作出规定：

①倾倒许可：共两条。第五十五条规定："任何单位未经国家海洋行政主管部门批准，不得向中华人民共和国管辖海域倾倒任何废弃物。需要倾倒废弃物的单位，必须向国家海洋行政主管部门提出书面申请，经国家海洋行政主管部门审查批准，发给许可证后，方可倾倒。禁止中华人民共和国境外的废弃物在中华人民共和国管辖海域倾倒。"第五十六条规定："国家海洋行政主管部门根据废弃物的毒性、有毒物质含量和对海洋环境影响程度，制定海洋倾倒废弃物评价程序和标准。向海洋倾倒废弃物，应当按照废弃物的类别和数量实行分级管理。可以向海洋倾倒的废弃物名录，由国家海洋行政主管部门拟定，经国务院环境保护行政主管部门提出审核意见后，报国务院批准。"

②倾倒区的设置和管理：共两条。第五十七条规定："国家海洋行政主管部门按照科学、合理、经济、安全的原则选划海洋倾倒区，经国务院环境保护行政主管部门提出审核意见后，报国务院批准。临时性海洋倾倒区由国家海洋行政主管部门批准，并报国务院环境保护行政主管部门备

案。国家海洋行政主管部门在选划海洋倾倒区和批准临时性海洋倾倒区之前，必须征求国家海事、渔业行政主管部门的意见。"第五十八条规定："国家海洋行政主管部门监督管理倾倒区的使用，组织倾倒区的环境监测。对经确认不宜继续使用的倾倒区，国家海洋行政主管部门应当予以封闭，终止在该倾倒区的一切倾倒活动，并报国务院备案。"

③海洋倾废活动的管制：共三条。第五十九条规定："获准倾倒废弃物的单位，必须按照许可证注明的期限及条件，到指定的区域进行倾倒。废弃物装载之后，批准部门应当予以核实。"第六十条规定："获准倾倒废弃物的单位，应当详细记录倾倒的情况，并在倾倒后向批准部门作出书面报告。倾倒废弃物的船舶必须向驶出港的海事行政主管部门作出书面报告。"第六十一条规定："禁止在海上焚烧废弃物。禁止在海上处置放射性废弃物或者其他放射性物质。废弃物中的放射性物质的豁免浓度由国务院制定。"

另外，《中华人民共和国海洋环境保护法》第十七条还对各类事故或者其他突发性事件作出了规定："发生事故或者其他突发性事件，造成或者可能造成海洋环境污染事故的单位和个人，必须立即采取有效措施，及时向可能受到危害者通报，并向依照本法规定行使海洋环境监督管理权的部门报告，接受调查处理。沿海县级以上地方人民政府在本行政区域近岸海域的环境受到严重污染时，必须采取有效措施，解除或者减轻危害。"该规定同样适用于海洋倾倒的管理。

(2) 一般性法律

倾废的一般性行政法律是指有关追究破坏或者污染海洋环境的单位和个人的环境行政责任、规范倾废行政处罚行为的程序性的法律规范。如《中华人民共和国行政监察法》、《中华人民共和国行政复议法》、《中华人民共和国行政复议法实施条例》、《中华人民共和国行政处罚法》、《中华人民共和国行政诉讼法》、《中华人民共和国行政强制法》、《中华人民共和国国家赔偿法》等。上述行为规范是所有行政执法单位进行行政管理活动的重要依据，海洋倾废行政执法主体在进行海洋行政执法活动时也要遵守这些法律的规定。

3. 行政法规

（1）《中华人民共和国海洋倾废管理条例》

《海洋倾废管理条例》是海洋倾废管理的单行性法规，以防治倾倒废弃物污染为主要内容。该条例于1985年3月6日由国务院发布，自1985年4月1日起施行，条例采取不分章结构，共二十四条，是我国海洋倾废管理的主要法规。条例规定，海洋倾倒废弃物的主管部门是国家海洋局及其派出机构；需要向海洋倾倒废弃物的单位，应事先向主管部门提出申请，按规定的格式填报倾倒废弃物申请书，并附报废弃物特性和成分检验单，主管部门在接到申请书之日起2个月内予以审批。对同意倾倒者应发给废弃物倾倒许可证。任何单位和船舶、航空器、平台及其他载运工具，未依法经主管部门批准，不得向海洋倾倒废弃物。条例的制定与实施，加强了向海洋倾倒废弃物的管理，使《中华人民共和国海洋环境保护法》中有关海洋倾废的规定具体化，结束了海洋倾废无序无度的状况，使我国的海洋倾废进入了法制化管理的轨道。

（2）《防治海洋工程建设项目污染损害海洋环境管理条例》

该条例于2006年9月19日由国务院发布，自2006年11月1日起施行，条例采取分章结构，共分八章五十九条，其中第三章第二十九条规定："海洋工程需要在海上弃置的，应当拆除可能造成海洋环境污染损害或者影响海洋资源开发利用的部分，并按照有关海洋倾倒废弃物管理的规定进行。"对海洋工程的弃置明确应按倾倒进行管理。

4. 地方性法规

随着海洋环境保护形势发展的需要，一些地方海洋环境保护管理法规也不断出台，在地方环境保护监督管理过程中起着重要的作用。截至2012年，制定了省级海洋环境保护条例的有6个省、1个直辖市和1个计划单列市，分别是福建省、浙江省、山东省、江苏省、海南省、广东省、天津市和青岛市。在这 8 个地方性海洋环境保护法规中,均依据《中华人民共和国环境保护法》、《中华人民共和国海洋环境保护法》,针对本地的具体情况把海洋倾废作为地方环境保护的重要内容做了规定。其中:

《福建省海洋环境保护条例》,于 2002 年 12 月 1 日起施行;

《浙江省海洋环境保护条例》,于 2004 年 4 月 1 日施行;

《山东省海洋环境保护条例》,于 2004 年 12 月 1 日施行;

《江苏省海洋环境保护条例》,于 2007 年 12 月 1 日施行;

《海南省海洋环境保护规定》,于 2008 年 10 月 1 日施行;

《广东省实施〈中华人民共和国海洋环境保护法〉办法》,于 2009 年 7 月 1 日施行;

《青岛市海洋环境保护规定》,于 2010 年 5 月 1 日起施行;

《天津市海洋环境保护条例》,于 2012 年 5 月 1 日起施行。

3.2.2 规章

依据《中华人民共和国海洋环境保护法》制定的全国性、地方性海洋倾废管理规章,增加海洋倾废管理的依据性和可操作性。

1. 部门规章

(1)《中华人民共和国海洋倾废管理条例实施办法》

1990 年 9 月 25 日,国家海洋局发布了《中华人民共和国海洋倾废管理条例实施方法》,该办法总结了"倾废管理条例"实施五年以来的经验,针对管理中存在的问题,具体规定了废弃物和倾倒区的分类、申请倾倒和审批倾倒许可证的程序等,共四十三条,使海洋倾废有关规定更加细化,进一步完善了我国海洋倾废管理的法规体系。

(2)《委托签发废弃物海洋倾倒许可证管理办法》

根据《中华人民共和国行政许可法》第二十四条"行政机关在其法定职权范围内,依照法律、法规、规章的规定,可以委托其他行政机关实施行政许可"的规定,结合海洋废弃物管理实践经验,国土资源部于

2004年10月24日以部门规章的形式，颁布了该办法，并于2005年1月1日起施行。"办法"将法律赋予国家海洋局签发废弃物海洋倾倒许可证的部分权力及由此而产生的管理工作，委托给省级海洋行政主管部门，并对国家海洋局海区分局签发许可证的范围及相关管理问题予以规范。办法的公布实施，对于加强倾废管理，规范管理行为，提高工作效率，有效保护海洋环境具有重要意义。

2. 地方政府规章

辽宁省政府通过《辽宁省海洋环境保护管理办法》，于2006年8月1日施行。

3.2.3 相关国际公约

我国参加、批准并对我国生效的一般性国际条约中的与海洋倾废有关的海洋环境保护规范如《联合国海洋法公约》和专门性国际环境条约中的海洋环境保护规范如《防止倾倒废物及其他物质污染损害海洋的公约》、《〈防止倾倒废物及其他物质污染损害海洋的公约〉1996年议定书》，它们都是我国海洋倾废管理法律体系的组成部分。当然，这些国际环境条约只有通过国内法加以规定，才能得以贯彻实施。

1. 相关国际条约

（1）《联合国海洋法公约》

1982年通过《联合国海洋法公约》时，我国是签字国之一，于1995年批准该公约。这意味着我国不仅可以享有公约赋予沿海国的各种权利，同时也承担着保护海洋环境的义务。在公约中，明确要求各国加强倾废立法，加强海洋倾废的管理，防止、减轻和控制倾倒废弃物对海洋环境的污染损害。

（2）《防止倾倒废物及其他物质污染损害海洋的公约》（简称《伦敦倾废公约》）

于1972年10月30日—11月13日在伦敦召开的政府间海洋倾废会议

上通过，于1975年生效，迄今有81个缔约国。我国经全国人大常委会批准，于1985年9月6日加入《伦敦倾废公约》，成为公约缔约国。公约附件与公约同时产生，具有与公约条款同等的法律地位和效能。

该公约与我国倾废管理法规的不同特点：其一，管辖范围不同。国际公约适用于各缔约国的领海和公海，我国倾废法规适用于我国内海、领海和管辖海域。其二，倾倒的定义有区别。《海洋倾废管理条例》的"倾倒"包括向海洋处置由于海底矿物资源勘探开发及与勘探开发相关的海上加工所产生的废弃物和其他物质，《伦敦倾废公约》中的"倾倒"则不包括这一内容。其三，法律责任和赔偿责任不同。《海洋倾废管理条例》中第十七条至第二十二条，对违反条例造成海洋环境污染损害的法律责任和赔偿责任做了明确规定，使条例具有国家法律的特点。而《伦敦倾废公约》本身的规定没有这类条款，因此执行起来没有强制性，对违反公约的行为没有约束，这也是许多缔约国对公约不满意之处。其四，附件数量不同。《海洋倾废管理条例》有两个附件，而《伦敦倾废公约》有三个附件。其中附件三的内容是《伦敦倾废公约》条款的执行指南。《海洋倾废管理条例》虽然把有关内容写在有关条款中，但不如《伦敦倾废公约》的附件三详尽。

(3)《〈防止倾倒废物及其他物质污染损害海洋的公约〉1996年议定书》

该《议定书》在1996年召开的政府间特别会议上通过，于2006年3月24日生效。《议定书》共有二十九条三个附件，主要内容有：目标、一般义务、适用范围、遵约程序、争端解决程序、赔偿责任、区域合作等。三个附件分别是可考虑倾倒的废物或其他物质名单、对可考虑倾倒的废物或其他物质的评定框架以及仲裁程序。

全国人大常委会于2006年6月19日批准该书后，在我国正式生效。该《议定书》规定，疏浚物、阴沟污泥、鱼类废物渔业加工废料、船舶、平台或其他海上人造结构物、惰性无机地质材料、天然有机物以及岛上建筑物料七类废物或其他物质可以向海洋倾倒。这七类物质中，我国对疏浚物的海洋倾倒需求较大，近几年还会有部分海上平台和船舶需要在海上进行弃置，对七类中的另五类废弃物目前基本采取综合利用、回收的方式进行陆上处理；随着《（防止倾倒废物及其他物质污染损害海洋的公约）1996年议定书》的批准和生效，我国将对《中华人民共和国海洋倾废管理条例》、《中华人民共和国海洋倾废管理条例实施办法》等进行相应的补充或修订，使该《议定书》允许范围内的各类倾倒活动逐渐变得有章可循。

2. 《（防止倾倒废物及其他物质污染损害海洋的公约）1996年议定书》的主要内容及其与《伦敦公约》的区别

（1）目标和一般义务的区别

《（防止倾倒废物及其他物质污染损害海洋的公约）1996年议定书》的目标是，各缔约国为保护和保全海洋环境不受任何污染源的危害，单独或集体地采取有效措施防止、减少并在切实可行时消除倾倒或海上焚烧废物或其他物质造成的海洋污染，并在适当的时候对其本国的政策进行调整。与《伦敦公约》相比，《议定书》要求各缔约国采取"预防方法"，保护海洋环境不受倾倒和海上焚烧的危害，即在有理由认为可能发生对环境损害的情况下，预先采取可行措施，防止、减少对环境的污染；同时规定了污染者付费原则，要求各缔约国在批准进行倾倒活动中实施污染者付费。

（2）适用范围的区别

《（防止倾倒废物及其他物质污染损害海洋的公约）1996年议定书》主要对海上倾倒废弃物和海上焚烧的处置行为进行规范，其主要内容包括可倾倒处置的废弃物及倾倒设施、倾倒方式和倾倒区域等，并对其进行了具体限定。与《伦敦公约》相比，在倾倒物质上，《议定书》以"反列名单"的方式列出七类"可以考虑倾倒的废物或其他物质"（疏浚物、阴沟污泥、鱼类废物或加工作业产生的物质、船舶、平台或其他海上人工构造物，以及惰性、无机地质材料），其他物质不允许向海洋倾倒，比《伦敦公约》只规定哪些物质不可以倾倒的"禁止名单"更为严格。在倾倒区域上，《(防止倾倒废物及其他物质污染损害海洋的公约) 1996年议定书》的适用范围虽然仍不包括海洋内水（《议定书》未对"海洋内水"作出明确定义，一般理解为"内海"），但缔约国可自主选择适用《议定书》的规定或采取其他有效的许可和管理措施来控制对海洋内水倾倒活动的管理；缔约国应向《议定书》组织提供有关在海洋内水中实施、遵守和执行的立法和组织机制的信息，并尽力自愿提供有关在内水中倾倒的物质种类和性质的摘要报告。同时，《议定书》增加了对在海床及其底土进行倾废活动的管辖。在倾倒方式上，《(防止倾倒废物及其他物质污染损害海洋的公约) 1996年议定书》中"倾倒"的定义增加了以处置为目的的平台或其他海上人工构造物在原址的倾覆。

（3）遵约程序不同

与《伦敦公约》相比，《(防止倾倒废物及其他物质污染损害海洋的公约) 1996年议定书》增加了遵约程序方面的规定。根据《议定书》的规定，在不迟于其生效后2年，缔约国会议应制定评定和促进遵守该《议定书》所必需的程序和机制，并以建设性方式进行充分和开放的信息交流。

（4）争端解决的内容和方法不同

与《伦敦公约》相比，《(防止倾倒废物及其他物质污染损害海洋的公约) 1996年议定书》增加了争端解决的内容，规定了三种方式解决争端，即①通过谈判、调停或调解或以争端各方选择的其他和平解决的方式予以解决；②在12个月内争端得不到解决的情况下，如争端各方同意，可选择1982年《联合国海洋法公约》第二百八十七条第一款所列的程序之一解决；③如争端各方不同意以《联合国海洋法公约》所列的方式解决，则在争端一方作出请求后适用附件三中所列的强制仲裁程序解决。

（5）《(防止倾倒废物及其他物质污染损害海洋的公约) 1996年议定

书》与《伦敦公约》的关系

《(防止倾倒废物及其他物质污染损害海洋的公约)1996年议定书》规定,《伦敦公约》缔约国如成为《议定书》缔约国,则《议定书》取代《伦敦公约》。

(6)《(防止倾倒废物及其他物质污染损害海洋的公约)1996年议定书》的声明和保留

经征求香港特别行政区、澳门特别行政区政府意见,我国在向国际海事组织秘书长交存批准书时声明,"在中华人民共和国政府另行通知之前,本《议定书》暂不适用于中华人民共和国澳门特别行政区"。同时,考虑到《议定书》关于强制仲裁的条款不符合我通过谈判、协商等和平方式解决争端的一贯主张,我国在交存批准书时声明,"对于《议定书》第十六条第二款、第五款,如果中华人民共和国因《议定书》的解释和适用(包括第三条第一、第二款的解释和适用)而成为争端当事方,须经中华人民共和国政府书面同意,才能适用《议定书》附件三所列仲裁程序"。

3. 我国海洋倾废法规与国际公约的相关性

我国在制定海洋倾废法规时,充分注意了与有关国际公约保持协调,使我国的法规既符合我国海洋倾废管理工作的需要,也符合国际公约的基本精神。如我国海洋倾废法规在海洋倾废管理原则、目的、适用范围、废弃物的分类、许可证制度与许可证种类等方面都与有关国际公约保持了一致性。我国缔结或参加的国际条约,除声明保留的条约外,也属于我国的法律规范。《中华人民共和国海洋环境保护法》第九十七条规定:"中华人民共和国缔结或者参加的与海洋环境保护有关的国际条约与本法有不同规定的,适用国际条约的规定;但是,中华人民共和国声明保留的条款除外。"《中华人民共和国海洋环境保护法》、《中华人民共和国海洋倾废管理条例》与《1972伦敦公约》、《(防止倾倒废物及其他物质污染损害海洋的公约)1996年议定书》的关系是国家法律与国际公约的关系。按公约的规定,国家法律可以严于公约的规定,但不能宽于公约的规定。国际条约中涉及行政机关的管理权、行政机关与公民间的权利义务关系等，也是海洋行政执法的依据。

我国海洋倾废管理经过30多年的法制建设，目前已基本形成了以宪法为根本、以海洋环境保护法律为根据、以海洋倾废管理的行政法规和部门规章为主体、以海洋倾废管理的地方性法规和规章为补充、并与国际倾废公约相衔接的有机联系、相互协调、统一完整的法律整体。

3.3 基本法律制度

为防止倾倒废弃物造成海洋环境的污染损害，《中华人民共和国海洋环境保护法》在第七章对海洋倾废作出专章规定，确立了专门防治海洋倾废污染的管理制度。

3.3.1 海洋倾废许可证制度

倾倒许可证制度是我国倾废管理的一项基本制度。《中华人民共和国海洋环境保护法》规定："需要倾倒废弃物的单位，必须向国家海洋行政主管部门提出书面申请，经国家海洋主管部门审查批准，发给许可证后，方可倾倒。"《中华人民共和国海洋倾废管理条例》以及《中华人民共和国海洋倾废管理条例实施办法》对海洋倾废许可证制度做了具体的规定。

海洋倾废许可证制度是海洋倾废管理的核心内容。海洋倾倒许可证是申请倾倒废弃物和其他物质的单位以及实施海上倾倒作业活动的单位获准向海洋倾倒废弃物质的法规性文件。任何法人、自然人和其他经济实体未经主管部门批准，即未依法获得有效的海洋倾倒许可证，不得在我国管辖海域从事倾倒活动。对于提出申请倾倒的单位，也要求主管部门在规定的期限内予以行政审批。

3.3.1.1 倾倒许可证的类别

依据《中华人民共和国海洋倾废管理条例》,倾废许可证分为废弃物倾倒紧急许可证、废弃物倾倒特别许可证、废弃物倾倒普通许可证,通常简称为紧急许可证、特别许可证和普通许可证。紧急许可证适用于出现紧急情况,在陆地上处置会严重危及人民健康的一类废弃物,为一次性使用的许可证;特别许可证适用于二类废弃物,有效期不超过6个月;普通许可证适用于三类废弃物,有效期不超过1年。

依据《中华人民共和国海洋倾废管理条例实施办法》的规定,各种类型的倾倒许可证只限在倾倒作业时使用,不得挪作他用,不得转让,使用期满后15日内必须交回原发证机关。如有遗失,应立即报告发证机关,并由原申请单位在1个月内向原发证机关书面申请补发。在此期间应停止作业活动,直至证件补发后方可继续施工。补发许可证的有效期从补发之日起算。同一工程的许可证在有效期满仍需继续倾倒的,应在期满前2个月内到发证机关办理换证手续。在办理换证手续时,还应同时向主管部门提交统一格式的申请书。主管部门将根据工程的进展情况及倾倒物质的变化情况,决定申请单位是否需要重新提交废弃物特性和成分检验单。

3.3.1.2 海洋倾倒许可证的内容

我国倾倒许可证规定的主要内容有:倾倒许可证的名称(即许可证属于紧急许可证、特别许可证或普通许可证)、编号、有效期、发证机关、发证时间、申请单位、倾倒单位、申请单位和倾倒单位的联系人、申请单位和倾倒单位的地址及电话、废弃物的名称、倾倒量、物态、包装、容器重量、容积、废弃物成分及含量、倾倒区的位置(经纬度)、倾倒区水深、倾倒区离岸距离、倾倒方式、载运工具名称、驶出港名称、主管机关地址、主管机关的联系人及电话等。

3.3.1.3 海洋倾倒许可证的审批

1. 国家海洋行政主管部门签发海洋倾倒许可证的程序

海洋倾废许可证的签发机关不完全相同，反映了主管机关上下级之间签发许可证权限的不同：紧急许可证由国家海洋局签发，在特殊情况下，海区主管部门经国家海洋局委托也可签发海洋倾倒紧急许可证；特别许可证由海区主管部门签发；普通许可证由海区主管部门和沿海省、自治区、直辖市海洋厅（局）按照国土资源部《委托签发废弃物海洋倾倒许可证管理办法》和国家海洋局《关于实施〈委托签发废弃物海洋倾倒许可证管理办法〉有关问题的通知》的规定签发。申请疏浚物倾倒具体程序如图 3－1 所示。

（1）申请

根据《中华人民共和国海洋倾废管理条例》的规定，需要向海洋倾倒废弃物的单位，应事先向主管部门提出申请，使用正式倾倒区提前 2 个月申请，使用临时倾倒区提前 6 个月申请，并按主管部门规定的格式填报倾倒废弃物申请书，并附报废弃物特性和成分检验单。

（2）受理与审查

主管部门接到申请后，应首先确定申请人是否具有申请资格。对具备申请资格的申请人提交的倾倒废弃物申请书及废弃物特性和成分检验单进行审查。符合要求，予以受理；不符合要求，退回补充申请或书面告知不予受理原因。

（3）确定倾倒区

对需要选划倾倒区的单位，主管部门在接到倾废单位书面申请之日起 10 个工作日内作出是否同意选划倾倒区的答复，同意选划的按选划程序进行。对疏浚量在 5 万立方米以下的工程项目，需使用临时性倾倒区的，由海区分局征求有关部门意见后，指定临时性倾倒区的位置和范围。

（4）决定

对使用海洋倾倒区，并符合法定条件的，应在 2 个月内颁发许可证

3 海洋倾废执法

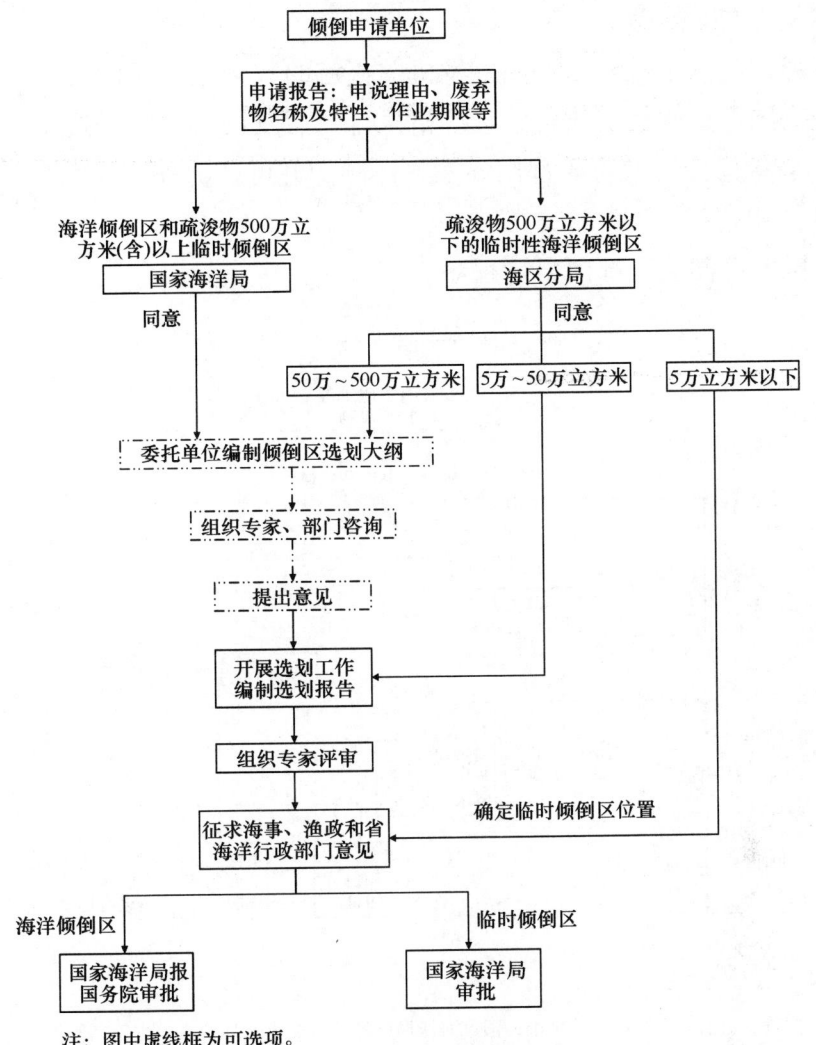

图 3-1 申请疏浚物倾倒流程图（国家级）

（对使用临时性海洋倾倒区，并符合法定条件的，应在 6 个月内予以颁发许可证）；对因不符合法定条件而不予颁发许可证的，应书面向申请者说明理由。对符合法定条件，而主管部门拒绝颁发许可证或超过 2 个月不予答复的，申请人可以依据行政诉讼法的有关规定向法院提起诉讼。

（5）缴纳倾倒费

废弃物倾倒单位应当按照签发机关核定的数额缴纳倾倒费，并按规定上缴中央国库。倾倒费收费管理严格执行"收支两条线"的规定。

2. 省级海洋行政主管部门签发海洋倾倒许可证的程序（图3-2）

（1）申请

向国家海洋主管部门申请程序。

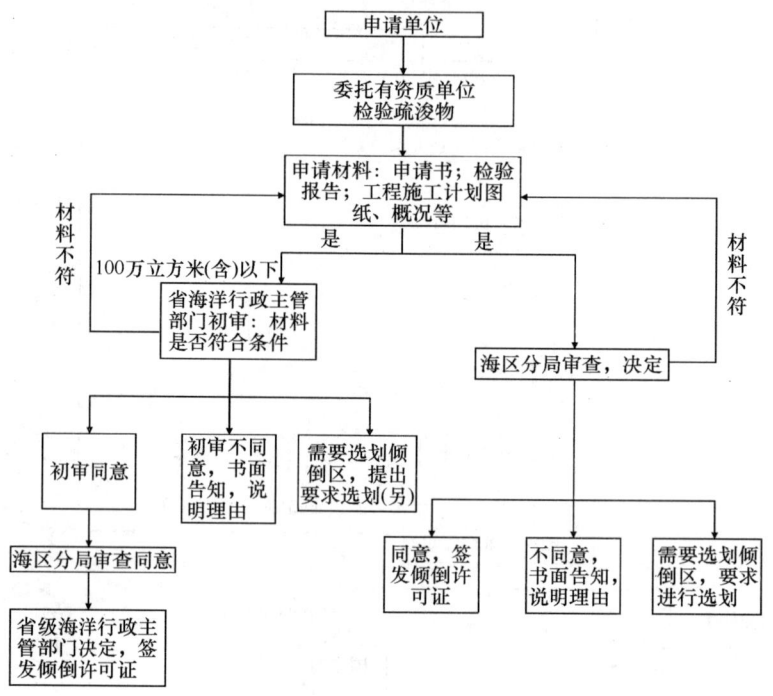

注：目前，在倾倒区选划中，国家海洋局已经不再要求选划技术单位编制倾倒区选划大纲。

图3-2 申请疏浚物倾倒流程图（省级）

（2）受理

省级海洋行政主管部门（指沿海省、自治区、直辖市海洋厅局）收到废弃物倾倒普通许可证的申请后，应当对申请资料进行审核，作出受理或不受理的决定，并书面通知申请人。需要申请人补充国家海洋行政主管部门规定的其他资料的，当场告知申请人。

受理范围如下：单项工程总倾倒量100万立方米（含）以下和港口维护性疏浚年倾倒总量100万立方米（含）以下的疏浚物以及渔船、渔业加工废料、惰性无机地质废料、天然有机废料、人体骨灰，共六类废弃物。

（3）初审

省级海洋行政主管部门应当在受理后5日内，提出初审意见，同申请材料一并报送海区分局。初审意见包括：是否允许倾倒；建议倾倒的区域；没有倾倒区域的要说明情况。

（4）审查

海区分局在收到初审意见及申请材料后的5日内，提出审查意见并书面通知省级海洋行政主管部门。审查意见包括是否同意办理，如果不同意说明不同意的理由；需要选划倾倒区的，要求申请人按照倾倒区选划的有关规定办理。

（5）决定

省级海洋行政主管部门应在收到海区分局的审查意见后5日内，根据海区分局的审查意见做出决定：同意办理的，签发加盖国家海洋行政主管部门印章的废弃物海洋倾倒许可证；不同意办理的，书面告知申请人并说明理由；需要选取倾倒区的，要求申请人按照倾倒区选划的有关规定办理。

（6）备案

省级海洋行政主管部门应将签发的废弃物海洋倾倒普通许可证于签发之日起3日内报所在区域的海区分局备案。

（7）缴纳倾倒费

废弃物倾倒单位应当按照废弃物海洋倾倒普通许可证签发机关核定的数额缴纳倾倒费，并按规定上缴省级国库。倾倒费收费管理严格执行"收支两条线"的规定。

3. 中止委托签发海洋倾倒许可证

省级海洋行政主管部门违反《委托签发废弃物海洋倾倒许可证管理办法》有关规定，国家海洋行政管理部门应当中止委托其签发废弃物海洋倾倒普通许可证的权限；根据其改正情况，决定是否恢复委托其签发废弃物海洋倾倒普通许可证的权限。中止期间，省级海洋行政管理部门负责的废弃物海洋倾倒普遍许可证的受理和签发由海区分局承办。

4. 海洋倾倒许可证签发管理信息系统的使用要求

为了统一全国海洋倾倒许可证格式（以下简称"许可证"），规范许可证的签发行为，提高发证效率和监督管理效力，国家海洋局决定自2003年1月1日起正式启用"海洋倾倒许可证签发管理信息系统"（以下简称"许可证签发系统"）。国家海洋局在许可证的使用、样式、编号、签发权限、数据统计等方面提出以下明确要求：

（1）许可证分为正本和副本。正本签发给废弃物所有者或工程建设单位，每一项工程除加船、延期等情况，原则上只签发一本正本。副本签发给实施倾倒作业的单位（如承担疏浚作业的单位）。每一艘运载工具发放一本副本。

（2）规定许可证样式由国家海洋局制作专用纸张，其正面统一印刷。许可证的背面则由签证机关在许可证签发系统中输入倾倒申请的有关资料后用计算机输出打印。许可证正、副本由签发机关主管领导签字，并加盖签发机关公章后方能生效。其他任何形式的许可证样式一律不得使用。

（3）许可证编号由许可证签发系统按年度统一编号，编码办法依据"许可证和倾倒区编码规则"进行，原则上每一项工程只有一个编号。

（4）许可证签发机关应当要求废弃物倾倒单位在许可证有效期结束后15日内缴回原签发机关。许可证保存期限为10年。

（5）根据法律法规的规定和国家海洋局的授权，明确具有许可证签发权限的机关为：国家海洋局北海分局、东海分局、南海分局；国家海洋局厦门海洋管区，国家海洋局深圳海洋管理处，国家海洋局珠海海洋管理处；辽宁省海洋与渔业厅，河北省海洋局，天津市海洋局，广西壮族自治区海洋局，海南省海洋与渔业厅。除上述机关外，任何机关一律不得签发许可证。上述机关发放许可证的海域范围维持现状不变。上述机关可以批准倾倒废弃物的范围是：疏浚物、惰性无机地质材料、人体骨灰。其他类型的废弃物倾倒一律报国家海洋局审批。自 2005 年 1 月 1 日起，国土资源部颁布的《委托签发海洋倾倒许可证管理办法》将具有倾废许可证签发权限的机关扩大到沿海省、自治区、直辖市海洋厅（局），可以批准倾倒废弃物的范围是：疏浚物、惰性无机地质废料、人体骨灰、渔船、渔业加工废料、天然有机废料。表 3-1 为废弃物海洋倾倒费收费标准。

表 3-1 废弃物海洋倾倒费收费标准　　　　　单位：元/立方米

倾倒地点与倾倒方式废弃物			近岸倾倒 A	远海倾倒 B	有益处置 C
疏浚物		清洁疏浚物	0.30	0.15	0.05
	沾污疏浚物	通过全部生物学检验	0.40	0.20	0.10
		一种生物未通过生物学检验	0.80	0.40	0.15
		两种或三种生物未通过生物学检验	1.50	0.60	0.20
	污染疏浚物	一种生物未通过生物学检验	1.50	0.60	0.20
		两种或三种生物未通过生物学检验	3.00	1.00	-
城市阴沟淤泥			6.00	2.00	-
渔业加工废料			0.40	0.20	-
惰性无机地质材料			0.50	0.20	0.10
天然有机物			0.40	0.20	0.10
岛上建筑物料			0.40	0.20	0.10

续表

倾倒地点与倾倒方式废弃物	近岸倾倒 A	远海倾倒 B	有益处置 C
船舶、平台或其他海上人工构造物			国家海洋行政主管部门根据废弃物的性质、原地弃置或异地弃置、弃置区的环境敏感性、废弃物的体积、占海面积、倾倒前的拆解情况、是否采取有别于海洋弃置的其他有益处置方式等情况进行个案处理，一次性收费，收费标准报国务院价格主管部门、财政部门备案

（6）许可证签发系统具有数据报表功能，可完成海洋倾废月度报表中"倾倒许可证发放情况表"、"废弃物特性和成分检验情况表"的统计工作。因此，要求各许可证签发机关应在每月结束后 5 个工作日之内将许可证签发系统的数据通过电子邮件上报国家海洋局。

3.3.2 倾倒废弃物分级管理制度

根据《中华人民共和国海洋环境保护法》第五十六条规定："向海洋倾倒废弃物，应当按照废弃物的类别和数量实行分级管理。可以向海洋倾倒的废弃物名录，由国家海洋行政主管部门拟定，经国务院环境保护行政主管部门提出审核意见后，报国务院批准。"该条确定了倾倒废弃物的分级管理制度。倾倒废弃物的分级管理制度，是根据废弃物种类和数量的不同及其对环境影响程度的不同，将海洋倾倒的废弃物进行相应的分级管理。

目前，国家海洋局对废弃物的管理按照类别和数量实行国家、省级海洋行政主管部门两级管理模式。对环境影响大的废弃物的海洋倾倒，如数量较大的疏浚物、受到污染的疏浚物、大型石油平台和其他海上人工构造物、国家绝密工程所要倾倒的废弃物等，须进行全面的环境影响评价，采取严格的监督管理措施，并由国家海洋行政主管部门进行管理。其他的废弃物,可由下级海洋行政主管部门监督管理。根据《委托签发废弃物海洋倾倒许可证管理办法》的规定,国家海洋行政主管部门委托省级海洋行政主管部门签发下列废弃物的海洋倾倒普通许可证:一定量的疏浚物(单项工程总倾倒量在100万立方米并含100万立方米以下的、港口维护性疏浚年倾倒总量为100万立方米并含100万立方米以下的疏浚物),渔船、渔业加工废料、惰性无机地质废料、天然有机废料和人体骨灰,以上规定以外的废弃物海洋倾倒普通许可证由国家海洋行政主管部门的派出机构(以下简称海区分局)签发。

3.3.2.1 废弃物分类和处置

1. 废弃物的分类

根据《中华人民共和国海洋环境保护法》第五十六条规定,海洋倾倒废弃物的名录由国家海洋行政主管部门负责拟订,由国务院批准施行。目前国务院尚未正式公布海洋倾倒废弃物的名录。根据《(防止倾倒废物及其他物质污染损害海洋的公约)1996年议定书》和国家发改委、财政部《关于重新核定废弃物海洋倾倒费收费标准的通知》(发改价格〔2005〕2648号)及国家海洋局有关文件的规定,目前可在海上进行倾倒的废弃物包括七大类,具体是:

(1) 疏浚物

从水下挖掘出的沉积物,包括淤积的、河流冲刷形成的或自然沉积的沉淀物。

(2) 城市阴沟淤泥

市政污水处理后残余的富含有机物的废物,主要由物理过程产生。

(3) 渔业加工废料

由远洋捕捞、水产养殖等渔业加工过程所产生的含有水产品肉、皮、骨、内脏、外壳或鱼粉残液等废物。迄今为止,我国尚未收到要求进行渔业加工废料海洋处置的申请。

（4）惰性无机地质材料

矿物开采或工程建设产生的来源于自然界的无机废弃物。主要成分为岩石、砂石和泥土等，不得含有海泥、塘泥、家居垃圾、塑胶、金属、沥青、工业和化工废料、木材和动植物残体。

（5）天然有机物

源于农业产出的动物和植物。

（6）岛上建筑物料

远离大陆的岛屿产生的包括铁、钢、混凝土和只会产生物理影响的无害物质。

（7）船舶、平台

船舶是指任何形式的水上航行工具。平台是为生产、加工、储存或支持矿物资源开采设计并制造的装置。

2. 废弃物的处置

《〈防止倾倒废物及其他物质污染损害海洋的公约〉1996年议定书》已经在我国生效。因此海洋主管部门在签发倾倒许可证时，以上七类也是审批海洋倾倒物质的主要依据，并应按照废弃物和疏浚物的分类规定签发相应类别的许可证。

（1）一类废弃物

一类废弃物指《中华人民共和国海洋倾废管理条例》附件一所列的物质，该类废弃物是禁止向海洋倾倒的。除非在陆地处置会严重危及人类健康，而海洋倾倒是防止威胁的唯一办法时可以例外。

《中华人民共和国海洋倾废管理条例》附件一所列禁止倾倒的物质名单：

①含有机卤素化合物、汞及汞化合物、镉及镉化合物的废弃物，但微含量的或能在海水中迅速转化为无害物质的除外。

②强放射性废弃物及其他强放射性物质。

③原油及其废弃物、石油炼制品、残油，以及含这类物质的混合物。

④渔网、绳索、塑料制品及其他能在海面漂浮或在水中悬浮，严重妨碍航行、捕鱼及其他活动或危害海洋生物的人工合成物质。

⑤含有上述第一、二项所列物质的阴沟污泥和疏浚物。

上述物质，只有当出现紧急情况，在陆地上处置会严重危及人类健康时，经国家海洋局批准，获得紧急许可证，可到指定的区域按规定的方式倾倒。

(2) 二类废弃物

二类废弃物指《中华人民共和国海洋倾废管理条例》附件二所列的物质和附件一第一、三款物质，经生物学检验属"痕量沾污物"，或能够"迅速无害化物质"，该类废弃物向海洋倾倒应当事先获得特别许可证。

《中华人民共和国海洋倾废管理条例》附件二所列需要获得特别许可证才能倾倒的物质：

1) 含有大量下列物质的废弃物：

①砷及其化合物；

②铅及其化合物；

③铜及其化合物；

④锌及其化合物；

⑤有机硅化合物；

⑥氰化物；

⑦氟化物；

⑧铍、铬、镍、钒及其化合物；

⑨未列入附件一的杀虫剂及其副产品。

但无害的或能在海水中迅速转化为无害物质的除外。

2) 含弱放射性物质的废弃物。

3) 容易沉入海底，可能严重妨碍捕鱼和航行的容器、废金属及其他笨重的废弃物。

4) 含有本附件第一、二项所列物质的阴沟污泥和疏浚物。

(3) 三类废弃物

三类废弃物是指未列入《中华人民共和国海洋倾废管理条例》附件一和附件二的低毒或无毒的物质和附件二第一款，其含量小于"显著量"的物质。

实践中，将下列物质也视为三类废弃物：

①固相废弃物（如疏浚物、粉煤灰、建筑渣土等）其中所含有《中华人民共和国海洋倾废管理条例》附件一所列第一、三项物质，但其含量不高于"海洋沉积物环境标准"的物质；

②固相废弃物含有《中华人民共和国海洋倾废管理条例》附件一第一、三项物质，其含量超过"海洋沉积物环境标准"，但经生物学检验属"痕量沾污物"或者在海洋环境中能够迅速转化为无害的物质；

③固相废弃物含有《中华人民共和国海洋倾废管理条例》附件二第一项所列物质，但其含量小于《1972伦敦公约》第八次协商会议通过的"显著量"的物质。

3.3.2.2 疏浚物分类和处置

疏浚物是目前海洋倾倒废弃物的主要种类。根据国家海洋局《疏浚物海洋倾倒分类和评价程序》规定，按照疏浚物的特性、污染物含量水平及其对海洋环境的影响程度，疏浚物分为三类：清洁疏浚物（Ⅰ类疏浚物）、沾污疏浚物（Ⅱ类疏浚物）和污染疏浚物（Ⅲ类疏浚物）。

1. 清洁疏浚物

清洁疏浚物是指疏浚物中所有污染物的含量都不超过化学筛分水平的下限为清洁疏浚物；疏浚物中砷、铬、铜、铅、锌、有机碳、硫化物、油类，其中任何两种（或小于两种）的含量超过化学筛分部分的下限，但不超过（上限＋下限）/2，且其小于4微米的粒度组分含量≤5%，小于63微米的粒度组分含量≤20%，仍可视为清洁疏浚物。该类疏浚物由主管部门签发普通许可证可在指定海域进行倾倒。

2. 沾污疏浚物

沾污疏浚物是指疏浚物中镉、汞、六六六、滴滴涕、多氯联苯总量等任何一种或一种以上的含量超过化学筛分水平的下限，但不超过化学筛分水平的上限为沾污疏浚物；疏浚物中砷、铬、铜、铅、锌、有机碳、硫化物、油类任何一种的含量均不超过化学筛分水平的上限，但其含量超过清洁疏浚物规定的要求，为沾污疏浚物。该类疏浚物向经适当处理后，由主管部门签发特别许可证可在指定海域进行倾倒。

3. 污染疏浚物

污染疏浚物是指疏浚物中一种或一种以上污染物含量超过化学筛分水平上限的污染疏浚物。对于沾污疏浚物，必须进行疏浚物生物学检验，根据检验情况决定如何处置。具体包括以下两种情况：

（1）有条件的处置

污染疏浚物水相、固相毒性检验和生物学蓄积检验只有一种未获通过，必须采取适合的处理方法进行，经处理符合倾倒条件的，由主管部门签发特别许可证，在指定海域有限制的倾倒。这里的处理方法包括：减少疏浚物倾倒量；间歇性倾倒疏浚物；选用绞吸式挖泥船；挖泥船满仓时施用快速絮凝剂；停车定点倾倒；采用防帘技术；行进时关闭溢流孔；选择最安全的倾倒区：远离生态敏感区，负地形低能海区、海洋废料场，多处倾倒区交替使用，并对倾倒区实施严格管理，提高跟踪监测频率，发现问题及时关闭倾倒区；疏浚区深层疏浚物覆盖表层污染疏浚物；陆上处理：分层疏浚，先将表层疏浚物泵入高潮线以上洼地，再用深层疏浚物覆盖。这些方法可根据实际情况选一项或数项。

（2）特殊处理

污染疏浚物水相、固相毒性检验和生物学蓄积检验中有两种（包括两种）以上生物学毒性检验未获通过，则该疏浚物不准向海洋倾倒。若因不可抗拒的原因确需进行海洋处置的，则需向国家海洋行政主管部门提出特别申请，由国家海洋行政主管部门签发紧急许可，并采取特殊方式进行海洋处置。在进行海洋处置之前,需向国家海洋行政主管部门提交"疏浚物海洋处置风险评估报告",并制定和实施周密的监测计划。主管部门根据监测结果可随时采取相应的防范污染海洋环境的措施。

有关疏浚物的处置方案和签证类别、疏浚物的海洋倾倒分类等情况见表3-2、图3-3。

表3-2 疏浚物处置方案和签证类别

疏浚物类别	处置方案	签许可证类别
清洁疏浚物	方案1——直接倾倒	普通许可证
沾污疏浚物 (一种生物学检验未获通过)	方案1——有限制的倾倒	特别许可证
沾污疏浚物 (二种或三种生物学检验未获通过)	方案2——经处理后,有限制的倾倒	特别许可证
污染疏浚物 (一种生物学检验未获通过)	方案2——经处理后,有限制的倾倒	特别许可证
污染疏浚物 (二种或三种生物学检验未获通过)	方案3——陆上处置或其他特殊处置方式	禁止倾倒或紧急许可证

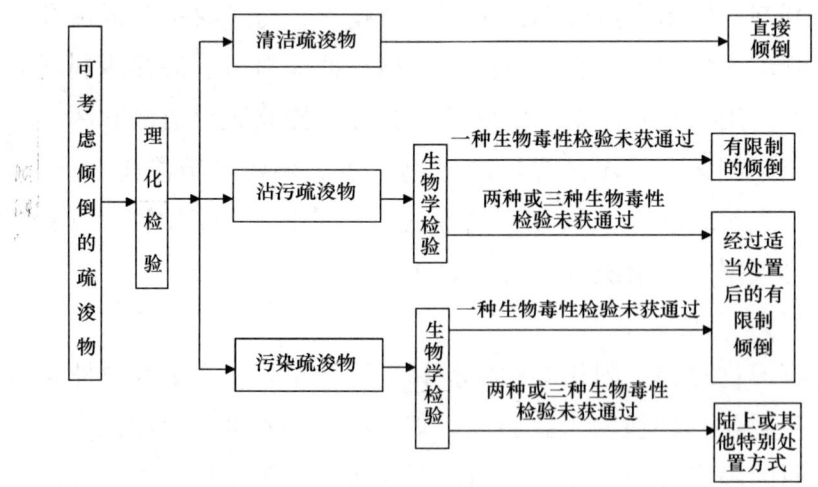

图3-3 疏浚物海洋倾倒分类和评价程序工作框图

3.3.3 海洋倾倒区选划制度

3.3.3.1 海洋倾倒区的分类

根据《中华人民共和国海洋环境保护法》的规定，倾倒区分为"海洋倾倒区"和"临时性"海洋倾倒区。

海洋倾倒区是指由国家海洋局负责组织选划、经国务院环境保护行政主管部门提出审核意见后报国务院批准的、供某一区域在海上倾倒日常生产建设活动产生的废弃物而划定的长期用于接受倾倒废弃物的海区。临时性海洋倾倒区是指为满足海岸和海洋工程等建设项目的需要而划定的限期、限量的倾倒废弃物的海区，临时性海洋倾倒区由国家海洋行政主管部门批准，报国务院环境保护主管部门备案。

临时性倾倒区使用期限届满后，使用单位仍需继续使用的，应向该倾倒区的主管部门提出申请，获得批准后方可继续使用。临时性倾倒区的有效期一般不超过 3 年，使用期限最长不超过 4 年。临时性倾倒区在使用期满或倾倒活动结束后由海区分局予以封闭，并报国家海洋局备案。

3.3.3.2 海洋倾倒区的选划原则

"科学、合理、经济、安全"是海洋倾倒区选划的基本原则，其充分体现了经济效益、社会效益和环境生态效益的统一，其目的是保证合理利用海洋空间，将废弃物对海洋环境的不利影响降到最低。

海洋倾倒区的选划有两种情况。一种情况是为满足沿海经济发展和海洋开发活动的需要，由主管部门根据倾倒区规划，有计划有步骤地在不同海区选划的不同类型的海洋倾倒区。另一种情况是由沿海企事业单位根据其特殊需求提出申请选划倾倒区报告，经主管部门审查同意，有针对性地进行选划的倾倒区。海洋倾倒区必须严格按选划程序进行选划。

3.3.3.3 海洋倾倒区的选划程序

根据《海洋倾倒区管理暂行规定》，海洋倾倒区的选划程序有以下

步骤:

(1) 申请选划海上倾倒区的单位向主管部门(指国家海洋局及海区分局)提出申请,并委托具有主管部门认可的选划技术单位编制倾倒区选划大纲。

(2) 主管部门自收到申请单位提交的倾倒区选划大纲送稿之日起15个工作日内组织评审。

(3) 主管部门自收到申请单位提交的倾倒区选划大纲报批稿之日起15个工作日内予以批复,提出审查意见回复申请单位。

(4) 申请单位根据主管部门对选划大纲的审查意见开展倾倒区选划工作,并编制倾倒区选划报告。

(5) 主管部门自收到申请单位提交的倾倒区选划报告送审稿之日起15个工作日内组织评审。

(6) 申请单位将倾倒区选划报告报批稿报送主管部门,并抄送海事、渔业行政主管部门和所在海域的省级海洋行政主管部门。由国家海洋局组织选划的,申请单位应将倾倒区选划报告报批稿同时报送国家海洋局海区分局。

(7) 国家海洋局海区分局应在收到倾倒区选划报告报批稿之日起10个工作日内提出初审意见报国家海洋局。

(8) 国家海洋局自收到海洋倾倒区选划报告报批稿之日起15个工作日内送国务院环境保护行政主管部门审核。国务院环境保护行政主管部门应在15个工作日内提出审核意见并回复国家海洋局,逾期未回复审核意见则视为同意。国家海洋局在收到国务院环境保护行政主管部门的审核意见之日起15个工作日内将海洋倾倒区选划报告报国务院审批。

临时性海洋倾倒区的选划,要求国家海洋局在收到临时性海洋倾倒区选划申请书之日起30个工作日内予以审批,同时对疏浚物临时性倾倒区的选划要根据倾倒量的多少决定选划的步骤。目前,在倾倒区的实际选划中,国家海洋局已经不再要求选划技术单位编制倾倒区选划大纲,即编制倾倒区选划大纲这一环节可以省略。

3.3.4 海洋倾倒区的监测与关闭制度

海洋倾倒区监测是海洋倾倒区管理的重要组成部分。通过对海洋倾倒区的监测，可及时发现倾倒区及其邻近海域由于倾倒而产生的环境变化，为对海洋倾倒区实施有效管理提供科学依据，以减少废弃物或其他物质向海洋倾倒而造成的危害，达到保护海洋的目的。目前国家海洋行政主管部门对海洋倾倒区的环境状况每年进行监测，对使用临时性海洋倾倒区的工程项目，均要求建设单位进行相应的跟踪监测工作。

《中华人民共和国海洋环境保护法》第五十八条规定："国家海洋行政主管部门监督管理倾倒区的使用，组织倾倒区的环境监测。对经确认不宜继续使用的倾倒区，国家海洋行政主管部门应当予以封闭，终止在该倾倒区的一切倾倒活动，并报国务院备案。"该条从法律制度上确定了海洋倾倒区的监测（关闭）制度。

主管部门通过定期或不定期的对海洋倾倒区的监测，掌握倾倒区的环境质量和使用情况，对不宜继续使用的倾倒区可依法予以封闭。当倾倒区不宜继续使用或使用期满时，应向审批、颁布该倾倒区的上级主管机关提交封闭倾倒区的申请，并附报"海洋倾倒区封闭报告"。封闭报告内容包括拟封闭倾倒区的位置，拟封闭倾倒区的使用情况，要求封闭的原因，拟封闭倾倒区的监测报告等。

海洋倾倒区不宜使用或暂时不宜使用，由国家海洋局予以封闭或暂停使用，并发布公告；临时性海洋倾倒区由海区分局予以封闭或暂停使用，并发布公告。

3.3.5 倾倒活动的监督管理制度

获准倾倒废弃物的单位必须按照许可证规定的条件和期限倾倒，这是倾倒活动的主要监督管理制度；按照海洋环境保护法的规定倾倒单位必须详细记录倾倒情况,及时向批准部门提交倾倒报告,国家海洋局制定并下发了统一的"倾倒情况记录表",要求业主单位每月5日以前必须按规定上报上月的倾废记录表,否则按违法行为处理;要严格遵守禁止海上焚烧废弃物、处置放射性或其他放射性物质的规定;废弃物装载核实必须经过批准部门核实,对与许可证所批准的废弃物不符的不准倾倒。

3.4 行政检查

3.4.1 海洋倾废行政检查的含义

海洋倾废行政检查是指海洋行政主管部门和所属海监机构,依据有关法律、法规和规章,对从事海洋倾倒活动的公民、法人或其他组织是否遵守国家海洋倾废管理的法律法规或规章,执行国家海洋行政主管部门的决定、命令、通知等规范性文件的情况进行监督管理的行政行为,督促废弃物所有者和实施倾倒作业单位,按照海洋行政主管部门规定的条件在指定区域内实施倾倒作业,以有效保护海洋环境和海洋资源。它是国家海洋行政主管部门履行海洋倾废监督控制和管理职能,教育公民和法人遵纪守法、提高法律意识的重要手段。

1. 海洋倾废行政检查的部门

包括国家海洋行政主管部门和省级海洋行政主管部门。《委托签发废弃物海洋倾倒许可证管理办法》第十四条规定:"国家海洋行政主管部门负责全国海域海洋倾废活动的管理,省级海洋行政主管部门负责对本行政区毗邻海域的海洋倾废活动和其签发的废弃物海洋倾倒普通许可证的倾倒活动实施监督检查。"

根据《中华人民共和国海洋环境保护法》和《委托签发废弃物海洋倾倒许可证管理办法》的规定,国家海洋行政主管部门负责全国海域海洋倾废活动的管理,海区分局(含海区总队及海区支队)负责本海区海洋倾废活动的指导、协调、监督和管理，省级海洋行政主管部门（含所属海监机构）负责对本行政区毗邻海域的海洋倾废活动和省级海洋行政主管部门签发的废弃物海洋倾倒普通许可证的倾倒活动实施监督检查。根据以上分工，各级海监机构主要根据其所属的海洋行政主管部门承担的海洋倾废管理职责开展执法监督工作。

2. 海洋倾废行政检查的对象

指在我国管辖海域从事倾倒活动的单位和个人，包括废弃物所有者、疏浚工程建设单位、实施倾倒作业单位等自然人、法人和其他经济组织。对其检查的目的是加强海洋倾废管理，保障海上倾倒活动的有序进行，保护海洋环境和资源，防止倾倒造成海洋环境污染，维护生态平衡，促进海洋资源的永续利用和经济、社会的可持续发展。通过海洋行政检查，可以更好地了解和掌握海洋倾废行政相对人遵守海洋倾废管理法律、法规和规章的情况；保障海洋倾废法律法规的有效实施，并及时地发现管理工作中存在的问题，提出改建建议，提高倾废管理工作的质量、水平和效率。

3.4.2 海洋倾废行政检查的方式、方法

1. 海洋倾废行政检查的方式

（1）从执法的组织形式和频率上

根据国家海洋局《中国海监海洋环境保护执法工作实施办法》的规定，海洋环境保护执法检查的一般方式包括定期执法检查、不定期执法检查、专项执法检查、联合执法检查和应急执法检查。

（2）从执法的工作载体或平台上

根据海洋倾废执法实践，海洋倾废行政执法的工作方式主要有巡航监视检查、随航监视检查、航空监视检查、陆岸监视检查和海洋倾废仪监控五种。在具体运用中，可根据实际需要选择。

1）巡航监视检查

利用中国海监飞机和船舶，对海洋倾倒区、临时性海洋倾倒区及运送

废弃物的船舶及其他载运工具的倾倒作业活动进行的巡视监察或守候监视的检查，必要时，海洋行政执法人员可随时登临倾废船和其他载运工具进行检查。根据国家海洋局的巡航工作制度，船舶巡航是倾废监视的主要方式。

船舶巡航监视的要点：

①准备监视所需的取证设备（照相机、摄像机、录音机、GPS卫星定位仪、对讲机等）及各种记录表，并调阅巡航所需的有关材料；

②按照巡航预案进行海上监视，对监视发现进行倾倒活动的所有船只进行记录，包括倾倒时间、位置、倾倒物质、倾倒船舷号、吨位等；

③对巡航监视中发现的涉嫌违法倾倒行为，可以喊话通知接受检查，依法进行登检；初步查证违法属实的，应按有关调查程序的要求依法取证。登临倾倒船只，应当填写《现场笔录》、《海洋倾倒船登船检查登记表》（见表3-3）或相关执法文书，并由船长和执法人员互相签字。巡航监视不能对正常倾倒活动的船只随意登检。

④巡航中，应按规定填写《巡航监视报告》，包括监视的情况，发现的问题，处理建议等；

表3-3 海洋倾废登船检查登记表

倾倒船名称：　　　　　　　　　　许可证编号：
船舶负责人姓名：　　　　　　　　联系电话：

项目	检查内容			备注
证件检查	是否持有倾倒许可证	是□	否□	
	许可证是否为合法有效（批准机关、期限）	是□	否□	
许可证内容落实情况检查	施工作业是否为许可证批准工程	是□	否□	
	废弃物种类是否与许可证一致	是□	否□	
	该船舶是否为批准使用的运载工具	是□	否□	
	作业倾倒方式是否与许可证一致	是□	否□	
	倾倒是否到位	是□	否□	
	第一船是否进行倾倒物质检查	是□	否□	

续表

项目	检查内容			备注
倾废船舶及仪器检查	是否安装使用倾废仪（在备注中注明型号）	是□	否□	
	倾废仪工作是否正常	是□	否□	
	倾废仪是否经过年检	是□	否□	
污染检查	是否存在污染事故	是□	否□	
	倾倒船启运前是否在施工区内清除船舷两侧的废弃物	是□	否□	
	倾倒船航行中是否造成沿途溢流	是□	否□	
	倾废船是否在航行中冲舱	是□	否□	
报表检查	是否记录倾倒情况	是□	否□	
	是否"一船一记"	是□	否□	
	是否如实记录	是□	否□	
	记录表填写是否规范、及时、认真	是□	否□	
	报表记录是否与航行日志记录一致	是□	否□	
	记录报表是否按时报送主管部门	是□	否□	
处理意见	立即纠正□ 接受调查、听候处理□ 其他□		限期纠正□ 当场处罚□	

被检查人意见：	执法人员签名：
被检查人签名： 年 月 日	年 月 日

注：该表是中国海监某海区总队针对倾废日常检查的内容制定的现场登记表，可以作为日常检查的记录凭证参考。

⑤每次巡航任务结束船舶靠岸后，应按规定的时间提交巡航监视监察报告，并按要求将巡航监视报告连同监察取证资料，通过专网或书面方式按规定进行报告。

2）随航监视检查

海洋行政执法人员随同载运废弃物的船舶和其他载运工具，对其废弃物倾倒过程及其倾倒情况记录等实施现场监视检查。

随航监视的要点：

①准备监视所需的取证设备（照相机、摄像机、录音机、GPS卫星定位仪、对讲机等）及各种记录表，并调阅倾倒活动的有关材料；

②与监视对象取得联系，确定随船时间；

③登临倾倒船只后，应记录倾倒船只在装载现场的启航时间，了解已经施工的时间、倾倒工程量、施工的区域，观察倾废仪的运行情况、周围施工的船只情况等；

④检查倾倒船持有的倾倒许可证，判别是否合法有效；对已获许可证的船舶，应对其装载的倾倒物进行核实，检查其是否与许可证批准内容一致，必要时可以对装载物取样，以便进一步检查倾倒单位所申报的废弃物特性和成分，以确定检验单的真实性和废弃物特性成分变化情况；

⑤检查倾倒船舶在航行过程中是否有遗漏现象，航行中应进行照相、摄像取证和现场情况笔录；

⑥倾废船舶到达倾废区后，首先记录到达时间和航时，并与倾倒者记录的航时进行比较，根据航行观察情况，对整个倾倒记录进行查验，判别记录是否连续、是否与实际符合；比较船用GPS、倾废仪GPS或便携GPS，确定倾倒的位置是否准确；检查倾倒方式与许可证记载是否一致等，并用摄像、照相进行取证。

⑦上述监视情况，均应填入《现场笔录》或现场检查相关执法文书，监视结束后，由船长和执法人员互相签字确认。全部监视活动结束后，应将各种监视资料整理建档，并将监视情况按规定进行报告。

3）航空监视检查

海洋行政执法人员使用海监飞机，在空中对向海洋处置的废弃物的载运船舶、装载地点、航行过程、倾倒地点及倾倒区周边海域进行的检查。发现涉嫌违法违规行为，当场记录载运的船舶特征、载运情况、倾倒地点、倾倒数量、海面变化情况及周边海域情况，进行空中照相、录像取证,并通知地面执法人员前往调查核实。

4) 陆岸监视检查

海洋行政执法人员使用海监车辆,在陆岸对向海洋处置的废弃物的装载地点进行检查,核查废弃物装载等情况;在合适位置蹲点,监视近岸倾废活动;定期检查核实倾废作业者上报的倾倒记录和倾废报告。

陆岸监视可与登船检查相结合,监视要点类似随航监视。

5) 海洋倾废仪监控

利用安装在倾废船舶上的倾倒航行数据记录仪(简称"倾废仪"),定期或不定期进行信息记录核查,检查海洋倾废船的倾废到位情况,为海洋执法部门进行倾废活动检查和查处违法行为提供有力证据。

倾废仪是由于我国海洋环境管理形势发展的需要而创立的一种新型执法管理手段,是防止海洋倾废污染、加强海洋倾废管理的一项新的执法举措,倾废仪的安装推行对加强海上船舶倾倒活动的管理,提高倾倒船只的到位率,降低违法率,减少因倾倒不到位而造成对海洋环境和资源的破坏,服务于经济建设和保护海洋环境上产生了积极的作用。

国家海洋局于1996年8月8日、2002年1月29日先后下发《关于在自航式倾倒船安装航行数据记录仪的通知》(国海管发[1996]347号)和《关于倾废航行数据记录制度有关问题的通知》(国海办字[2002]30号),要求在我国管辖海域从事倾倒作业的自航式、非自航式海洋倾倒船,从事倾废活动应安装使用倾废仪。依据这两个文件,全国各地的倾倒船开始陆续安装了倾废仪,并在仪器的安装使用和管理上,取得了明显的管理成效,安装倾废仪船舶的到位率明显提高,安装倾废仪船舶引起的渔业纠纷、污染事故、渔民索赔等明显减少,在一些污染纠纷与索赔中,倾倒船是否到位,倾废仪的记录数据有时直接成为政府部门处理或解决纠纷的依据。可以说,倾废仪成为海洋倾废执法管理的科学、有效手段。

为进一步加强对海洋倾倒的监管,充分利用先进的技术手段对倾倒活动进行更加有效的监控,2011年8月17日,国家海洋局根据海洋倾倒监管的实际情况，研究制定了《海洋倾废记录仪管理规定》，该规定在总结海洋倾废仪使用15年的工作经验基础上，首次在海洋倾废记录仪的定义、适用范围、监督管理机构、技术保障单位、海洋倾废仪安装单位、倾废仪记录数据证据采用、倾倒船舶移动、倾废仪故障维修处理、违反倾废仪使用要求的惩戒等方面作出了全面、细致、系统、严格的规定。根据该规定，有关海洋行政主管部门进一步细化、完善海洋倾废记录仪的管理规定，如国家海洋局北海分局于2012年12月结合北海区实际制定的《北海区海洋倾废记录仪管理办法》，增强倾废管理和执法检查的针对性和可操作性。

2. 海洋倾废行政检查的方法

在实施海洋倾废行政检查中，中国海监机构可以采用审查、调查、检查、听取汇报和要求提供必要的资料、凭证等措施。可以审查倾废作业者报送的有关文件、材料，对其真实性进行核实；在倾废实施作业之中或之后调查了解作业者守法的情况；通过选择专项性检查、综合性检查、抽样检查等方式实施行政检查；通过听取倾废作业者的施工活动汇报，初步掌握守法情况；要求作业者就有关事项提供必要的证明和资料。在海上倾倒违法行为的调查取证工作中，海洋行政执法人员应将倾倒船或其他载运工具的名称，倾倒位置，倾倒后的海面状况等情况进行详细记录。

现场检查的几种情况的处理方法：

（1）当检查或巡查发现倾倒作业存在可疑情况时

海洋行政执法人员应该立即进行登船检查，对违法事实进行调查取证。调查取证内容包括：尽可能对违法现场进行摄像录像；通过查阅相关资料，获取文字资料证据，对船上或单位主要负责人进行质询，制作调查询问笔录；按照相关技术规范对倾倒物质进行样品采集和证据固定；根据掌握的违法事实情况制作现场笔录等。

（2）检查发现属于无证倾倒、不到位或不按许可证的规定倾倒等严重违法倾倒问题时经请示批准，应责令停止违法行为，并下达《责令停止违法行为通知书》，通知其接受调查，听候处理。需要立即开展调查的，经口头请示批准立案后，按照法定程序展开调查；不需要立即开展调查的，按照要求报告职能部门后，由职能部门按照法定程序立案调查。

对需要立即开展的调查取证，应当用照相、录像、监视笔录等手段全程记录倾倒船的违法活动情况包括倾倒时间、倾倒位置，海面状况等，防止证据消失；对有关证据材料进行查阅，复印和封存，提取相关样品等。

（3）对倾废仪记录信息的检查

对倾废仪自动监控的异常信息进行核查，发现涉嫌不到位情况，按规定程序和要求，立即展开调查取证；查证基本属实，予以立案，可以采取先行登记保存或扣押措施（必须是法律法规赋予管理权或扣押权的海监机构才有权实施），对准备离港作业的船舶，不予放行，并告知听候处理；查证属实的，依法实施处罚。

（4）对海洋倾倒废弃物的核实

对符合规定的予以放行；若发现实际装载与许可证内容不符或其他违法行为时，应不予放行，并立案查处。核实时，执法人员可根据情况决定是否现场对废弃物或疏浚物进行抽样，以便复核倾倒物质的特性是否符合批准的要求。

（5）对涉外倾废活动的检查

在巡航监视中，要重点检查有无在我国管辖海域外倾倒废弃物的活动和外国组织（个人）在我国管辖海域内处置废弃物的行为，并按照我国海洋环境保护法律法规和相关法律规定进行处理。中国海监机构发现将外国的船舶、航空器、平台及其他海上构造物擅自在我国管辖海域内弃置的行为应当责令其停止弃置作业，限期清理，并依法予以处理；发现在我国管辖海域以外倾倒废弃物，造成我国管辖海域污染损害的情况，应立即责令其作业者停止倾倒活动，并对倾倒运载工具的国籍、名称，所倾倒物质的名称、种类、数量、成分、所在海域的位置及海域环境和资源状况、倾倒活动造成的污染损害程度等进行调查取证，并以巡航监视专报或应急监视快报的形式及时向上级有关部门请示报告。

3.4.3 海洋倾废行政检查的内容

根据海洋倾废管理法律、法规规定，海洋倾倒行为按照倾倒目的、物质主要分为以下 8 类，由于 8 类海洋倾倒活动具有不同的处置方式和作业形式，所以有关行政检查的方式和内容也不尽相同。

1. 对使用船舶载运和倾倒废弃物的检查

对使用船舶载运和倾倒废弃物的行政检查，检查的主要内容包括：倾倒审批手续是否合法、完备；实际载运的废弃物名称、数量、成分及有害物质含量与许可证内容是否一致；废弃物的包装是否符合要求；倾倒工具和倾倒方式是否符合要求；倾倒是否经批准部门核实等。

海岸和海洋工程疏浚物的倾倒活动是目前海洋倾倒行政检查工作的主要内容，疏浚物检查的主要内容包括：倾倒单位是否持有有效的海洋倾倒许可证；倾倒的废弃物的名称、数量、成分、种类，倾倒的单位、期限、区域、工具、方法等是否与海洋倾倒许可证注明的内容相符；是否按照规定记录倾倒情况（倾倒记录表、航行日志）；是否按照规定向海洋行政主管部门提交倾倒记录表和倾倒报告；废弃物倾倒航行数据记录仪运转是否正常，数据回放倾倒是否到位；是否向已封闭的倾倒区进行倾倒；造成污染事故后是否立即报告并采取措施等。

2. 对在海上中转或储存、不设围堰的吹泥或抛泥等的检查

检查主要内容包括：倾倒单位是否办理和持有有效的海洋倾倒许可证；倾倒的废弃物的名称、数量、成分、种类，倾倒的单位、期限、区域、工具、方法等是否与海洋倾倒许可证注明的内容相符；吹填作业过程中，纳泥区的围堰封闭情况是否与环评报告书批复内容一致，吹填作业是否采取有效措施防止海洋污染；作业过程中吹泥管道是否有泄漏情况；是否按规定对纳泥区周围海域进行跟踪监测；倾倒记录表是否按规定填写、

上报等。

3. 对向海洋弃置船舶、平台、航空器及其他人工构造物的检查

对向海洋弃置船舶、平台、航空器及其他人工构造物的活动，检查主要内容有：弃置的船舶、平台、航空器及其他人工构造物是否已排出所有油类和其他有害物质；弃置行为是否已经主管部门审查并获得了海洋倾倒许可证；有关弃置的船舶、平台、航空器及其他人工构造物的海上作业是否按照海洋倾倒许可证的批复内容进行等。

因不可抗力而弃置船舶、航空器、平台及其他运载工具的，中国海监机构进行行政检查的主要内容有：弃置之前是否尽可能的关闭所有油舱（柜）的阀门和通气孔，以防止溢油；弃置后10日内是否向海洋行政主管部门和就近的港务监督作出报告；是否按照海洋行政主管部门的要求尽快进行打捞处理等。

对各类石油平台弃置的监督监视内容有：是否经过国家海洋行政主管部门审查并获得了批准；弃置作业是否按照批准的条件和内容进行；妨碍海洋主导功能使用的废弃平台是否全部拆除；领海以内全部拆除的平台残留桩腿是否切割至海底表面4米以下；海上弃置施工时是否封住了井口，防止溢油；弃置平台的海上留置部分，是否进行了清洗或防腐蚀处理，且设立了助航标志。

若异地弃置还需要另行选划海洋倾倒区，原地弃置或改作他用应按照国家海洋局《海洋石油平台弃置管理暂行办法》的有关规定执行。

4. 对在我国管辖海域焚烧处置废弃物和其他物质的检查

海上焚烧是指以热方式摧毁为目的，在海上焚烧设施故意焚烧废弃物或者其他物质的行为，但船舶、平台或其他人工构造物在正常操作中所附带发生的行为除外。依照《中华人民共和国海洋环境保护法》第六十一条规定，我国禁止在海上焚烧废弃物。对在我国管辖海域焚烧处置废弃物和其他物质的行为，中国海监机构及海洋行政执法人员应立即责令行为人停止违法行为，并及时向上级海监机构报告，依法予以处理。

5. 对为紧急避险、救助人命而进行的倾倒活动及航空器紧急放油的检查

对为紧急避险、救助人命而进行的倾倒活动及航空器紧急放油的,中国海监机构应当检查作业者是否在紧急倾倒和放油后,及时向海洋行政主管部门提交书面报告,并尽可能全面核实报告内容,对不按规定的时间、内容向海洋行政主管部门报告的,按照海洋倾废管理条例及其实施办法进行处理。

6. 对有关海洋石油勘探开发过程中产生的废弃物的检查

根据《中华人民共和国海洋倾废条例》规定,对向海洋处置由于海底矿物资源的勘探开发及勘探开发相关的海上加工所产生的废弃物和其他物质,属于海洋倾倒活动,既应按照《中华人民共和国海洋石油勘探开发管理条例》进行监督管理,也应按倾废管理的有关规定进行执法检查。

7. 对倾倒疏浚物是否造成海洋环境污染的检查

主要对外抛和吹填疏浚泥的施工环节进行检查,检查的主要内容包括:倾倒船舶是否存在沿途洒泥、漏泥等现象发生;耙吸船航行倒泥是否有沿途溢流现象;倾倒不到位或无许可证倾倒是否造成环境敏感区海洋环境的破坏和损害,或委托海洋环境监测技术单位,检测倾倒海域的水质是否造成海洋环境污染;对不设围堰的吹泥,输泥管线是否密闭良好,是否有漏泥现象发生,输泥管线是否破损、是否造成泥浆外漏污染海洋环境等。

8. 对有益处置废弃物活动的检查

有益处置指将废弃物作为海滩及养殖海底培育、营造生物栖息地、岸线维护或加固、美化景观、海上建坝等海洋工程原材料而进行的海洋处置方式,该处置方式是有别于海洋弃置的一种其他处置方式,对该处置方式,国家发展改革委、财政部已经发文对倾倒费的收费标准提出可以一次性收费的政策,但收费标准应报国务院价格主管部门、财政部门备案,因此在执法实务中,此类活动也应按照倾废活动进行管理。

9. 相关提示

河口海域、陆海分界、滩涂的倾废活动可否纳入倾废检查的范围？

这里涉及的是海洋倾废管辖范围问题，理清这个问题需要了解以下方面：

（1）相关的法律规定

《中华人民共和国海洋环境保护法》第二条规定："本法适用于中华人民共和国内水、领海、毗连区、专属经济区、大陆架以及中华人民共和国管辖的其他海域。"第九十五条规定："本法中下列用语的含义是：（二）内水，是指我国领海基线向内陆一侧的所有海域。"《海域使用管理法》第二条"本法所称海域，是指中华人民共和国内水、领海的水面、水体、海床和底土。本法所称内水，是指中华人民共和国领海基线向陆地一侧至海岸线的海域。"《倾废条例》第三条第一款规定"本条例适用于：一、向中华人民共和国的内海、领海、大陆架和其他管辖海域倾倒废弃物和其他物质"，由此看出我国倾废的管辖范围包括内海、领海、毗连区、专属经济区大陆架和其他管辖海域。

《联合国海洋法公约》第八条规定，"领海基线向陆一面的水域构成国家内水的一部分"。内海是指领海基线向陆一侧的全部海域。包括海湾、海峡、河口湾、海港以及领海基线与海岸之间的其他海域。它构成沿海国内水的一部分。《联合国海洋法公约》将"河口湾"纳入了调整范畴。

（2）河海分界的倾倒活动的判断原则

河口区域的自然属性能够表明该区域是海域，在内水范围内；在国家或省级海洋功能规划中，该水域亦在功能区内；根据现场调查情况，有明显的潮汐现象，具有一定的海洋功能特征如是海洋养殖区、红树林分布区。目前，对河流入海口的河海界限尚没有各方认可的、统一的划分标准，因此河口海域管理包括倾倒管理应当在依据充分的条件下积极开展。

（3）海陆分界处的倾倒活动的判断原则

关键是海岸线的划分，海陆界限问题也即海岸线的确定。《海域使用管理法》对海岸线虽没有明确的规定，但国家标准已作出明确的规定（见：国家技术监督局1993年4月2日发布的《1∶5000、1∶10000地形图图示》、1995年9月15日发布的《1∶500、1∶1000、1∶2000地形图图示》、1998年12月15日发布的《中国海图图示》和2000年9月27日发布的《海洋学术语 海洋地质学》等一系列《中华人民共和国国家标准》），均定义为"海岸线系指平均大潮高潮时水陆分界线的痕迹线"，《国务院关于开展堪定省、县两级行政区域界线工作有关问题的通知》（国发［1996］32号）规定，陆海分界线以最新版的1∶50000国家基本比例尺地形图所绘的海岸线为标准。因此海陆分界处的倾倒活动是否应按海域进行管理，关键是搞清当地当时或现时的海岸线，而海岸线的确定标准则是上述的国家标准、文件和定义，具体一是可以委托专业技术部门在外业实测、技术分析和双方认可的基础上进行海陆划分，二是根据省县海域堪界确定的海岸线，三是按照最新绘制的国家基本比例尺地形图标明的海岸线判定（两种地图：地质勘探部门和军队测绘部门绘制的都有法律效力）。上述国家标准的法律地位有待于更高位阶法律的确认。

以上几种情况的倾倒管理问题，既是倾废管理涉及的倾倒管理范围问题，也是海域管理涉及的海陆、滩海、河海分界的问题，具有一定的典型性。鉴于这些问题都存在特殊地理因素、地理范围的重叠、管理部门的职能权限的交叉甚至还有历史遗留问题，但相关法律、法规和行政规章在基本原则上并不冲突，在管理中并不一定意味着法律制度的冲突和职能的对立，各主管部门明确各自职责权限，建立协调机制，执法人员在办案实践中，深入研究法律，吃透法律实质，站在国家的高度、公正合理执法、维护国家和相对人的权益，依法行政才是解决问题的正确途径。同时，应及时关注国家有关行政主管部门对法律执行的政策规定，熟悉了解包括各种法律解释（立法、司法和行政解释），有助于妥善处理此类问题。

3.4.4 海洋倾废行政检查的一般程序

行政执法检查的程序是指执法检查的步骤、方式，它是执法检查行为在时间和空间上的体现。执法检查程序是法律、法规规定海洋行政主管机关实施执法检查时必须遵守的程序，违反法定的执法检查程序，属于违法检查行为。

执法检查程序一般包括下列内容：

1. 表明身份

实施执法检查时，首先应当向被检查人出示证件或文件，表明身份，并着执法服装。检查人员不能少于2人。必要时，可以请见证人到场见证检查过程。

2. 说明检查理由

此程序是为了表明检查权限或说明检查的理由和依据。

3. 告知权利和义务

在实施执法检查时或检查后，应告知相对人的权利和义务，说明拒绝检查或妨碍检查的法律后果。

4. 实施检查

（1）在执法检查、调查取证过程中可采取下列措施：

①听取业主单位、施工单位等关于海洋倾废情况的说明，包括陈述、申辩；

②对海洋倾废行为进行现场检查、勘查、取证、摄像、拍照等；

③查阅或者复制海洋倾废的有关审批文件，当事者的身份证明、记录倾倒情况的有关材料；

④登检海洋倾倒作业船舶或其他载运工具；

⑤核实倾倒废弃物的来源、种类和数量，载运工具、倾倒期限和区域；

⑥责令当事人停止正在进行的违法行为，接受调查处理；

⑦法律、法规、规章规定的其他措施。

（2）根据检查的实际情况，可提取下列主要证据：

①书证：废弃物倾倒许可证、废弃物检验单等有关审批文件，当事人

的身份证明、受委托人的身份证明及授权委托书等,载运工具的相关证书、航行日志、倾倒情况记录、施工情况记录、工程验收报告、承包合同、施工合同、租赁合同、监理合同等书面材料;

②物证:海洋倾倒废弃物样品、载运工具及其海洋倾废施工作业设备、器械;

③视听资料:海洋倾废作业现场及其相关物品的录音、录像、电子信息等资料;

④证人证言:有关人员关于海洋倾废情况的陈述(以笔录形式记载);

⑤当事人陈述:当事人关于海洋倾废情况的陈述(以笔录形式记载);

⑥鉴定结论:有资质单位对海洋倾废的具体事项出具的技术检测或鉴定结论;

⑦勘验笔录、现场笔录:对海洋倾废作业现场进行勘验、检查的情况记录;

⑧其他证据。

5. 确认笔录

由被检查人核对检查笔录,并签名或盖章;当事人拒绝签名或盖章或者不能签名或盖章的,应当注明原因。有其他人在场的,应当邀请其作现场见证并签名,或由2名以上执法人员签名或盖章,并注明日期。

3.5 违法行为及其法律责任

3.5.1 违法行为种类及法律责任

《中华人民共和国海洋环境保护法》在第七章针对海洋倾废的许可、倾倒区的管理、倾倒报表的记录和上报等作出专门规定,对违反法律规定的行为在第九章设定具体的法律责任,涉及海洋违法行为共有九类。

1. 未取得海洋倾倒许可证向海洋倾倒废弃物的行为及其法律责任

未取得海洋倾倒许可证向海洋倾倒废弃物的违法行为包括三种情形：一是需要倾倒废弃物的单位根本就未申请海洋倾倒许可证而擅自向海洋倾倒废弃物的行为；二是需要倾倒废弃物的单位虽然已向海洋行政主管部门提出申请，但尚未获得海洋主管部门批准就倾倒废弃物的行为。三是需要倾倒废弃物的单位虽然已向海洋行政主管部门提出申请，但经海洋主管审核不予批准仍然擅自倾倒废弃物的行为。不论是上述哪一种情形，只要未取得海洋倾倒许可证，向海洋倾倒废弃物的，都违反了《中华人民共和国海洋环境保护法》第五十五条第二款规定，则属于违法行为，应当承担相应的法律责任。

根据《中华人民共和国海洋环境保护法》第七十三条规定，未取得海洋倾倒许可证向海洋倾倒废弃物的，责令限期改正，并处以3万元以上20万元以下的罚款。

2. 不按照海洋倾倒许可证的规定倾倒或者向已经封闭的倾倒区倾倒废弃物的行为及其法律责任

不按照海洋倾倒许可证的规定倾倒废弃物的行为指倾倒废弃物的种类、名称、倾倒数量、倾倒方式、倾倒频率、作业时间、倾倒区的位置、倾倒作业工具等内容，应当与海洋倾倒许可证要求相符合，不符合则违反了《中华人民共和国海洋环境保护法》第五十九条的规定。

根据《中华人民共和国海洋环境保护法》第八十六条规定，不按照海洋倾倒许可证的规定倾倒，或者向已经封闭的倾倒区倾倒废弃物的，予以警告，并处以3万元以上20万元以下的罚款；对于违法行为情节严重的，可以暂扣或者吊销其倾倒许可证。

3. 不按照规定记录倾倒情况或提交倾倒报告的行为及其法律责任

不按规定报告倾倒情况指国家海洋局规定倾倒单位每月5日以前必须按规定上报上月的倾废记录表，否则按违法行为处理。不按规定记录指施工单位漏记（倾倒量不记、倾倒船名或许可证号不记、倾倒时间不记）、补记（工程结束才记、集中记录）、始终不记和不按规定的记录格式记等。这些行为违反了《中华人民共和国海洋环境保护法》第六十条规定。

根据《中华人民共和国海洋环境保护法》第七十四条规定，对于不按照规定记录倾倒情况或者不按照规定提交倾倒报告的，予以警告或者处以2万元以下的罚款。

4. 将境外废弃物运进中国管辖海域倾倒的行为及其法律责任

《中华人民共和国海洋环境保护法》第五十五条规定，禁止将我国境外的废弃物在我国管辖海域内倾倒。

根据《中华人民共和国海洋环境保护法》第八十七条规定，"将境外废弃物运进中国管辖海域倾倒的，予以警告，并根据造成或者可能造成的危害后果，处以10万元以上100万元以下的罚款"。

5. 未经核实擅自倾倒或实际装载与许可证不符的违法行为及其法律责任

（1）未经核实擅自倾倒的，违反了《中华人民共和国海洋环境保护法》第五十九条"倾倒前必须经批准部门予以核实"的规定和《中华人民共和国海洋倾废管理条例》第十二条规定。

根据《中华人民共和国海洋倾废管理条例》第二十条第三项规定，可以处以5 000元以上2万元以下罚款。

（2）凡实际装载与许可证注明内容不符，违反了《中华人民共和国海洋倾废管理条例》第十二条规定；根据该条例第二十条第二项应责令停止装运；情节严重的，应中止或吊销许可证，还可以处以2 000元以上或5 000元以下的罚款，对该处罚条款的使用，主要适用于已装载尚未倾倒的。

已倾倒的则违反了《中华人民共和国海洋环境保护法》第五十九条规定，应依据《中华人民共和国海洋环境保护法》第八十六条处理。

6. 非法弃置海洋石油平台行为及其法律责任

（1）《防治海洋工程建设项目污染损害海洋环境管理条例》第二十九

条规定："海洋工程需要在海上弃置的，应当拆除可能造成海洋环境污染损害或者影响海洋资源开发利用的部分，并按照有关海洋倾倒废弃物管理的规定进行。"《海洋石油平台弃置管理暂行办法》第十七条规定："未得到海洋行政主管部门批准擅自进行平台弃置的，按未取得海洋倾倒许可证向海洋倾倒废弃物，责令限期改正并处以3万元以上20万元以下的罚款。"

根据以上规定，非法弃置海洋石油平台，属于违反了《中华人民共和国海洋环境保护法》第五十五条规定的行为，应依据第七十三条规定按照无证倾倒进行处理。

（2）平台所有者未按国家海洋行政主管部门批准的要求进行平台弃置，并未在停止油气开发作业之日起的1年内进行平台弃置；废弃的平台妨碍海洋主导功能使用的未全部拆除；在领海以内海域进行全部拆除的平台，其残留海底的桩腿等未切割至海底表面4米以下；在领海以外残留的桩腿等设施，未达到不得妨碍其他海洋主导功能的使用要求；平台在海上弃置的，未封住采油井口，并未拆除一切可能对海洋环境和资源造成损害的设施的，违反了《防治海洋工程建设项目污染损害海洋环境管理条例》第二十九条"海洋工程需要在海上弃置的，应当拆除可能造成海洋环境污染损害或者影响海洋资源开发利用的部分，并按照有关海洋倾倒废弃物管理的规定进行"的规定。

根据《中华人民共和国海洋倾废管理条例》第十七条规定，主管部门可作出责令限期治理，支付清除污染费，向受害方赔偿由此所造成的损失，并视情节轻重和污染损害的程度，处以警告或10万元以下的罚款。

（3）对弃置平台的海上留置部分未进行清洗或未防腐蚀处理；清洗或防腐蚀作业未采取有效措施防止油类、油性混合物或其他有害物质污染海洋环境；清洗产生的废水未达标排放。由此造成海洋环境污染损害的，违反了《防治海洋工程建设项目污染损害海洋环境管理条例》第二十九条规定："海洋工程需要在海上弃置的，应当拆除可能造成海洋环境污染损害或者影响海洋资源开发利用的部分,并按照有关海洋倾倒废弃物管理的规定进行。海洋工程拆除时,施工单位应当编制拆除的环境保护方案,采取必要的措施,防止对海洋环境造成污染和损害。"

根据《中华人民共和国海洋倾废管理条例》第十七条规定及《海洋石油平台弃置管理暂行办法》第二十条规定,主管部门可作出责令限期治理,支付清除污染费,向受害方赔偿由此所造成的损失,并视情节轻重和污染损害的程度,处以警告或10万元以下的罚款。对造成或可能造成海洋环境污染损害的直接责任人,主管部门可以处以警告或者罚款,也可以并处。

7. 倾废造成海洋环境污染的行为及其法律责任

(1) 对倾废发生事故造成污染不立即采取处理措施的追究:因倾废造成海洋环境污染和资源损害、倾废发生船舶故障、紧急避险等突发性事件,没有立即采取有效措施减少或避免海洋环境污染的行为,违反了《中华人民共和国海洋环境保护法》第十七条规定:"因发生事故或者其他突发性事件,造成或者可能造成海洋环境污染事故的单位和个人,必须立即采取有效措施,及时向可能受到危害者通报,并向依照本法规定行使海洋环境监督管理权的部门报告,接受调查处理。"

根据第七十三条"违反本法有关规定,有下列行为之一的,由依照本法规定行使海洋环境监督管理权的部门责令限期改正,并处以罚款。……(四)因发生事故或者其他突发性事件,造成海洋环境污染事故,不立即采取处理措施的。……有前款第(二)、(四)项行为之一的,处2万元以上10万元以下的罚款"作出处理,对故意不采取措施、一直不采取措施、持续时间较长、造成后果严重的违法行为应当从严处罚。

(2) 对造成污染事故的追究:倾废容易造成海洋环境污染的行为,主要表现为船舷两侧带污航行、倾倒不到位、航行泄漏、沿途溢流、航行冲舱等,倾废容易造成污染事故的区域主要是增养殖区、旅游娱乐区、海洋保护区等。

《中华人民共和国海洋环境保护法》第三条规定，"一切单位和个人都有保护海洋环境的义务"，该法第五十五条、第五十九条、第六十条、第六十一条对海洋倾废作出了禁止性规定，违反这些规定造成海洋环境污染的，必须承担法律责任。

第九十一条规定："对违反本法规定，造成海洋环境污染事故的单位，由依照本法规定行使海洋环境监督管理权的部门根据所造成的危害和损失处以罚款；负有直接责任的主管人员和其他直接责任人员属于国家工作人员的，依法给予行政处分。前款规定的罚款数额按照直接损失的30%计算，但最高不得超过30万元。对造成重大海洋环境污染事故，致使公私财产遭受重大损失或者人身伤亡严重后果的，依法追究刑事责任。"

8. 发生事故或者其他突发性事件不报告的行为及其法律责任

这些行为包括污染问题、海上损害、海洋环境破坏、倾倒沉船、紧急避险或救助人命、其他倾倒突发性事件等。

《中华人民共和国海洋环境保护法》第十七条规定，因发生事故或者其他突发性事件，造成或者可能造成海洋环境污染事故的单位和个人，必须立即采取有效措施，及时向可能受到危害者通报，并向依照本法规定行使海洋环境监督管理权的部门报告，接受调查处理。《倾废条例》第十五条规定：为紧急避险或救助人命，未按许可证规定的条件和区域进行倾倒时，应尽力避免或减轻因倾倒而造成的污染损害，并在事后尽快向主管部门报告。

《中华人民共和国海洋环境保护法》第七十四条规定："违反本法有关规定，有下列行为之一的，由依照本法规定行使海洋环境监督管理权的部门予以警告，或者处以罚款：……（二）发生事故或者其他突发性事件不按照规定报告的；……有前款第（二）、（四）项行为之一的，处5万元以下的罚款。"

9. 对不配合倾废执法的行为及其法律责任

《中华人民共和国海洋环境保护法》第十九条第二款规定，依照本法行使海洋环境监督权的部门有权对管辖范围内的单位和个人进行现场检查，被检查者应当如实反映情况，提供必要资料。

《中华人民共和国海洋环境保护法》第七十五条规定，"违反本法第十九条第二款的规定，拒绝现场检查，或者在被检查时弄虚作假的，由依照本法规定行使海洋环境监督管理权的部门予以警告，并处 2 万元以下的罚款"，弄虚作假包括提供伪造的倾倒许可证、伪造废弃物检验单、伪造倾倒情况记录表、伪造施工记录资料等。

3.5.2 处罚的管辖

根据海洋倾废的执法实践，海洋倾废违法行为行政处罚的管辖主要有以下情形：

1. 地域管辖

地域管辖指根据行政主体管辖的地域范围来确定行政处罚权限的分工。地域管辖要解决的是哪里的倾废违法活动，应由哪个地方管理的问题。客观上形成海洋倾废的地域管辖事实即各分局负责所在海区海洋倾废违法案件的管辖，各省负责所在省的海域行政区域范围内的所签发许可证的倾废违法案件管辖。

2. 级别管辖

级别管辖指同类上下级行政机关或组织之间实施行政处罚的权限的分工。级别管辖要解决的哪里的倾废违法活动，应由哪个地方的行政机关实施处罚的问题。解决行政处罚权的条条问题。《海洋环境保护法》虽规定倾废违法行为由"海洋行政主管部门"实施处罚，但并没有对海洋行政主管部门在倾废行政处罚的级别管辖上明确权限分工。

3. 职能管辖

海洋倾废职能管辖的依据是《海洋环境保护法》第五条和《海洋倾废管理条例》第四条"海洋倾倒废弃物的主管部门是中华人民共和国国家海洋局及其派出机构"。这是现行倾废法律法规对海洋倾废行政处罚管辖权和管辖机关的规定。

4. 特殊案件管辖

《海洋环境保护法》对于将境外废弃物运进中华人民共和国管辖海域倾倒的，明确由国家海洋行政主管部门管辖。

5. 谁发现谁查处

根据国家海洋行政主管部门有关海洋环境保护执法的管理规定，除了特殊案件，海洋倾废违法行为的查处采取"谁发现谁查处"的原则。

6. 移送管辖

海洋倾废的移送管辖主要指对于查获的不属于自己海监机构所属同级海洋行政主管部门签发倾倒许可证范畴的违法倾倒活动或管辖权明确不属自己管辖的违法案件，移交有管辖权的海监机构或有法定职责的海洋行政机关实施处罚。

7. 指定管辖

指定管辖指两个或两个以上海洋行政机关对管辖权发生争议，由共同的上一级行政机关以决定的方式指定某一海洋行政机关管辖。

以上是当前海洋倾废实践中总结的有关倾废管辖的情形，但执法实务中要保证行政执法的合法性，在案件的管辖上应当遵循依法行政、依法执法的原则，严格按照海洋倾废法律法规的管辖规定和《行政处罚法》、《海洋行政处罚实施办法》的有关规定执行。

3.5.3 调查取证

1. 海洋行政执法调查取证有关规定

为提高海洋行政处罚案件证据质量，细化调查取证工作程序，2009年1月12日，国家海洋局依据相关法律法规规章，制定并下发了《海洋行政执法调查取证工作规则》。《海洋行政执法调查取证工作规则》共二十一条，对中国海监机构的调查取证工作进行了规范。主要内容包括以下七个方面：

(1) 调查取证的原则

调查工作应当全面、客观、公正,收集的证据应当真实、合法、有效。取证时执法人员不得少于两人,且应向当事人或有关人员出示有效执法证件。执法人员应向当事人告知执法依据和当事人应有的权利义务;回避原则;不得滥用职权;保守商业秘密和个人隐私。

(2) 调查取证可采取的措施

包括:走访、询问有关人员,听取有关情况的说明;进入现场进行勘验、检查、摄像、照相等;可采取抽样和先行登记保存的方式收集证据;查阅或者复制有关材料;组织技术检测、鉴定;向有关单位了解核实情况;法律、法规、规章规定的其他措施。

(3) 调查取证的基本内容

包括:当事人身份等基本情况;当事人行为发生的时间、地点、经过、方式、后果等;当事人行为的审批情况;当事人的陈述、申辩意见;违法行为的量罚情节;其他有关事实。

(4) 证据的种类

包括:书证;物证;视听资料;证人证言;当事人的陈述;鉴定结论;勘验笔录、现场笔录。

(5) 笔录的制作

调查取证中应当当场制作现场笔录和询问笔录;制作笔录时不得对有关人员进行诱导、欺骗、强迫;对有关人员进行调查询问,应当单独进行;笔录制作完成后应当由执法人员、当事人等有关人员核实,并签名或盖章。

(6) 证据的收集

收集证据应当提取原件。在提取原件确有困难时,可提取与原件核对无误的复印件、照片、节录本或证明该物证的照片、录像等其他证据;被提取人应当在书证上签名或加盖公章确认;提取证据应制作提取证据材料登记表,并由被提取人签名或盖章确认;对数量较多的同类物品,可采取抽样取证方式，制作提取证据材料登记表，经执法人员、当事人等有关人员核对无误后签名或盖章确认；证据可能灭失或以后难以取得的，经批准可先行登记保存，制作《先行登记保存证据通知书》，并在 7 日内及时作出处理决定；提取电子信息或视听资料的，应当注明制作方法、制作时间、制作人和证明对象，声音资料应当附有该声音内容的文字记录。视听资料应使用该资料的原始数据或载体。复制件应证明其真实有效性；有资质的机构出具的测量、检测、检验或者鉴定报告可作为证据。调查取证中取得的证据材料应立卷归档。

（7）不能作为认定案件事实的依据

行政处罚决定作出后取得的证据；以违反法律禁止性规定或者侵犯当事人合法权益的方法取得的证据，包括剥夺当事人陈述、申辩或者听证权利而取得的证据。

2. 海洋倾废调查取证有关内容

国家海洋局在《海洋行政执法调查取证工作规则》中规定，由中国海监总队负责组织制定海洋环境保护等各项海洋行政执法工作的调查取证工作细则。2009 年 2 月 13 日，中国海监总队按该规则要求，制定了《海洋倾废调查取证工作细则》，进一步提高海洋倾废案件的证据质量，细化海洋倾废调查取证工作程序。《海洋倾废调查取证工作细则》规定，中国海监机构对发现公民、法人或者其他组织（以下称"当事人"）涉嫌违法向海洋倾倒废弃物的行为，进行调查和收集有关证据时，均适用本细则。对以下内容进行了规定：

（1）应当组织开展调查取证的行为

未经批准向海洋倾倒废弃物的；不按照批准的条件或区域进行倾倒的；不按照规定记录倾倒情况，或者不按照规定向主管部门报告的。

（2）调查取证的主要内容

当事人海洋倾废事项的审批情况；当事人海洋倾废实施情况和记录情况；法律、法规、规章规定的其他事项。

(3) 在调查取证中可采取的措施

听取业主单位、施工单位等关于海洋倾废情况的说明,包括陈述、申辩;对海洋倾废行为进行现场检查、勘查、取证、摄像、拍照等;查阅或者复制海洋倾废的有关审批文件,当事者的身份证明、记录倾倒情况的有关材料;登检海洋倾废作业船舶或其他载运工具;核实倾倒废弃物的来源、种类和数量,载运工具、倾倒期限和区域;责令当事人停止正在进行的违法行为,接受调查处理;法律、法规、规章规定的其他措施。

(4) 根据案情需要可提取的主要证据

①书证:废弃物倾倒许可证、废弃物检验单等有关审批文件,当事人的身份证明、受委托人的身份证明及授权委托书等,载运工具的相关证书、航行日志、倾倒情况记录、施工情况记录、工程验收报告、承包合同、施工合同、租赁合同、监理合同等书面材料;

②物证:海洋倾倒废弃物样品、载运工具及其海洋倾废施工作业设备、器械;

③视听资料:海洋倾废作业现场以及相关物品的录音、录像、电子信息等资料;

④证人证言:有关人员关于海洋倾废情况的陈述(以笔录形式记载);

⑤当事人陈述:当事人关于海洋倾废情况的陈述(以笔录形式记载);

⑥鉴定结论:有资质单位对海洋倾废的具体事项出具的技术检测或鉴定结论;

⑦勘验笔录、现场笔录:对海洋倾废作业现场进行勘验、检查的情况记录;

⑧其他证据。

(5) 对未经批准向海洋倾倒废弃物的,还可视情收集下列证据材料

海洋倾废行为的申请、审批情况证据材料;海洋倾倒许可证有效性的证据材料。

（6）对不按照批准的条件或区域进行倾倒的，还可视情收集下列证据材料。

倾倒废弃物的来源、种类、数量等与倾倒许可证注明的内容不符等证据材料；倾倒废弃物载运工具、作业期限、倾倒区域与许可证注明内容不符等证据材料。

（7）对不按照规定记录倾倒情况，或不按照规定向主管部门报告的，可视情收集倾倒记录与规定不符、倾倒行为报告情况等证据材料

在收集与运用上述证据中，应重视证据的客观性、关联性和合法性。要做到证据事实客观真实，能据以证明案件真实情况，且证据的来源、形式、收集和认定符合法律规定。

3.5.4　处罚裁量

1. 自由裁量权的运用

《行政处罚法》第四条规定，实施行政处罚要以事实为依据，与违法行为的事实、情节以及社会危害程度相当，这里规定的"与违法行为的事实、性质、情节以及社会危害程度相当"，就是"过罚相当"原则在我国法律里的具体表述，也是行政处罚裁量的法律要求。

执法实务中，中国海监总队在规范行政处罚自由裁量权方面作出了规定。中国海监总队《关于进一步规范海洋行政处罚裁量权行使的若干意见》（海监字［2006］第9号）中规定："本意见所称海洋行政处罚裁量权，是指中国海监各级机构在实施海洋行政处罚时，在海洋法律、法规或规章规定的范围内合理适用处罚种类或处罚幅度的权限。"规定了适用不同程度海洋行政处罚的四种情形：

（1）免于行政处罚的情形；

（2）应当从轻或者减轻行政处罚的情形；

（3）应当从重处罚的情形；

（4）同时具有两个或以上从轻、减轻、从重处罚情节的处罚情形。

2. 倾废裁量因素

无证倾倒行为或不按许可证规定倾倒的违法行为是倾废主要违法行为，也是倾废裁量的主要方面。对于这两种违法行为，无论当事人在实施该行为时主观方面的心理状态是故意或者过失，但事实上，都会对海洋行政管理秩序造成影响，并不同程度地造成海洋环境的污染损害，具有一定社会危害性。对无证或不按许可证规定倾倒的违法行为实施处罚量裁，罚款幅度的自由裁量空间比较大。能否合理运用行政处罚自由裁量权，对案件的正确处理，实现公平、正义的法律精神具有重大的影响。

为了做到合法、合理，在处理此类案件时，对应罚的海洋倾废违法案件，处罚裁量应严格依据《行政处罚法》第二十五条、第二十七条关于从轻、减轻、从重处罚的相关规定以及各级海洋行政主管部门在行政处罚裁量方面作出的有关从轻、减轻、从重处罚的情形，按照先中限后情节原则即按中限然后向左右两侧浮动，并结合案件的事实、情节、后果及当事人的态度来综合判断，有以下因素需综合考虑：

（1）持续时间

大多数无证倾倒或不按许可证规定倾倒行为在被发现之前，已经实施并持续了一段时间。由于持续性倾倒行为比即时性倾倒行为造成的损害要大，而且无证倾倒或不按许可证规定倾倒的持续时间与造成的损害成正比关系，因此，倾倒持续时间直接关系到危害后果的大小。持续时间越长，造成的危害后果越大，反之，持续时间越短，造成的危害后果越小。

（2）倾倒地点

不同的倾倒地点对海洋环境有不同的影响，造成的污染破坏也不同，一般而言，倾倒地点在渔业资源利用和增养殖区、旅游区、海洋保护区等特别功能区域，性质越严重，处罚应当越严厉。

（3）倾倒方式

为控制倾倒的沉降、飘逸和扩散，主管部门一般在倾废审批中，都要对倾倒方式进行规定，如疏浚物倾倒一般不允许喷扬方式、骨灰撒海一般要求使用宜降解的包装容器等，而不符要求的倾倒方式对海洋环境质量和生物可能产生的有害效应更大，一般而言，倾倒方式越不合要求，处罚越应偏重处理。

（4）倾倒方量

对于不同违法行为，因行为人持续倾倒时间、所使用倾倒工具等的不同，其所倾倒的方量也存在明显差别。倾倒方量的大小，与对海洋生态环境造成的危害后果之间一般成正比关系，即违法倾倒的废弃物和其他有害物质的方量越大，造成的危害后果越大；方量越小，危害后果越小。根据有关文件规定，疏浚物倾倒量的核定方法由海洋主管部门按疏浚工程水下实际基建开挖量进行核定。

（5）废弃物的种类

除了违法倾倒持续时间、违法倾倒方量等因素外，倾倒废弃物的种类也将决定对海洋生态环境的危害后果。根据《中华人民共和国海洋倾废管理条例》的规定，废弃物可以分为三类，其中：一类废弃物危害最大，二类废弃物次之，三类废弃物最小。疏浚物是目前海洋倾倒量最大的废弃物，根据国家海洋局《疏浚物海洋倾倒分类和评价程序》的规定，疏浚物分为三类，其中：污染疏浚物（Ⅲ类疏浚物）危害最大、沾污疏浚物（Ⅱ类疏浚物）次之、清洁疏浚物（Ⅰ类疏浚物）最小。因此，无证或不按许可证规定向海洋倾倒法律严格禁止倾倒的废弃物和倾倒法律允许倾倒的废弃物，对海洋生态环境的危害后果与其他废弃物有明显区别。

（6）法定情节

在实施违法倾倒行为的过程中或者在实施违法行为以后，行为人的表现对行政处罚的设定和实施起到重要作用。按照《中华人民共和国行政处罚法》规定，具有主动消除或者减轻违法行为危害后果，受他人胁迫有违法行为的，配合行政机关查处违法行为有立功表现的，其他依法从轻或者减轻行政处罚等情形的，应予以从轻或减轻处罚。

(7) 违法倾倒后的态度

行政处罚的根本目的，是通过惩戒，来达到对行为人的教育，提高其认识，并保证其不再重犯。因此，行为人在违法后的态度，也是考虑的一个因素。违法后认识有所提高、积极配合海洋环境监管部门调查取证的，可从轻处罚；不配合，甚至阻挠干扰调查取证，或弄虚作假的，可从重处罚。

(8) 行为主体的主观过错

违法倾倒行为的实施，必然是由于行为人存在主观过错。但主观上的故意和过失，却分别反映行为人的主观恶性程度的不同，故在这两种情况下实施无证倾倒或不按许可证规定倾倒行为损害海洋环境的，行政处罚幅度应该不同：故意实施无证倾倒或不按许可证规定倾倒行为（如明知倾倒超量的）的，应从重处罚；因过失而实施无证倾倒或不按许可证规定（如未知倾倒超量的）倾倒行为的，可从轻处罚。

(9) 违法的一贯性与偶然性

行为主体的一贯表现，反映了行为人的主观心态。有的行为人是初次实施了无证倾倒或不按许可证规定倾倒行为即无前科，而有的行为人则是屡教屡犯即有前科。对于上述两种情况，设定行政处罚时当有所区别：行为主体多次实施无证倾倒或不按许可证规定倾倒行为、屡教不改、具有较大的危险性的，不严惩不足以阻止其违法的，应从重处罚。而对初次违法或偶然违法，其危害程度较轻的，可给予相对较轻的处罚。

(10) 行为人的经济承受能力

行为人的经济承受能力关系到行政处罚能否有效落实。一旦处罚额度过高，超出行为人的经济承受能力，会导致行政处罚难于执行。此外，行政处罚产生的惩戒作用与行为人的经济能力有关，对于经济承受能力较差的行为人来说，较低金额的罚款处罚同样能达到较好的处罚效果。

(11) 违反一项规定还是多项规定

行为人实施违法倾倒中，如既超量倾倒又没有按照规定记录倾倒情况；在无证倾倒中，同时违反《铺设海底电缆管道管理规定》"不得在海底电缆两侧2海里进行作业"的有关规定，在违反多项规定与违反单项规定的量罚中，前者要重于后者。

3.5.5 处罚决定

海洋倾废违法案件的处罚决定是指海洋行政机关在证据齐全的情况下，对案件事实作出明确判断并作出是否给予处罚的结论。倾废行政处罚的决定主要包含以下几个内容：履行海洋行政处罚告知程序、听取当事人陈述和申辩（重大海洋违法案件按照当事人的要求举行听证）；分别情况，作出是否处罚的决定；对决定处罚的，制作行政处罚决定书；送达行政处罚决定书。

1. 拟处罚意见的提出与审查

处罚意见的提出与审查指两项工作：案件承办人员拟定行政处罚建议，而后由行政机关负责人对之进行审查。

（1）拟定行政处罚建议

案件承办人员在案件调查终结后5日内制作《案件调查终结报告》，针对调查结果提出处罚建议，填写《行政处罚意见审批表》，提交给行政机关负责人。

（2）审查行政处罚建议

行政机关负责人应对案件承办人员提交的案件调查结果和处罚建议及时进行审查（主要是审阅《案件调查终结报告》和证据材料），根据不同情况在《行政处罚意见审批表》作出决定：

①违法事实成立的，根据情节轻重及具体情况，给予海洋行政处罚；

②违法行为轻微，依法可以不予海洋行政处罚的，不予海洋行政处罚；

③违法事实不能成立的，不得给予海洋行政处罚；

④违法行为构成犯罪的，移送司法机关。

(3) 会审程序

按照《中华人民共和国行政处罚法》第三十八条第二款的规定，对情节复杂或者重大违法行为给予较重的行政处罚，行政机关的负责人应当集体讨论决定。这一规定是考虑到情节复杂案件和重大案件在认定事实和适用法律方面需要特别慎重。

会审程序特指作出行政处罚决定过程中的一个内部进行会商，集体审查案情，共同作出决定的特别程序。海洋行政处罚会审程序是指海洋行政主管部门作出行政处罚决定过程中的一个内部进行会商，集体审查案情，共同作出决定的特别程序。在集体讨论未能取得一致性或倾向性意见的情况下，由行政首长作出决定。

按照《海洋行政处罚实施办法》第二十一条规定，决定给予海洋行政处罚的案件，属于由下一级海洋行政主管部门上报的重大案件、情节复杂或者本办法第四十一条规定的重大海洋违法案件的，实施机关应当实行会审。因此会审程序也是实施海洋行政处罚的一个重要程序。

国家海洋局印发的《重大海洋违法案件会审工作规则》和中国海监总队《海洋违法案件查处期限暂行规定》，对复杂、重大海洋违法案件的会审工作程序作了明确规定，按照该以上规则，重大案件调查终结后，案件会审会议应当在调查终结报告提交之日起10日内召开，并准备以下材料：基本案情及有关情况介绍；与认定违法行为有关的各种证据；适用的法律、法规及相关的技术标准；拟处罚的意见。

会审会议就违法事实是否清楚、认定违法行为的证据是否确凿、拟给予的行政处罚适用法律是否正确、是否符合法定程序、处罚裁量是否得当进行研究和审议，并制作会审笔录。会审笔录应当经会审主持人审核，并由会审主持人、记录人和参加人签名或者盖章。

2. 告知行政处罚意见

向相对人告知行政处罚意见是《中华人民共和国行政处罚法》规定的必经程序。《中华人民共和国行政处罚法》第三十一条规定：行政机关在作出行政处罚决定之前，应当告知当事人作出行政处罚决定的事实、理由及依据，并告知当事人依法享有的权利。《海洋行政处罚实施办法》第二十二条据此作出同样规定。

对于当事人来说，被告知作出行政处罚的事实、理由、依据以及相关权利，是其应享有的法定权利，称为知情权。对于行政机关来说，告知当事人作出行政处罚决定的事实、理由及法律依据，以及当事人享有陈述、申辩、要求听证、申请复议、提起诉讼等权利，是其必须履行的法定义务，称为告知义务。

对于重大行政处罚的案件，则是通过《行政处罚听证告知书》专门告知当事人具有的听证权利，并因此可能启动行政处罚听证程序。

3. 作出行政处罚决定

在作出正式的行政处罚之前，海洋行政机关应当充分听取当事人的意见，对当事人提出的事实、理由和证据，应当进行认真复核，当事人提出的事实、理由或者证据成立的，行政机关应当采纳。行政机关不得因当事人申辩而加重处罚。

将《行政处罚意见告知书》或《行政处罚听证告知书》送达当事人后，在规定期限内当事人没有再作陈述、申辩或者没有提出听证申请；或者行政机关对当事人的陈述、申辩进行复核、确认之后，可以依法制作《行政处罚决定书》。根据《中华人民共和国行政处罚法》的规定，行政处罚决定书的制作具有法定的形式和标准。

4. 行政处罚决定书的送达

《中华人民共和国行政处罚法》第四十条规定了《行政处罚决定书》的送达方式和送达期限："行政处罚决定书应当在宣告后当场交付当事人；当事人不在场的，行政机关应当在7日内依照《民事诉讼法》的有关规定，将行政处罚决定书送达当事人。"这条规定对送达方式和送达期限进行了规范，其根本目的在于保证送达的有效性，亦即确保当事人的有效接收。

《海洋行政处罚实施办法》根据《中华人民共和国行政处罚法》确立的送达制度，对送达进行了专章规定。根据目前规定的内容和《中华人民共和国民事诉讼法》有关送达的规定，对海洋行政执法文书的送达有以下两个方面的要求：

（1）时间要求

海洋行政处罚决定书应当在作出决定后7日内送达当事人。根据这一精神，海洋行政处罚程序中其他需要送达到当事人的行政执法文书都要有一定的时效性，要做到及时、快捷。

（2）形式要求

海洋行政处罚决定书的送达方式有以下四种：

①直接送达。指直接送交当事人或其代理人、代收人。当事人是个人的，给其本人，本人不在的送交其同住成年家属签收或由其指定代收人签收；当事人是单位的，送交其法定代表人、主要负责人或者该单位负责收件的人签收。接收执法文书送达在其代理权限范围内的，可以送达当事人的法定代理人或委托代理人。

②留置送达。当事人本人拒绝接收的，行政机关在送达回证上记明拒收事由和日期，由送达人和有关见证人员（可邀请被送达人邻居、同事及被送达人所在地居民/村民委员会代表或单位内相关组织等作为见证人）签名或盖章，将海洋行政处罚决定书留在当事人的住所，视为送达。

③邮寄送达。直接送达有困难的，可以将行政处罚决定书以挂号信的形式交邮局送达。邮寄送达，以当事人在送达回证上注明的收件日期为送达日期；送达回证上的日期与挂号信回执上注明的收件日期不一致，或者送达回证没有寄回的，以挂号信回执上的收件日期为送达日期。

④公告送达。如果无法直接送达、留置送达、邮寄送达的，还可以公告送达，在行政部门公示栏、相关报纸，网站等发出公告，自发出公告之日起经过60日，即视为送达。公告送达应当记明原因和经过。

除了以上送达方式，《中华人民共和国行政处罚法》确定的其他送达方式，如委托送达，即行政机关委托当事人住所地或所在地的其他机关代为送达；转交送达，即相对人是军人的，通过其所在部队团以上单位的政治机关转交等，海洋行政执法不采用以上送达方式。

3.6 案例分析

3.6.1 倾倒许可证过期作业之罚则适用

案例：中交某航务工程有限公司无证倾倒行政处罚案

【基本案情】

1. 被处罚人：中交某航务工程有限公司
2. 处罚机关：国家海洋局东海分局
3. 案件事实：

2008年3月25日，中国海监第六支队执法人员在对泉州港石湖作业区某泊位进行执法检查时，发现粤工泥×船、泉海驳×船正在进行疏浚倾倒作业。其中，泉海驳×船已满载疏浚泥正驶离石湖作业区某号泊位，执法人员对正在进行挖泥作业的粤工泥×船进行了登检。通过对当事人调查询问发现，该项目施工单位为中交某航务工程有限公司，粤工泥×船为该公司所有、泉海驳×船为该公司租用，其中粤工泥×船持有有效期为2007年1月20日至2007年6月30日的倾倒许可证，并且该船从2008年1月份开始多次向所持许可证指定区域倾倒疏浚物，而泉海驳×船从未办理过许可证。至检查当日止，粤工泥×船、泉海驳×船共向倾倒区倾倒疏浚物约2 000立方米。

【查处结果】

通过对当事人的违法事实和证据的综合分析，认定当事人未经批准实施海洋倾废的行为，违反了《海洋环境保护法》第五十五条"任何单位未经国家海洋行政主管部门的批准，不得向中华人民共和国管辖的海域倾倒任何废弃物"的规定，依据《海洋环境保护法》第七十三条第一款第三项、第二款的规定，对当事人作出责令限期改正，并处以罚款人民币35 000元的行政处罚。

5月16日国家海洋局东海分局向当事人送达《行政处罚意见告知书》，当事人在法定期限内未提出陈述申辩意见；5月22日国家海洋局东海分局向当事人送达《行政处罚决定书》，当事人在法定期限内履行了行政处罚决定。

【分析意见】

本案评述问题：无证倾倒和不按许可证规定倾倒的界定。

在执法过程中，执法人员对有些案件认定为无证倾倒还是不按许可证规定倾倒存在很大分歧，虽然最终罚款额度上没什么差异，都在3万~20万之间自由裁量，但是案件定性不一样，所适用的法律条款就大不一样。无证倾倒适用的条款为《海洋环境保护法》第五十五条和第七十三条第一款第三项、第二款。不按许可证规定倾倒适用的条款为《海洋环境保护法》第五十九条和第八十六条，而产生分歧的原因主要是对第五十九条"获准倾倒废弃物的单位，必须按照许可证注明的期限及条件，到指定的区域进行倾倒。废弃物装载之后，批准部门应当予以核实"的理解不同造成的。所以如何正确理解第五十九条是界定案件属于无证倾倒还是不按许可证规定倾倒的关键所在，也是行政处罚过程中确保正确适用法律条款的前提。

在执法过程中，执法人员在无证倾倒和不按许可证规定倾倒间定性存在的分歧，主要体现在以下两种情形：一是当事人持过期许可证进行倾倒作业；二是当事人办理了许可证，但是未对新增倾倒船只办理加船手续。对于第一种情形，现在一般定性为无证倾倒，主要理由为当事人的许可证已过期，过期的许可证为无效许可证，所以就定性为无证倾倒，然而依据第五十九条"获准倾倒废弃物的单位，必须按照许可证注明的期限及条件，到指定的区域进行倾倒"的规定，其中要求当事人必须按照许可证注明的期限进行倾倒,而其中的"期限"应当为许可证的有效期,既然当事人在有效期以外的时间进行作业,那么当事人就违反了《海洋环境保护法》第五十九条中"期限"这一条件,就应当定性当事人为未按照许可证规定进行倾倒。对于这一情形的两种认定从法理上看都有道理,所以在执法过程中,对于这一类案件现在两种处罚结果都存在。

本案中,执法人员认为当事人持有无效的许可证,认定当事人为无证进行倾倒作业。对于第二种情形,现在一般认定当事人为无证进行倾倒作业,理由为当事人所增加倾倒船舶未办理许可证,这种定性存在不妥,依据第五十九条规定,倾倒船舶为载运工具,而载运工具仅为许可证规定的一个条件,当事人增加倾倒船舶未办理加船手续而进行倾倒作业,仅违反许可证规定的载运工具这一条件,并且当事人已持有许可证,如果认定当事人为无证倾倒与当事人持有许可证相矛盾,这就要是正确理解当事人无证与倾倒船舶无证两个概念,当事人无证那么倾倒船舶肯定无证,而倾倒船舶无证并不一定代表当事人无证,同时现在行政处罚的主体为施工单位或业主,并不是倾倒船舶,所以对这类型案件定为无证倾倒不妥,应当定性为不按照许可证规定进行倾倒,依据《海洋环境保护法》第五十九条和第八十六条进行处罚。

【专家点评】

海洋行政处罚实践中,对于不在许可证规定的期限内实施倾倒的情形,到底是适用"无证倾倒"、还是适用"不按许可证规定倾倒",一直存有争议。

从违法构成来看,不在许可证规定的期限内实施倾倒(提前和逾期两种情形),则该许可证对当事人的倾倒作业而言尚未产生或已经失去法律效力,可以视同无证,因此可适用"无证倾倒";同时,不在许可证规定的期限内实施倾倒,确实也违反了许可证的相关规定,认定"不按许可证规定倾倒"也合乎情理。

一个行为,同时满足两个违法构成要件,则发生竞合,行为人仅需承担其中之一违法责任，且以责任轻者为先。对于"无证倾倒"，《海洋环境保护法》第七十三条规定的相应罚则是"责令限期改正，并处3万元以上20万元以下的罚款"；对于"不按许可证规定倾倒"，《海洋环境保护法》第八十六条规定的罚则是"警告，并处3万元以上20万元以下的罚款；对情节严重的，可以暂扣或者吊销许可证"。显而易见的，二者罚款幅度相同，但后者还可暂扣或者吊销许可证，综合来看罚则更重，故优先选择适用"无证倾倒"。

本案中，当事人除持过期许可证进行倾倒外，许可证上登载的船只与实际从事倾倒作业船只存在不符。办案人员认为，将船只不符定性为"无证倾倒"不妥，应当定性为"不按照许可证规定实施倾倒"。笔者认为，简单来看，船只与登载不符确实应属"不按照许可证规定实施倾倒"的情形，但这仅仅是一般情况下。作者在分析的同时，忽视了本案的背景，当事人持过期许可证实施倾倒作业，已经被认定为"无证倾倒"。既然"无证"，就不存在"按照许可证规定倾倒"。因此，船只与登载不符无需另作处罚。

总之，对于违法倾倒的法律适用，情况多样且复杂，个中关系需要仔细研究，审慎作出决定。

3.6.2 倾废处罚的实施主体与管辖

案例：某航局第四工程公司违法倾废行政处罚案

【基本案情】

1. 被处罚人：某航局第四工程公司
2. 处罚机关：深圳市海洋局
3. 案件事实：

2002年10月10日19时20分，中国海监广东省总队深圳支队组织海监人员对正在深圳大鹏湾海域进行倾废作业的"粤工泥21"号船进行突击检查，发现该船虽然持有其所属某航局第四工程公司所办理的《废弃物倾倒普通许可证》（NM 深圳 2002 - 15 - 13 号），但通过海监人员现场对该船倾倒位置进行 GPS 定位，发现"粤工泥 21"号船实际倾倒位置为东经114°15′12″、北纬 22°33′48″，不在《倾倒许可证》核定的临时倾倒区内，远离倾倒区 1 500 米，海监人员当场进行拍照、录像取证，制作了《现场笔录》，并经测量，"粤工泥 21"号船共倾倒淤泥约 300 立方米。据此，深圳支队对上述违法行为进行立案调查，在证据确凿、事实清楚面前，当事人对没在指定倾倒区域倾倒淤泥这一违法行为供认不讳，并愿意接受处罚。

【查处结果】

深圳市海洋局和中国海监广东省总队深圳支队认定：某航局第四工程公司属下的"粤工泥 21"号船没在指定倾倒区域倾倒淤泥的违法行为事实清楚，证据确凿。该行为违反《中华人民共和国海洋环境保护法》第五十九条的规定。依据《中华人民共和国海洋环境保护法》第八十六条规定，决定对某航局第四工程公司作出"警告，并处罚款人民币 6 万元"的行政处罚。

【分析意见】

本案违法行为属于现场查获，事实清楚，证据确凿，案件承办单位对本案的定性、处理上适用法律条文准确、程序合法，不存在较大争议。分析本案，主要有两个方面的问题值得探讨。

1. 关于行政处罚主体资格问题

行政处罚主体，即行政处罚的实施机关，是指行使行政处罚权力并承担相应法律责任，依法对违法相对人实施行政处罚的特定行政机关。行政机关享有行政处罚权必须同时具备以下两个条件：①必须是履行外部行政管理职能的行政机关。外部行政机关与内部行政机关相区别，是指依法律的授权代表国家对公民、法人或者其他组织实施管理的机关。如各级政府的办公机构、计划机构、人事机构、财务机构等只能是内部行政机关。行政处罚作为行政机关管理社会事务、维护社会秩序的一项重要权力，只有外部行政机关才有必要和可能享有此项权力。②必须有法律法规的明确授权。因此，一个行政机关或组织能否具备行政处罚主体资格，主要是看该机关是否具有法定的行政处罚权。

根据《海洋环境保护法》及其他海洋法律法规，依法具备海洋行政处罚权的机关是各级海洋行政主管部门。也就是说海洋行政主管部门所属的中国海监各级机构并不具备海洋行政处罚主体资格。为此，国家海洋局于2002年下发了《关于中国海监集中实施海洋行政处罚权的通知》，依此规定，以及2003年实施的《海洋行政处罚实施办法》，中国海监各级机构负责承担海洋行政处罚工作，但是中国海监各级机构实施海洋行政处罚必须以同级海洋行政主管部门的名义作出。因此，本案中行政执法检查，调查取证以及行政处罚工作是由中国海监广东省总队深圳支队独立实施的，但作出的行政处罚只能是以深圳市海洋局的名义作出。

2. 关于案件的管辖问题

这是本案的一个焦点问题，就是深圳支队是否具有对违法海洋倾废案件的管辖权，从而涉及级别管辖问题。

行政处罚的级别管辖是指不同层级的行政机关在管辖和处理违法行为上的分工和权限，目的是解决同一行政系统中不同级别的行政机关在适用行政处罚方面的权限分工问题。关于级别管辖，《行政处罚法》没有作出明确规定。而是规定，除法律和行政法规规定外，行政处罚由违法行为发生地的县级以上人民政府具有行政处罚权的行政机关管辖。目前，海洋行政处罚的级别管辖并不明确，就本案而言，有意见提出，深圳支队不具备查处海洋违法倾废案件的管辖权。其主要理由有两个：一是根据1985年3月6日国务院发布的《海洋倾废管理条例》第四条规定，海洋倾倒废弃物的主管机关是中华人民共和国国家海洋局及其派出机构。因此，海洋倾废的管理包括监督检查和行政处罚只能由国家海洋局及其派出机构（各分局）实施，深圳支队不具备海洋倾废案件的管辖权。二是本案查处时，海洋倾废的审批管理集中在国家海洋局及各分局，根据审批权与处罚权相统一的原则，海洋倾废案件的管辖权不属于省以下海监机构。

应当说，对于前一种理由，是有一定历史背景的。一是《海洋倾废条例》出台时，地方（省级以下）并没有具有海洋行政职能的专门管理机关，当然也没有成立地方海监机构。具有行政监督管理权的地方海洋管理部门大都在1994年政府机构改革后出现并成立，所以《海洋倾废条例》才作出上述管辖规定；二是《海洋倾废条例》的出台依据是1983年国家实施的《海洋环境保护法》。而1999年国家对《海洋环境保护管理法》作出了修订。修订后的新法与旧法对比，增加了地方海洋行政监督管理职能的规定。根据上位法优于下位法的原则，《海洋倾废条例》对执法主体的确认明显与现行《海洋环境保护法》相悖。对于后一个理由，我们认为缺乏法律上的依据和法理上的支持，不具备现实可操作性。海洋倾废属于流动作业，倾倒作业时间短，查处难度非常大。倾倒单位和个人往往为节省成本、追求利润无证或不按指定海域倾倒，对海洋环境造成严重破坏。我们认为，将审批权限与行政处罚的级别管辖联系起来是不合适的，因为行政机关实施行政处罚的目的是维护海洋倾废秩序，特别应当突出及时、有效和全方位的监管。根据责权一致的原则，如果身处一线的执法队伍只能根据职权查而不能处罚违法倾废，势必出现既不查、也不处的情况，而上级机关受各种限制查处工作不可能完全到位，从而必然造成违法倾废活动泛滥。推进执法重心下移，充分发挥基层队伍在检查覆盖广、机动性强的优势，是当前海监执法面临的重要课题。

海洋行政执法明确级别管辖非常有必要，我们认为，确定海洋行政处罚级别管辖的原则应当有以下三个：

（1）属地管辖为主原则

这是划定级别管辖的基本原则。根据《中华人民共和国行政处罚法》和《海洋行政处罚实施办法》关于管辖的规定，除法律、法规另有规定外，海洋行政处罚由违法行为发生地的实施机关管辖。即海洋行政处罚由违法行为发生地县级以上海监机构以同级海洋行政主管部门的名义实施。而属地管辖应当以市、县两级海监机构管辖为主。这样不但可以避免执法检查重复、扰民问题，也有利于提高基层队伍的执法积极性，促进地方各级队伍加强日常检查和管理。

（2）效率优先和效果最大化原则

执法工作应当以降低执法成本、提高执法效率、实现最大执法效果为依归。对一些重大工程项目，特别是有地方政府背景的企业违反海洋法律法规，应当适当提高管辖级别，对于经常发生、容易查处的案件则交由基层队伍管辖。

（3）执法重心下移原则

充分认识目前中国海监队伍实施海洋行政处罚的执法重心偏高问题。经过多年建设，中国海监国家、省、市、县四级海监执法队伍尤其地方海监队伍已经建立并逐步壮大。因此，从发挥地方执法队伍积极性出发，依照执法重心下移的原则，合理划分各级海监机构海洋行政处罚权限，并对现行海洋法规和规章进行修改，充实基层执法工作。

3.6.3 倾废处罚的量罚

案例：某疏浚工程公司未经许可倾废行政处罚案

【基本案情】

1. 被处罚人：某疏浚公司
2. 处罚机关：国家海洋局东海分局
3. 案件事实：

2006年9月25日中国海监东海总队行政执法人员在对上海某码头检查时发现，"沪宝泥货×号"运泥船和"沪劳抓×号"挖泥船正在实施疏浚作业，但有关人员不能出示倾倒许可证。

经立案调查和提取证据材料，证实2005年9月20日上海某疏浚工程公司与上海某实业公司签订协议，由该疏浚工程公司承揽某实业公司的疏浚包干工程，分两年4次完成。2006年9月24日至2006年9月25日期间，该疏浚工程有限公司在未取得海洋倾倒许可证的情况下，使用"沪宝泥货×号"运泥船和"沪劳抓×号"挖泥船，擅自向吴淞口北倾倒区内倾倒了四船共计1 000立方米疏浚废弃物。

【查处结果】

当事人的上述行为违反了《海洋环境保护法》第五十五条第一款和第二款规定。依据该法第七十三条第一款第（三）项和第二款规定，决定对当事人作出"责令限期改正，并处罚款人民币5.5万元"的行政处罚。

10月18日国家海洋局东海分局向当事人发出了《行政处罚听证告知书》。在法定期限内，当事人未提出听证要求和其他陈述申辩意见。11月7日国家海洋局东海分局向当事人发出《行政处罚决定书》。当事人在法定期限内如数缴纳了罚款。

【分析意见】

本案是一起典型的海洋无证倾倒废弃物案。本案的评析问题：使用计算模式裁量倾废案的罚款额。

依据《海洋环境保护法》第七十三条第一款第（三）项和第二款规定，对海洋无证倾倒行为应当作出"责令限期改正，并处3万元以上20万元以下的罚款"的行政处罚。由于相关法条规定的仅是一个罚款区间而非具体金额，并且未就如何进行行政处罚裁量作出规定或解释，而其他相关法律、法规、规章或规范性文件也未有明确规定。因此，行政机关在适用该条款的过程中，面临着如何正确行使自由裁量权的问题。

一直以来，对无证倾倒行为的处罚裁量没有比较一致的标准。虽然做出的行政处罚符合法律规定，但由于办案人员的认识不同，导致处罚决定存在明显的差异，既影响了行政处罚的合理性，也不能体现个案的特殊性。根据《行政处罚法》第四条第二款"设定和实施行政处罚必须以事实为依据，与违法行为的事实、性质、情节以及社会危害程度相当"的规定,中国海监东海总队完成了《海洋无证倾倒行为行政处罚自由裁量权行使规则》(以下简称《规则》)。《规则》结合海洋无证倾倒实际,考虑无证倾倒行为的持续时间、倾倒方量、倾倒废弃物种类、倾倒区域、社会危害性以及行为人的悔过表现等要素,明确了裁量所需各要素之间的权重关系,建立罚款计算模式。《规则》将处罚标准从弹性转化为刚性,从而尽可能将无证倾倒行政处罚自由裁量控制在合理范围内,达到行政处罚自由裁量的科学化、合理化。

本案适用了此《规则》,对行政处罚作出了裁量。

根据《规则》,首先按无证倾倒行为的持续时间、倾倒方量、倾倒废弃物种类、倾倒区域不同而设定出四种危害程度,由轻到重从而将法定3万元至20万元处罚幅度划分为四个区间。然后根据不同的情节,按照罚款 $F=J-Q+Z$ 来确定罚款金额。其中,F为罚款金额,J为罚款基数,Q为从轻处罚金额的总和,Z为增加处罚金额的总和。详见表3-4。

表3-4 无证倾倒行政处罚各参数的具体分类及权重分配情况表

序号	从轻因素(Q)			从重因素(Z)		
	代号	情节	权重	代号	情节	权重
1	Q1	主动消除或减轻危害后果	60%(有任一情形)	Z1	倾倒在非倾倒区	20%
2	Q2	受他人胁迫		Z2	态度恶劣、不配合调查	10%
3	Q3	配合查处、有立功表现		Z3	故意	10%
4	Q4	其他法定从轻情节		Z4	屡犯	10%
5	Q5	态度好、配合调查	10%			
6	Q6	过失	10%			
7	Q7	初犯	10%			

续表

序号	从轻因素（Q）			从重因素（Z）	
	代号	情节	权重	情节	权重
8	Q8	经济承受能力差	10%		
合计		100%			50%

本案中，当事人的行为符合《规则》中"无证倾倒持续时间在10天以上不满30天，或者倾倒方量在1 000立方米以上不满10 000立方米的，危害程度一般，罚款幅度为5万元至8万元，罚款基数为6.5万元"的情形。详见表3-5。

表3-5 违法持续时间、倾倒方量、废弃物种类、社会危害性、罚款幅度和罚款基数对应关系表

序号	分类标准	社会危害等级和违法行为性质	罚款幅度（万）	罚款基数（万）
1	违法持续时间在10天以下，或违法倾倒量在1 000立方米以下	Ⅰ（轻）	3~5	4
2	违法持续时间在10~30天，或违法倾倒量在1 000~10 000立方米	Ⅱ（重）	5~8	6.5
3	违法持续时间30~180天，或违法倾倒量在10 000~100 000立方米，或倾倒的是二类废弃物（Ⅱ类疏浚物、生物学检验一类未通过的Ⅲ类疏浚物），或倾倒在敏感区域	Ⅲ（较重）	8~13	10.5
4	违法持续时间180天以上，或违法倾倒量在100 000立方米以上，或倾倒的是一类废弃物（生物学检验二类以上未通过的Ⅲ类疏浚物）	Ⅳ（严重）	13~20	16.5

案发后，当事人立即停止倾倒行为，阻止了危害后果的进一步扩

大。同时进行了书面检讨，并积极补办海洋倾倒许可证，有"主动减轻违法行为危害后果"的情形，又因当事人"系初次实施海洋无证倾倒行为，且未造成严重后果"。因此，按照《规则》罚款金额应当分别在罚款基数上减少1.5%和2.5%。此外经查证，当事人对于向海洋倾倒必须取得海洋倾倒许可证的规定是知晓的，只是由于工期紧张，在未获许可证情况下提前实施了本年度疏浚作业。可见当事人实施无证倾倒应属故意，应予增加基数2.5%的处罚。

综上所述计算罚款 $F = J - Q + Z$，即6.5万元 - 1.1375万元 + 0.1625万元 = 5.525万元。据此，国家海洋局东海分局对当事人作出"责令限期改正，并处罚款人民币5.5万元"的行政处罚。

本案中，东海总队运用新的裁量规则进行了有益尝试，从实践看《规则》是可行的。它在一定程度上解决了目前自由裁量过程中存在的主观和随意性，较好地体现了海洋无证倾倒行为行政处罚的合理性，为海洋行政执法人员在法定范围内合理运用行政处罚自由裁量权提供了一个思路，一定程度上解决了案件处理不公的问题，具有一定的参考价值。

附：中国海监东海总队《海洋无证倾倒行为行政处罚自由裁量权行使规则》（摘录）

1. 行政处罚额度计算公式的建立

以数学公式为载体，建立如下无证倾倒行政处罚额度的公式：

罚款 $F = J + J \times 25\% \times (\sum Z_i - \sum Q_i)$。其中：F为罚款金额，J为处罚基数，25%为处罚金额修正限制系数，$\sum Q_i$ 为从轻因素权重的总和（$Q_1 \sim Q_8$ 的权重总和），$\sum Z_i$ 为从重因素权重的总和（$Z_1 \sim Z_4$ 的权重总和）。上述案例中的 $Z = J \times 25\% \times \sum Z_i$，$Q = J \times 25\% \times \sum Q_i$。

2. 对处罚金额的修正

处罚基数的确定，只是明确了该类违法行为应受到罚款的起算数。对于某一具体违法行为，还必须结合前面提及的自由裁量要素，经过相关因素之间的叠加，对处罚基数形成修正后，才能最终确定罚款数额。

按照《中华人民共和国行政处罚法》的具体规定，该《规则》设定法定从轻情节所占的比例较大，酌定从轻和从重情节所占比例较小。为体现修正一般不轻易加重对当事人处罚的指导思想，故从轻因素的权重与从重因素权重的比例确定为2:1。

3.6.4 河海交汇区域和特殊海上作业方式的倾倒行为认定

案例：某航道局"穗浚133"等船舶未取得海洋倾倒许可证非法抛卸、吹填疏浚泥行政诉讼案

【基本案情】

1. 被处罚人：某航道局
2. 处罚机关：国家海洋局南海分局
3. 案件事实：

2001年9月8日，国家海洋局南海分局海洋行政执法人员在巡航执法时发现某航道局所属"穗浚133"等三艘倾废船，在未向国家海洋局南海分局提出申请、未取得海洋倾倒许可证的情况下，自2001年4月20日，将疏浚泥倾倒在横门水道2-3号灯标附近海域（珠江河口湾），其倾倒方式是将疏浚泥抛卸到没有围堰的河口湾，再吹填到岸上指定区域，对此，南海分局海洋行政执法人员依法开展了调查取证工作。

【查处结果】

当事人的上述行为违反了《海洋环境保护法》第五十五条第一款和第二款规定。依据该法第七十三条第一款第（三）项和第二款规定，2002年8月26日，南海分局对当事人作出了行政处罚决定，责令其停止类似倾倒活动，限期改正，并对未经许可的倾倒行为处以18万元罚款。

2002年11月18日，某航道局对此项行政处罚决定不服，向广州海事法院提起行政诉讼。广州海事法院予以受理，并于12月17日开庭审理了此案。2002年12月25日，某航道局向广州海事法院提出撤诉申请，同日，广州海事法院作出裁定，准许航道局撤回起诉。此后，某航道局对其在珠江口地区进行的类似疏浚活动开始向南海分局申报或补办相关审批手续。至此，案件结束。

【分析意见】

1. 诉讼概况

此案是我国严格海洋倾废活动监管、加大倾废违法行为案件查处力度的一个具有代表性的案例。针对该倾倒行为和案件查处结果，国家海洋局曾先后下发两个文件：《关于某航道局"穗浚133"等船舶倾倒行为认定问题的批复》、《关于转发〈关于某航道局违法倾废案件有关情况的报告〉的通知》，充分说明本案的意义和影响。从行政处罚听证阶段到案件诉讼阶段，庭审的重点和双方争执的焦点主要集中在两个方面：

（1）案件发生地是否为海域

某航道局对此有三点陈述意见：

①认为承担的项目是河口整治工程，属于水利部门职权管辖，河口是整个流域的一部分，在行洪泻洪方面有重要的作用，虽涉海但不是海，项目施工范围在珠江河口线以内，根据《防洪法》、《广东省河口滩涂管理条例》、《珠江河口管理办法》等水利方面有关法规，该区域应当属于河口管理范围，不属于海域管理；

②认为国家海洋局的文件（国海管［87］370号和国海环［2002］248号）无权划定海域的管辖范围，法律效力不足，应由国务院划定。而水利部［98］225号文及珠江水域的防洪地图明确了案件发生地为珠江水域防洪范围，因此在目前海域界限不清的情况下，应当依照明确的水利法规进行河口管理。还认为广东省政府批准的海洋功能区划与省人大通过的法规有抵触，应当依据效力高的即省人大通过的《河口滩涂管理条例》执行；

③认为此行为发生在国内，不涉及外国或双边事务，因此《伦敦倾废公约》的有关规定不适用。

南海分局对此应辩：

①我国政府批准加入的《伦敦倾废公约》中明确将"河口湾"纳入海洋环境污染调整的范畴。我国的《海洋环境保护法》、《海域使用管理法》对"内水"的界定以及2000年颁布的国家标准（GB/T 18190—2000）对"海岸线"的界定，均表明某航道局倾倒行为地在海域的内水范围内。此外，本案所涉及的区域已明确在广东省人民政府批准的海洋功能区划范围内。水利部［98］225号文及珠江水域的防洪地图也明确标明了案件发生地的珠江水域防洪区范围为"点连线之间的海域"，由此说明水利部亦承认该区域在功能上为防洪区、在属性上是海域；

②珠江虎门以南的倾倒活动于20世纪80年代就已经被纳入"海洋倾倒"活动的管理。国家海洋局海管［87］370号已明确本案所涉区域应纳入海洋倾废管理；在国海环［2002］248号《关于广州航道局"穗浚133"等船舶倾倒行为认定问题的批复》中对此再次予以明确；

③本案所涉及的海域虽然包括在依据《防洪法》制定的《广东省河口滩涂管理条例》以及《珠江河口管理办法》划定的范围内，但上述条例和办法的规范的是防洪，并不排斥其他法律法规在该海域对其他事项的规范，并且在《广东省珠江和河口滩涂管理条例》中也明确规定"海洋与渔业等行政主管部门依照各自职责，协同条例的实施"。

（2）其行为是否为倾倒行为

某航道局认为：

航道局按照整治要求，将疏浚泥卸入卸泥池后再吹填到岸上指定区域，目的并非"处置"在海洋，而是"处置"在岸上，且这种处置只是工程施工的一个环节；另一方面，疏浚泥中不含有有害物质，南海分局亦不能提供是否造成污染或有何种危害程度的鉴定，故认为清淤工作没有造成任何社会危害结果，这种临时抛卸疏浚泥不属于倾倒行为，不应受到行政处罚。

南海分局提出：

某航道局以"抛卸"方式向海域倾倒疏浚泥，由于淤泥与水的交融性，在没有建造封闭式围堰的情况下，大量的疏浚泥必然对海洋环境造成污染。根据《伦敦倾废公约》、《海洋环境保护法》、《海洋倾废管理条例》及实施办法的规定，该行为属于倾倒行为。虽然某航道局认为这种行为只是其工程施工的一个环节，但该环节的行为也应当符合法律法规的规定。此外，南海分局还向法庭提供了珠江河口（横门）整治工程项目经理部负责人及有关涉案船主的调查笔录，证明航道局曾在本案所涉及区域以北的海域倾倒疏浚物时办理过倾倒许可证，此次显然是明知故犯。

2. 评析

本案得到较好的诉讼结果，与办案人员案件事实认定清楚、证据确凿、程序合法、法律适用准确、处罚合法有据至关重要。

本案的焦点之一，即案件发生地是否为海域，实质是河口地区河海分界问题，牵涉在管理重叠或者管理有争议的河海交汇区域，水利法规与海洋管理法规的管理范围问题。

某航道局的庭审陈述意见可以归结为两个方面，一是事实认定有误，不承认事实即否认是海域，二是法律适用错误，不承认南海分局适用的法律依据，即否认国家海洋局实施管理的海洋倾废法律依据和不承认倾废国际公约适用国内；这些问题和观点的核心问题是河海界限问题，并强调河口线内不属于海域。

南海分局的应诉，其对原告方的起诉观点作了针锋相对的批驳，从客观事实、主观认识、法律规定、倾倒管理的历史和惯例上，都证明疏浚泥的抛卸地即珠江河口湾，是海域的范围，是发生在海域内的一种倾倒活动，对某航道局提出的事实认定和法律适用错误作出了有力的回应，并提出防洪管理的立法目的与海洋倾废管理存在根本的区别，并不排斥各自法律法规在该区域的实施。因此疏浚泥的抛卸地即珠江河口湾，属于内海，是海域的范围，是本案解决的第一步。

本案的难点，将疏浚泥卸入卸泥池后再吹填到岸上是否属于倾倒活动，是否属于倾废管理的范围。该类工程的特点是由于疏浚泥距指定的抛泥区较远或为了将来利用的需要等因素，将疏浚泥通过疏浚船舶运送、抛卸至海上某处，以实现中转、储存或其他用途，其实质是一些特殊的海上作业方式，如不设围堰的吹填、将疏浚泥卸入泥池后再吹填到岸上等能否界定为倾废的问题，现行《海洋环境保护法》和配套法规对此并没有明确的规定。但梳理海洋倾倒的国际和国内法规定，《海洋环境保护法》规定，"倾倒"是指通过船舶、航空器、平台和其他运载工具，向海洋处置废弃物和其他有害物质的行为，包括弃置船舶、航空器、平台及其他辅助设施和其他浮动工具的行为。倾倒包含四个方面的内容：

（1）通过船舶、航空器、平台和其他运载工具将废弃物和其他物质在海洋中进行的任何故意处置；

（2）将船舶、航空器、平台及其他辅助设施和其他运载工具在海洋中进行任何的故意处置；

（3）通过船舶、航空器、平台和其他运载工具将废弃物或其他物质在海床及其底土中进行的任何贮藏；

（4）为达到故意处置的目的在现场对平台或其他海上人工构造物进行的任何弃置或故意贮藏，如海上开采油气的平台在海上的弃置。

由此可以看出，"穗浚133"等船舶将疏浚泥抛卸到没有围堰的河口湾，再吹填到岸上指定区域，符合海洋倾倒的法律含义，即倾倒是指通过船舶向海洋处置废弃物和其他有害物质的行为，并属于以上倾倒包含四个方面内容的（1）、（3）要件。

南海分局的执法人员准确把握《伦敦倾废公约》、《海洋环境保护法》的立法宗旨和目的，深刻理解海洋倾倒的含义，从疏浚泥在海上中转和不设围堰吹填活动的性质上认定其属于通过船舶向海上倾倒有害物质的行为，其以"抛卸"方式向海域倾倒疏浚泥，由于淤泥与水的交融性，大量的疏浚泥必然对海洋环境造成污染的事实，其提供的国家海洋局《关于某航道局"穗浚133"等船舶倾倒行为认定问题的批复》，进一步明确当事人从事的是海洋倾倒活动，必须接受国家的海洋倾废管理，为案件胜诉提供了了充分的事实证据、法律依据。

3. 此案的查处和执行具有重要意义

一是加强了倾废活动的管理。根据海洋倾废的法律含义，日常倾废管理的物质涉及疏浚物、人体骨灰、阴沟污泥、鱼类废物、船舶弃置、岛上建筑废料、平台及海上人工构筑物、空中放油等多项与生活密切有关的物质，存在许多管理盲点，一些应纳入海洋倾废管理范畴的内容项目没有纳入，通过此案查处，将一些特殊海上活动如海上中转或储存、不设围堰的吹泥或抛泥等行为明确界定为倾废，加强了倾倒活动的管理。

二是维护了法律的严肃性。海上违法行为特别是海洋倾废违法行为产生的直接后果是具有很大的破坏性、损害性，此案当事人受到一定的行政处罚，但从处罚的社会影响上又甚于行政处罚。通过此案查处，规范了行政相对人及类似活动的海上倾废行为，保护了海洋环境，依法维护了国家海洋环境保护法律的尊严。

4. 案件诉讼的发生所折射的问题

一是反映了法律法规的不完善、不配套。法律条款不完善不配套是导致海洋行政诉讼案件屡有发生的重要原因之一。而法律条文的规定有时比较原则，当面对复杂案件时就往往显得原则性太强，适用较难。该案件的焦点"施工地点是否属于海域"，"海上抛卸中转是否属于倾废"，但在现行海洋法律法规上却没有一条明确提出"河海交汇如何分界"以及"将疏浚泥卸入卸泥池后再吹填到岸上也属于倾倒活动"，在实践中还有"滩海交汇"等实际问题，都与法律规定的不明确、不完善有关。随着海洋经济活动的发展，通过制定符合实际、具有普遍约束力的规范性行政文件，有利于弥补行政法规或规章的漏洞、不足，使行政规范具体化，使行政相对人更易知道和决定是否可从事某项行为和活动，《最高人民法院关于执行〈行政诉讼法〉解释》第六十二条第二款规定，"人民法院审理行政案件，可以在裁判文书中引用合法有效的规章及其他规范性文件"，合法有效的规范性文件可以作为人民法院行政审判的依据，因此在将一些规范性文件以法律法规形式予以确认尚有难度的情况下，加强海洋行政规范性文件的制定、增强海洋行政管理和执法的依据和可操作性尤为必要和急迫。

二是警示海洋行政执法机关必须严格执法，依法行政。此案最终以当事人撤诉结束，但当事人在自身利益认为"受损"时，充分运用法律维护其权益，也对行政管理机关和执法人员提出了更高的要求，只有加强行政执法机关的内部建设，坚持依法行政、依法执法的原则，保证处罚的公正、公开、合理，才能有效减少或避免"民告官"事件的发生。

思考题：

1. 海洋倾废行政执法的方式有哪些？
2. 对使用船舶载运和倾倒废弃物实施检查的主要内容有哪些？
3. 未取得倾倒许可证向海洋倾倒废弃物的违法行为包括哪些情形？
4. 试述海洋倾废行政处罚的种类。
5. 未取得倾倒许可证向海洋倾倒废弃物的违法行为包括哪些情形？
6. 试述海洋倾废违法违规行为的种类及法律责任。

4 海洋工程建设项目环境保护行政执法

4.1 概述

近年来,随着海洋开发利用的不断深入和海洋经济的不断发展,沿海各类跨海路桥建设、围(填)海工程、铺设海底电缆管道、油气开发、海底采矿、海洋倾倒、航道整治、海上采砂以及建设人工岛等各类海洋资源开发工程和海洋空间利用工程越来越多。与此同时,海洋工程在建设和运行过程中,造成海洋环境污染和海洋生态环境破坏的情况屡见不鲜,导致近海海域生态功能退化、海洋环境质量下降。因此,加强海洋工程环境保护,保障海洋经济持续、快速、健康发展,统筹协调海洋工程与海洋环境保护之间的关系,已经到了刻不容缓的地步。

4.1.1 海洋工程的定义和种类

广义上的海洋工程是指:人类为抗御海洋的灾害作用、开发利用海洋资源,以及保护和恢复海洋环境的过程中,所进行的一切建设工程统称为海洋工程。按照海洋工程建设的目的和发挥的不同功能,海洋工程具体有以下类型:海洋水产工程(渔业捕捞及水产养殖等)、海洋矿产开采工程(油气、砂矿、锰结核、煤等)、海上交通运输工程(海港、航运等)、护岸工程、海洋空间利用工程(人工岛、海上港、海上城市、垃圾场等)、海水利用工程(海水淡化、冷却水等)、海水能发电工程(海浪、海潮与海流发电,温差与盐差发电等)、滨海旅游工程、海洋通信工程、海洋环境保护工程，海上救捞及深潜工程等。①

4.1.1.1 海洋工程的定义

为进一步规范海洋工程环境保护管理工作，有效防治海洋工程污染损害海洋环境，根据《中华人民共和国海洋环境保护法》的有关规定，2006年8月30日国务院148次常务会议通过，以国务院令第475号的形式，颁布了《防治海洋工程建设项目污染损害海洋环境管理条例》（以下简称《条例》），于2006年11月1日起实施。

《条例》第三条规定，本条例所称海洋工程，是指以开发、利用、保护、恢复海洋资源为目的，并且工程主体位于海岸线向海一侧的新建、改建、扩建工程。《条例》通过对海洋工程建设的目的、空间位置和工程性质等方面作出的限制性规定，明确了具体适用对象。

4.1.1.2 海洋工程的特性

根据《条例》的规定，海洋工程应当具有以下特性：

（1）海洋工程以开发、利用、保护、恢复海洋资源为目的

这是界定海洋工程的基础和前提。海洋资源包括海域资源、海水资源、海底和海面的空间资源，以及海上风能资源和海洋潮汐等。《条例》所指的海洋工程必须具有明确的目的，包括开发、利用、保护和恢复海洋资源四个方面，不符合上述要求的，就不是《条例》所规定的"海洋工程"。如实际生活中比较常见的围、填海工程，其主要以开发、利用的是海域资源，海上桥梁主要利用的是海上空间资源，而海底电缆管道则是主要利用海底空间资源，大型海水养殖场、人工鱼礁工程主要利用的是海面和海洋水体资源。

（2）海洋工程主体位于海岸线向海一侧

这是界定海洋工程与海岸工程的重要标准。目前，因受技术、装备、财力和气象等多种因素的限制，人类的开发利用活动主要集中在近海，尤

---

① 王涛、郭佩芳．中国海监执法培训丛书，海洋工程篇，第1页。

其是在沿岸附近。现实生活中，不少工程紧临陆地，有的甚至与陆地相连。这就为如何区分海洋工程与海岸工程带来了一定难度。但是只要按照该工程主体与海岸线之间的位置关系，就可以明确界定。如该工程的主体位于海岸线向海一侧的，则属于海洋工程；反之，如该工程的主体位于海岸线向陆一侧，则就是海岸工程。如海上人工鱼礁等工程，其主体全部位于海岸线向海一侧，显然是海洋工程。同样，海底电缆管道工程，尽管其登陆点虽然建在位于海岸线附近的滩涂，或建在陆地，但由于管道、管线的主体位于海岸线向海一侧，该工程也属于海洋工程。对于工程主体的认定，应当根据海洋工程性质、目的和功能等进行综合判断。

（3）海洋工程具备新建、改建和扩建的性质

除具备以上特性外，海洋工程还必须具备新建、改建和扩建任一情形。这是因为，无论是新建，还是改建、扩建的海洋工程，均属于工程建设行为。在新建、改建和扩建海洋工程的过程中，可能会对海洋资源、海洋生态环境造成一定的影响。避免或减少海洋工程建设行为对海洋环境的影响，是《条例》的立法宗旨。因此，其行为应受《条例》的调整和规范。

可见，《条例》所称的海洋工程，必须同时具备上述三个基本特性，缺一不可。与广义的海洋工程相比较，《条例》所规定的海洋工程既具有一般海洋工程的基本特性，又有着显著的区别。

4.1.1.3 海洋工程种类

由于海洋工程性质、位置、用途等的不同，其具体表现形式也存在一定的差异。

按照《条例》第三条规定，以下工程为海洋工程：

（1）围填海、海上堤坝工程；

（2）人工岛、海上和海底物资储藏设施、跨海桥梁、海底隧道工程；

（3）海底管道、海底电（光）缆工程；

（4）海洋矿产资源勘探开发及其附属工程；

（5）海上潮汐电站、波浪电站、温差电站等海洋能源开发利用工程；

（6）大型海水养殖场、人工鱼礁工程；

（7）盐田、海水淡化等海水综合利用工程；

（8）海上娱乐及运动、景观开发工程；

（9）国家海洋主管部门会同国务院环境保护主管部门规定的其他海洋工程。

《条例》采取列举的方式，明确了海洋工程的具体种类。考虑到实际工作中可能出现不能涵盖上述类型的情形，从而可能造成不必要的争议和随着海洋环境保护工作的深入，国家可能对海洋工程环境保护规范的范畴作出适当调整的情况，《条例》在制订时增加了"国家海洋主管部门会同国务院环境保护主管部门规定的其他海洋工程"这一补救性条款，规定对于不在上述范围内、但需要加以规范的特殊类型的海洋工程，由国家海洋主管部门会同国务院环境保护主管部门确定。从而弥补了法律的空白和缺失，为有效实施海洋工程环境保护管理留出了空间。

4.1.2 海洋工程行政执法的历史

海洋工程行政执法工作最早可追溯至20世纪80年代。1982年8月23日，经第五届全国人民代表大会常务委员会第二十四次通过了《海洋环境保护法》。当时，由于受海洋经济发展水平和立法背景所限，《海洋环境保护法》中对于有关海洋工程环境保护的规定比较原则、涉及的内容较少、不够明确具体，仅有对海洋石油勘探开发工程建设项目环境保护的若干规定，操作性比较欠缺。

为切实加强海洋工程的环境保护工作，防止海洋石油勘探开发活动对海洋环境的污染损害，根据《海洋环境保护法》的有关规定，1983年12月25日，国务院发布了行政法规——《中华人民共和国海洋石油勘探开发环境保护管理条例》。在该条例中，明确了海洋石油勘探开发环境保护的主管机关为国家海洋局及其派出机构，即国家海洋局北海分局、东海分局、南海分局。按照该条例的规定，国家海洋局及其北海分局、东海分局、南海分局利用中国海监船只、飞机，采取定期或不定期的方式，组织执法人员对我国管辖海域内的海洋石油钻井平台石油勘探开发活动实施监督检查。期间，对部分海洋石油勘探违法行为进行了查处。应当说，在这段时间里，我国海洋工程的环境保护执法活动尚处在探索和尝试阶段，执法内容相对单一，监督检查的力度比较欠缺，尚未形成有效的监管。

由于《海洋环境保护法》的制定正值改革开放初期，受当时认识上的限制，法律规定的本身存在不少缺陷，尤其是随着我国改革开放的不断深入，沿海经济的快速发展，以及保护海洋环境实践的发展变化，《海洋环境保护法》在实施过程中暴露出了一些问题，迫切需要进行修订完善。并且，随着我国法制建设和环境管理进一步建立和完善，一些相关法律对保护环境作出了许多新的规定，在国务院及其有关部门制定的行政法规和行政规章中，新增加了一些有关环境保护的制度和措施，需要以法律的形式予以确认。

为此，1999年12月25日，第九届全国人民代表大会常务委员会第十三次会议对《海洋环境保护法》进行了修订，并于2000年4月1日起正式施行。在新修订后的《海洋环境保护法》中，首次以专章的形式，对海洋工程环境保护工作作出了具体规定，明确了海洋工程建设项目环境保护的原则和要求，确立了海洋功能区划、海洋环境影响评价、"三同时"等重要制度，从而使海洋工程环境保护的执法监督有了明确的法律依据。该法的修订，对于推进海洋工程环境保护行政执法工作起到了积极的作用。

4.1.3 海洋工程行政执法的现状

为了保护海洋环境和海洋资源，国务院已先后制定了防止陆源污染物污染海洋，防止海岸工程建设项目污染海洋，防止船舶污染海洋等方面的行政法规。鉴于海洋污染的原因是多方面的，既有陆源污染，也有海洋工程污染。尤其是随着近年来沿海经济建设步伐的加快，海洋开发利用活动的不断深入，各种以利用海洋资源为目的的海洋工程迅速上马。如在沿海区域建设核电项目、在海上修建各类人工构筑物、铺设海底电缆管道、建设海上人工岛屿，以及在海上修建海洋潮汐、海洋风能和海水淡化等工程。特别是，随着沿海经济建设的需要，各种以增加土地资源为目的的围海造地工程项目陆续开工建设。以东海区为例，每年就有数十万亩的海域滩涂被围填成陆地。大量海洋工程的上马，一方面可能对海洋开发利用秩序造成影响，另一方面，由于缺乏有效的保护措施，可能会对海洋生态环境、资源造成污染损害。如不加以规范和管理，将影响到海洋生态环境、海洋资源的健康、可持续利用。

为进一步强化海洋工程的监督管理，根据《海洋环境保护法》的有关规定，国家海洋行政主管部门会同国务院有关部门，制订出台了《条例》，并于 2006 年 11 月 1 日起施行。《条例》的施行，对于完善海洋工程环境保护的管理、进一步推进海洋工程环境保护的执法监督，起到十分积极的作用。随着《条例》的颁布实施，近年来，海洋工程环境保护的执法工作已经逐步走上正轨，监督检查和案件查处力度呈不断加大之势，有效规范了海洋工程环境保护行为。据统计，2006—2011 年，各级海洋主管部门及其海监机构累计对 20 105 个海洋工程项目开展了 85 863 次检查，发现未经环境影响评价、海洋工程环境保护设施未经验收擅自投入运行等各类海洋工程违法行为 1 144 起，处罚 662 起。仅在 2010—2011 年，处罚金额超过 3 735 万元。由此，标志着海洋工程行政执法监督工作进入了一个新的发展时期。

4.1.4 海洋工程行政执法的任务和内容

加强海洋工程环境保护执法监督，依法查处各类海洋工程环境保护违法行为，不仅是维持正常海洋开发利用秩序，保护海洋生态环境，促进海洋环境和海洋资源健康、持续快速发展的重要手段，也是全面落实国家海洋环保制度，切实推进海洋工程环境保护工作的重要举措。

4.1.4.1 任务

《条例》第四条规定，"国家海洋主管部门负责全国海洋工程环境保护工作的监督管理，并接受国务院环境保护主管部门的指导、协调和监督，沿海县级以上人民政府海洋主管部门负责本行政区毗连海域海洋工程环境保护工作的监督管理"。第四十一条规定，"县级以上人民政府海洋主管部门负责海洋工程污染损害海洋环境防治的监督检查，对违反海洋污染防治法律、法规的行为进行查处"。

根据上述规定，海洋工程行政执法任务应当包括以下两个方面：

一是海洋工程污染损害海洋环境防治情况的监督检查。按照有关规定，各级海洋主管部门及其所属海监机构应当对海洋工程建设单位、环境影响评价单位，以及海洋行政管理部门执行海洋工程环保法律、法规和规章制度的情况，以及行使权利和承担义务的情况进行检查，以全面掌握和了解有关情况，及时发现存在问题，有针对性地采取措施加强管理。

二是海洋工程环境保护违法行为的行政处罚。各级海洋主管部门及其所属海监机构应当对涉嫌违反海洋工程环境保护法律、法规的行为开展调查取证，在查明违法事实的基础上依法实施行政处罚。

4.1.4.2 内容

按照《海洋环境保护法》、《条例》等法律、法规的规定，海洋工程行政执法的主要内容为：

1. 行政检查

主要是对海洋工程建设单位、环境影响报告书编制单位和海洋主管部门执行法律、法规的情况进行检查。具体是：

（1）对建设单位进行检查。主要是海洋工程的审批，海洋工程的建设、施工和运行，及其他相关情况等。包括：

①依法开展环境影响评价工作的情况；

②环境影响报告书审批核准情况；

③施工和运行过程中防治海洋环境污染损害的措施落实情况；

④海洋工程环保设施、设备的设计、施工、安装和运行等情况；

⑤产生的污染物的处置和排放情况；

⑥污染损害事故的预防及事故处理的情况；

⑦排污费用缴纳情况；

⑧其他情况。

（2）对环境影响报告书编制单位及编制情况进行检查。包括：

①环境影响报告书编制单位和编制人员的资质和资格情况；

②环境影响报告书的内容是否符合要求；

③环境影响报告书引用技术标准和采用的技术资料是否符合规定；

④其他情况。

（3）对海洋主管部门及其工作人员进行检查。主要是海洋主管部门及其工作人员依法行政情况，包括：

①环境影响报告书的核准情况；

②环保设施的验收情况；

③海洋环境污染事故进行报告和调查处理情况；

④排污费用征收情况；

⑤开展监督检查等的情况。

对海洋工程开展行政检查，主要目的在于，全面了解和掌握海洋工程相关情况，及时发现并纠正存在问题，尽量避免或减少海洋工程在建设和施工过程中对海洋环境的污染损害。

2. 行政处罚

根据《条例》的有关规定，海洋工程违法行为主要有以下几个方面：

（1）对违法进行海洋工程建设单位的行政处罚

环境影响报告书未经核准擅自开工的；海洋工程环保设施的未经验收

或验收不合格即投入运行，擅自拆除或闲置环保设施的；未按规定开展环境影响后评价或未按要求采取整改措施的；造成领海基点及周围环境侵蚀、淤积的；违法在海洋自然保护区内建设海洋工程的；未按规定报告污染物排放设施、处理设备运转情况或者污染物的排放、处置情况；海上爆破作业前未按规定报海洋主管部门，或海上爆破时未按规定设置明显标志、信号的。

（2）对违法进行海洋油气矿产资源勘探开发单位的行政处罚：（略）。

（3）对违法进行海水养殖者的行政处罚

未按规定采取科学养殖方式，对海洋环境造成污染损害或者严重影响海洋景观的。

4.2 法律依据

目前，我国先后颁布施行了《海洋环境保护法》、《中华人民共和国环境影响评价法》（以下简称《环境影响评价法》）、《条例》等多部海洋工程环境保护管理法律、法规，形成了比较系统的海洋工程环境保护法律体系。

4.2.1 法律法规

4.2.1.1 《海洋环境保护法》

《海洋环境保护法》是调整人们在利用海洋环境、保护海洋环境的活动中所发生的社会关系的法律规范，是进行海洋环境保护的基本依据，也是开展海洋工程环境保护执法监督最为重要、基础的法律。该法共十章九十八条。其中，该法第六章专门设立了"防治海洋工程建设项目对海洋环境的污染损害"相关内容，分8条对海洋工程环境保护管理作出了具体的规定，体现了海洋工程在海洋环境保护工作中的重要地位。其主要内容有：

1. 海洋工程环境保护原则要求和海洋环境影响报告书编报审批程序的规定

《海洋环境保护法》第四十七条规定，海洋工程建设项目必须符合海洋功能区划、海洋环境保护规划和国家有关环境保护标准，在可行性研究阶段，编报海洋环境影响报告书，由海洋主管部门核准，并报环境保护行政主管部门备案，接受环境保护行政主管部门监督。海洋行政主管部门在核准海洋环境影响报告书之前，必须征求海事、渔业行政主管部门和军队环境保护部门的意见。

2. 海洋工程环保设施执行"三同时"制度和投产使用前后验收与管理的规定

《海洋环境保护法》第四十八条规定，海洋工程的环境保护设施，必须与主体工程同时设计、同时施工、同时投产使用。海洋工程环境保护设施未经海洋行政主管部门检查批准，海洋工程不得试运行；海洋工程环境保护设施未经海洋行政主管部门验收，或者经验收不合格的，海洋工程不得投入生产或者使用。拆除或者闲置环境保护设施，必须事先征求海洋行政主管部门的同意。

3. 海洋工程材料使用规定

《海洋环境保护法》第四十九条规定，海洋工程建设项目，不得使用含超标准放射性物质或者易溶出有毒有害物质的材料。

4. 防止海底爆破作业损害海洋资源的规定

《海洋环境保护法》第五十条第一款规定，海洋工程建设项目需要爆破作业时，必须采取有效措施，保护海洋资源。

此外，《海洋环境保护法》第五十条第二款、第五十一条、第五十二条、第五十三条、第五十四条和第五十五条分别对海洋石油勘探开发和输油过程中避免发生溢油事故、海洋石油勘探开发过程中废弃物质和工业垃圾的处置、海上试油环境保护规定及海洋石油勘探开发溢油应急计划的编制和审批等内容作出了规定。因教材中已安排了专门的内容，在此不做介绍。

4.2.1.2 《中华人民共和国环境影响评价法》

为了有效预防因规划和建设项目实施后对环境造成不良影响，2002年10月28日全国人大常务委员会第三十次全体会议通过《中华人民共和国环境影响评价法》（以下简称《环境影响评价法》），并于2003年9月1日起正式施行。该法是规范在我国领域和领海范围内环境影响评价活动的重要法律依据，也是规范海洋工程环境影响评价工作的重要法律依据。该法的主要内容有：

1. 环境影响评价的分类管理

《环境影响评价法》第十六条规定，国家根据建设项目对环境的影响程度，对建设项目的环境影响评价实行分类管理。

建设项目环境影响评价分为以下三种类型：

（1）建设项目可能造成重大环境影响的，应当编制环境影响报告书，对产生的环境影响进行全面评价。

（2）建设项目可能造成轻度环境影响的，应当编制环境影响报告书，对产生的环境影响进行分析或者专项评价。

（3）建设项目对环境影响很小、不需要进行环境影响评价的，应当填报环境影响登记表。

项目建设单位应当按照规定，在项目实施之前，根据建设项目对环境的影响程度分别编制环境影响报告书、编制环境影响报告书和填报环境影响登记表，并报有审批权审批。

2. 环境影响报告书的内容

《环境影响评价法》第十七条规定，建设项目的环境影响报告书应当包括下列内容：建设项目的环境影响报告书应当包括下列内容：

（1）建设项目概况；

（2）建设项目周围环境现状；

（3）建设项目对环境可能造成影响的分析、预测和评估；

（4）建设项目环境保护措施及其技术、经济论证；

（5）建设项目对环境影响的经济损益分析；

（6）对建设项目实施环境监测的建议；

（7）环境影响评价的结论。

除上述内容外，环境影响评价报告书中还可以根据建设项目的实际情况，增加其他内容。

3. 环境影响评价的资质管理

《环境影响评价法》第十九条第一款规定，建设项目环境影响评价技术服务机构，应取得资质证书，并按照资质证书规定的等级和评价范围，从事环境影响评价服务，对评价结论负责。

4. 环境影响评价文件审批的原则要求

《环境影响评价法》第二十二条第一款规定，建设项目的环境影响评价文件，由建设单位按照国务院的规定报有审批权的环境保护行政主管部门审批；建设项目有行业主管部门的，其环境影响报告书或者环境影响报告表应当经行业主管部门预审后，报有审批权的环境保护行政主管部门审批。

海洋工程建设项目的海洋环境影响报告书的审批，依照《中华人民共和国海洋环境保护法》的规定办理。

5. 环境影响评价文件的审批权限

《环境影响评价法》第二十三条规定，国务院环境保护行政主管部门负责审批下列建设项目的环境影响评价文件：

（1）核设施、绝密工程等特殊性质的建设项目；

（2）跨省、自治区、直辖市行政区域的建设项目；

（3）由国务院审批的或者由国务院授权有关部门审批的建设项目。

前款规定以外的建设项目环境影响评价文件的审批权限，由省、自治区、直辖市人民政府规定。

建设项目可能造成跨行政区域的不良环境影响，有关环境保护行政主管部门对该项目的环境影响评价结论有争议的,其环境影响评价文件由共同的上一级环境保护行政主管部门审批。

6. 环境影响评价文件的重新报批或者重新审核

《环境影响评价法》第二十四条规定,建设项目的环境影响评价文件经批准后,建设项目的性质、规模、地点、采用的生产工艺或者防治污染、防止生态破坏的措施发生重大变动的,建设单位应当重新报批建设项目的环境影响评价文件;建设项目的环境影响评价文件自批准之日起超过5年,方决定该项目开工建设的,其环境影响评价文件应当报原审批部门重新审核。

7. 环境影响后评价

《环境影响评价法》第二十七条规定,在项目建设、运行过程中产生不符合经审批的环境影响评价文件的情形的,建设单位应当组织环境影响的后评价,采取改进措施,并报原环境影响评价文件审批部门和建设项目审批部门备案;原环境影响评价文件审批部门也可以责成建设单位进行环境影响的后评价,采取改进措施。

4.2.1.3 《防治海洋工程建设项目污染损害海洋环境管理条例》

鉴于海洋工程是造成海洋环境污染损害的一个重要方面,1999年全国人大常委会在修订《海洋环境保护法》时,专门增加了"防治海洋工程建设项目对海洋环境的污染损害"一章,对防治海洋工程污染损害海洋环境作了原则规定。为了更好地贯彻执行《海洋环境保护法》,将海洋环境保护法规定的各项制度落到实处,2006年11月1日,作为《海洋环境保护法》的配套法规,《条例》正式颁布施行。该条例共八章五十九条,涉及环境影响评价、海洋工程污染防治、污染物排放管理、污染事故的预防和处理、监督检查和法律责任等方面。该条例在《海洋环境保护法》的基础上内容有了很大的拓展,规定也更加明确具体,操作性更强。其主要内容有:

1. 适用范围

《条例》第二条规定"在中华人民共和国管辖海域内从事海洋工程污

染损害海洋环境防治活动，适用本规则"。

根据该条规定，《条例》的适用范围包括两个方面：一是地域适用，适用我国管辖的领海、内水、专属经济区、大陆架；二是效力适用，包括对人、对事两个方面：适用建设单位、环境影响评价单位和海洋主管部门；适用新建、改建、扩建的海洋工程，在建设过程中和运行过程中污染损害海洋环境的防治活动。

2. 环境影响评价

《条例》第二章以专章共8条的形式，对"环境影响评价"工作作出了具体规定。其主要内容为：

（1）规定国家实行海洋工程环境影响评价制度。海洋工程的环境影响评价，应当以工程对海洋环境和海洋资源的影响为重点进行综合分析、预测和评估，并提出相应的生态保护措施，预防、控制或者减轻工程对海洋环境和海洋资源造成的影响和破坏。

（2）明确了海洋工程环境影响评价的原则和要求。海洋工程环境影响报告书应当依据海洋工程环境影响评价技术标准及其他相关环境保护标准编制。编制环境影响报告书应当使用符合国家海洋主管部门要求的调查、监测资料。

（3）规定了海洋工程环境影响报告书的内容。包括工程基本情况，工程对海洋环境、海洋资源、相邻海域功能影响的分析及预测，拟采取的环境保护措施及其经济、技术论证，环境影响评价结论等8个方面的具体内容。

（4）明确了国家和沿海县级以上地方海洋主管部门海洋工程环境影响评价报告书的核准权限，以及海洋工程环境影响评价报告书的核准期限。完善了海洋工程环境影响报告书重新核准的规定，明确了海洋工程环境影响报告书重新核准的情形。

此外，还明确了环境影响报告书编制单位的确定方式，及编制单位和编制人员的资质和资格要求。

3. 海洋工程的污染控制

《条例》中有关"海洋工程的污染控制"共有14条规定，主要内容有：

（1）完善了海洋工程环境保护设施"三同时"制度和竣工验收制度。海洋工程环保设施与主体工程同时设计、同时施工和同时投入使用；海洋工程环保设施未经验收或验收不合格的，不得投入运行；分期建设、分期投入运行的海洋工程，其相应的环境保护设施应当分期验收。

（2）规定了海洋工程环境影响的后评价制度。规定海洋工程在建设、运行过程中产生不符合经核准的环境影响报告书的情形的，建设单位应组织开展环境影响后评价。

（3）补充了对不同海洋工程污染损害海洋环境的特别管制措施。如对围填海工程实行严格控制，规定海洋工程建设不得造成领海基点及其周围环境的侵蚀、淤积和损害，污水离岸排放排污口的设置应当符合海洋功能区划等。

（4）加强了对使用期满需要拆除或者改作他用的海洋工程的监管。规定海洋工程环保设施需要拆除或改作他用的，要经原核准该工程环境影响报告书的海洋主管部门批准。

4. 污染物的排放管理

《防治海洋工程建设项目污染损害海洋环境管理条例》中有关"污染物排放管理"共有14条规定，主要内容有：

（1）建立海洋工程排污报告制度。建设单位在海洋工程试运行或者正式投入运行后，应当如实记录污染物排放设施、处理设备的运转情况及其污染物的排放、处置情况，并按照规定定期向原核准该工程环境影响报告书的海洋主管部门报告。

（2）明确海洋工程排污核定和排污费收支监管制度。

（3）细化了海洋油气勘探开发活动中废物管理的要求（略）。

（4）补充了污染物排放的限制和禁止性规定。

5. 污染事故的预防和处理

《防治海洋工程建设项目污染损害海洋环境管理条例》中有关"污染事故的预防和处理"共有 4 条规定，主要内容有：

（1）补充了海洋工程污染损害海洋环境应急预案的编制主体、完成时间和内容。建设单位应当在海洋工程正式投入运行前制定包括工程及其相邻海域的环境、资源状况，污染事故风险分析，应急设施的配备，污染事故的处理方案等内容的应急预案，报原核准该工程环境影响报告书的海洋主管部门和有关主管部门备案。

（2）完善了污染事故报告制度。海洋工程在建设、运行期间，由于发生事故或者其他突发性事件，造成或者可能造成海洋环境污染事故时，建设单位应当立即向可能受到污染的沿海县级以上地方人民政府海洋主管部门或者其他有关主管部门报告，并采取有效措施，减轻或者消除污染，同时通报可能受到危害的单位和个人。

（3）细化了污染事故的应急处理程序。由接报的主管部门按照污染事故分级规定及时向县级以上人民政府和上级有关主管部门报告。县级以上人民政府和有关主管部门应当按照各自的职责，立即派人赶赴现场，采取有效措施，消除或者减轻危害，对污染事故进行调查处理。

此外，《条例》分别对监督检查和法律责任作出了具体规定，相关内容将结合海洋工程监督检查和海洋工程违法行为查处章节进行介绍。

4.2.2 规范性文件

为提高海洋工程建设项目污染损害海洋环境案件的证据质量，细化调查取证工作程序，依据《防治海洋工程建设项目污染损害海洋环境管理条例》和国家海洋局《海洋行政执法调查取证工作规则》，2009 年 2 月 18 日，中国海监总队制定了《海洋工程建设项目污染损害海洋环境调查取证工作细则》（以下简称《海洋工程调查取证规则》），并于 2009 年 2 月 20 日起实行。

《海洋工程调查取证规则》共23条，其主要内容有：

（1）明确了规则适用范围；

（2）界定了海洋工程违法行为的具体种类；

（3）明确了海洋工程建设事前阶段、事中阶段和事后阶段调查取证工作的主要内容；

（4）规定了调查取证措施；

（5）明确了收集证据的主要类型和证据收集方法等。

4.3 基本法律制度

4.3.1 环境影响评价制度

《条例》第八条规定，国家实行海洋工程环境影响评价制度。这是海洋工程环境保护管理的核心制度。

对海洋工程实行环境影响评价制度，其目的有二：

一是通过全面、系统和科学的论证分析、预测和评估，得出海洋工程对海洋生态环境的影响和损害程度，从而有针对性地采取措施，预防、控制和减轻工程对海洋环境和海洋资源造成的影响和破坏，达到保护海洋环境、合理开发利用海洋资源的目的。

二是按照法规的授权，海洋主管部门承担了对海洋工程的监督管理职责。而对环境影响报告书实施审批，是海洋主管部门的重要工作任务。实行环境影响评价制度，不仅对于建设单位在工程建设和运行过程中针对可能发生的污染损害事件，及时采取有效措施控制污染事态的扩大，减少工程对海洋环境的影响和危害发挥重要的作用。同时，为海洋主管部门科学决策，依法实施项目管理，强化海洋环境的管理，起到至关重要的作用。

海洋工程环境影响评价制度主要有以下几个方面内容：

4.3.1.1 环境影响评价的原则和要求

《海洋环境保护法》第四十七条规定,海洋工程建设项目必须符合海洋功能区划、海洋环境保护规划和国家有关环境保护标准,在可行性研究阶段,编报海洋环境影响报告书,由海洋行政主管部门核准,并报环境保护行政主管部门备案,接受环境保护行政主管部门监督。

《条例》第八条第二款、第三款规定,海洋工程的环境影响评价,应当以工程对海洋环境和海洋资源的影响为重点进行综合分析、预测和评估,并提出相应的生态保护措施,预防、控制或者减轻工程对海洋环境和海洋资源造成的影响和破坏。

海洋工程环境影响报告书应当依据海洋工程环境影响评价技术标准及其他相关环境保护标准编制。编制环境影响报告书应当使用符合国家海洋主管部门要求的调查、监测资料。

4.3.1.2 环境影响报告书的内容

按照《条例》第九条规定,海洋工程环境影响报告书应当包括下列内容:

(1) 工程概况;

(2) 工程所在海域环境现状和相邻海域开发利用情况;

(3) 工程对海洋环境和海洋资源可能造成影响的分析、预测和评估;

(4) 工程对相邻海域功能和其他开发利用活动影响的分析及预测;

(5) 工程对海洋环境影响的经济损益分析和环境风险分析;

(6) 拟采取的环境保护措施及其经济、技术论证;

(7) 公众参与情况;

(8) 环境影响评价结论。海洋工程可能对海岸生态环境产生破坏的,其环境影响报告书中应当增加工程对近岸自然保护区等陆地生态系统影响的分析和评价。

4.3.1.3 环境影响评价报告书审批程序

《条例》第十条规定,新建、改建、扩建海洋工程的建设单位,应当委托具有相应环境影响评价资质的单位编制环境影响报告书,报有核准权的海洋主管部门核准。

海洋主管部门在核准海洋工程环境影响报告书前,应当征求海事、渔业主管部门和军队环境保护部门的意见;必要时,可以举行听证会。其中,围填海工程必须举行听证会。

海洋主管部门在核准海洋工程环境影响报告书后,应当将核准后的环境影响报告书报同级环境保护主管部门备案,接受环境保护主管部门的监督。

海洋工程建设单位在办理项目审批、核准、备案手续时,应当提交经海洋主管部门核准的海洋工程环境影响报告书。海洋工程建设单位在编制环境影响报告书后,应报有核准权的海洋主管部门核准。

4.3.1.4 环境影响报告书审批权限

《条例》第十一条规定,下列海洋工程的环境影响报告书,由国家海洋主管部门核准:

(1)涉及国家海洋权益、国防安全等特殊性质的工程;

(2)海洋矿产资源勘探开发及其附属工程;

(3)50公顷以上的填海工程,100公顷以上的围海工程;

(4)潮汐电站、波浪电站、温差电站等海洋能源开发利用工程;

(5)由国务院或者国务院有关部门审批的海洋工程。

前款规定以外的海洋工程的环境影响报告书,由沿海县级以上地方人民政府海洋主管部门根据沿海省、自治区、直辖市人民政府规定的权限核准。

海洋工程可能造成跨区域环境影响并且有关海洋主管部门对环境影响评价结论有争议的,该工程的环境影响报告书由其共同的上一级海洋主管部门核准。

海洋主管部门在核准海洋工程环境影响报告书后,应当将核准后的环境影响报告书报同级环境保护主管部门备案,接受环境保护主管部门的监督。海洋工程建设单位在办理项目审批、核准、备案手续时,应当提交经海洋主管部门核准的海洋工程环境影响报告书。

4.3.1.5　环境影响报告书的重新核准

《条例》第十三条规定,海洋工程环境影响报告书核准后,工程的性质、规模、地点、生产工艺或者拟采取的环境保护措施等发生重大改变的,建设单位应当委托具有相应环境影响评价资质的单位重新编制环境影响报告书,报原核准该工程环境影响报告书的海洋主管部门核准;海洋工程自环境影响报告书核准之日起超过5年方开工建设的,应当在工程开工建设前,将该工程的环境影响报告书报原核准该工程环境影响报告书的海洋主管部门重新核准。

海洋主管部门在重新核准海洋工程环境影响报告书后,应当将重新核准后的环境影响报告书报同级环境保护主管部门备案。

4.3.1.6　环境影响评价单位的确定和资质管理

《条例》第十四条规定,建设单位可以采取招标方式确定海洋工程的环境影响评价单位。其他任何单位和个人不得为海洋工程指定环境影响评价单位。

《条例》第十五条规定,从事海洋工程环境影响评价的单位和有关技术人员,应当按照国务院环境保护主管部门的规定,取得相应的资质证书和资格证书。

4.3.2　海洋工程污染防治制度

4.3.2.1　"三同时"制度

根据《海洋环境保护法》第四十八条、《条例》第十六条规定,海洋工程环保设施应当与海洋主体工程同时设计、同时施工、同时投产。这就是海洋工程"三同时"制度。

"三同时"制度是与环境影响评价制度共同构成海洋工程环境管理的两项基本制度，是一项行之有效的海洋工程环境保护措施。

实行"三同时"制度，能够确保环保设施与海洋主体工程同步投入运行，充分发挥环保设施在防治海洋污染方面的作用，保障海洋工程在建设、运行过程各项环保措施的落实，保护和改善海洋环境，保护海洋资源，防治海洋污染损害，维护海洋生态平衡，促进经济和社会的可持续发展。

"三同时"制度包括以下几个方面的内容：

(1) 同时设计

同时设计是指建设单位委托设计单位进行主体工程设计时，应同时将环境保护设施委托具备该专业设计能力与资格的设计单位设计。建设单位提交主体工程的设计任务书应有环境保护的内容，初步设计中应有环境保护篇章。环境保护设施设计单位根据环境保护的内容与要求，依照《设计规定》中的有关要求进行设计。环境保护设施和主体工程的设计可以由同一单位承担，也可以由两个设计单位分开设计，若由不同单位分开设计，则环境保护设施设计单位应主动与主体工程设计单位配合，以使环境保护设施设计与主体工程设计协调统一。

(2) 同时施工

同时施工是指建设单位在委托主体工程施工任务时，应同时委托环保设施施工任务，若主体工程施工单位不具备环保设施施工能力，可另委托具有建造环保设施能力单位施工。在施工阶段中，环保设施施工单位应按主体工程施工计划安排施工进度，并保证建设进度与资金落实。为确保工程环境保护设施按质按期完成，建设单位应及时向海洋行政主管部门书面报告环保工程进展情况，海洋行政主管部门根据施工进展及存在的问题提出意见。施工期间，建设单位与施工单位负责落实施工的环境污染防治措施。

（3）同时投产使用

同时投产使用是指建设单位必须把环境保护设施与主体工程同时投入运行。同时投入运行包括建设项目建成竣工验收后的正式投产使用，试生产与试运行过程的同时投产使用，也包括设施投入使用后的正常运行。"同时投产使用"是执行"三同时"制度的关键环节。为保证"同时投产使用"严格实施，本款规定环境保护设施未经海洋行政主管部门检查批准，建设项目不得试运行；环境保护设施未经海洋行政主管部门验收，或者经验收不合格的，建设项目不得投入生产或者使用。

4.3.2.2 环保设施的验收管理制度

《海洋环境保护法》第四十八条、《条例》第十九条规定，海洋工程需要配套建设的环境保护设施未经海洋主管部门验收或者经验收不合格的，该工程不得投入运行。建设单位不得擅自拆除或者闲置海洋工程的环境保护设施。

"环境保护设施"是指根据海洋工程建设项目环境影响评价报告书及其审核批准意见中所确定的各项环境保护措施建造的借以防治海洋环境污染和生态损害的工程设施、设备等。"同时投产使用"执行"三同时"制度的重要环节。实行环保设施验收制度，是保证"同时投产使用"严格实施，确保环保设施发挥应有功效的重要措施。同时，法律还规定，海洋工程投产后，建设单位不得擅自拆除或者闲置海洋工程的环境保护设施。

4.3.2.3 环境影响后评价制度

"环境影响后评价"也是海洋工程环保管理的重要制度。

《环境影响评价法》第二十七条、《防治海洋工程建设项目污染损害海洋环境管理条例》第二十条规定，海洋工程在建设、运行过程中产生不符合经核准的环境影响报告书的情形的，建设单位应当自该情形出现之日起20个工作日内组织环境影响的后评价，根据后评价结论采取改进措施，并将后评价结论和采取的改进措施报原核准该工程环境影响报告书的海洋主管部门备案；原核准该工程环境影响报告书的海洋主管部门也可以责成建设单位进行环境影响的后评价，采取改进措施。

海洋工程环境影响后评价，是指海洋工程开工建设后，对正在进行建设、运行的海洋工程对海洋环境影响进行的评价。按照海洋工程环境保护的要求，海洋工程开工建设前，必须进行环境影响评价，根据对海洋工程实施后可能产生的环境影响所做的分析、预测和评估，提出相应的预防或减轻不良环境影响的对策和措施，并报有审批权的部门审批后方可开工建设。但是，在海洋工程开工建设后，可能因预测不够准确、客观情况发生变化等原因，使得海洋工程在建设、运行过程中，产生与经审批部门审批的环境影响评价文件不相符合的情形，如不采取相应措施，将会对海洋环境造成严重影响。在此情况下，就应当依照本条规定对该海洋工程进行环境影响后评价。

海洋工程的环境影响后评价，应当由建设单位主动组织进行；原环境影响评价文件的审批部门也可以责成建设单位进行。海洋工程环境影响的后评价，一般可只对所发生变化的环境影响进行评价，不再进行全面的环境影响评价。海洋工程的环境影响后评价以及所采取的措施，应当报原审批部门和海洋工程审批部门备案。

对建设项目实行环境影响后评价，是加强海洋工程环保管理的重要措施。其目的是，通过环境影响后评价，对所产生的不符合经审批的环境影响评价文件的情形进行科学论证，及时根据情况的变化采取新的预防或者减轻不良环境影响的对策和措施。

4.3.2.4 海上爆破作业管理制度

《海洋环境保护法》第五十条规定，海洋工程建设项目需要爆破作业时，必须采取有效措施，保护海洋资源。《条例》第二十八条规定，海洋工程建设过程中需要进行海上爆破作业的，建设单位应当在爆破作业前报告海洋主管部门，海洋主管部门应当及时通报海事、渔业等有关部门。

海上爆破对海洋资源的损害主要来自物理效应，表现为声、冲击波、爆破物沉降和沉积物翻动。海上爆破可能对海洋生物资源，尤其是渔业资源造成不同程度的损害。因此，规定爆破作业者应制定爆破方案，并报海洋行政主管部门备案，海洋行政主管部门应当及时通报海事、渔业等有关部门。进行海上爆破作业，应当设置明显的标志、信号，并采取有效措施保护海洋资源。在重要渔业水域进行炸药爆破作业或者进行其他可能对渔业资源造成损害的作业活动的，应当避开主要经济类鱼虾的产卵期。

4.3.3 污染物排放管理制度

4.3.3.1 污染物排放定期报告制度

《条例》第三十二条规定，建设单位在海洋工程试运行期间或者正式投入运行后，应当如实记录污染物排放设施、处理设备的运转情况及其污染物的排放、处置情况，并按照规定定期向原核准该工程环境影响报告书的海洋主管部门报告。

建立污染物排放定期报告制度，便于海洋主管部门全面了解掌握该海洋工程海洋环保设施、处理设备的运转情况，污染物的处置情况，以及排放污染的种类、数量等具体情况，并实施有效的监督，防止污染物排放设施、处理设备形同虚设，建设单位弄虚作假，非法向海洋排放超标、有毒、有害物质，而造成海洋环境、海洋资源污染损害事故发生等情况出现。

4.3.3.2 排污核定和收费制度

《条例》第三十三条规定，县级以上人民政府海洋主管部门，应当按照各自的权限核定海洋工程排放污染物的种类、数量，根据国务院价格主管部门和财政部门制定的收费标准确定排污者应当缴纳的排污费数额。

海洋主管部门通过对海洋工程排放污染物的种类和数量的核定，来控制海洋工程向海洋排放污染物的数量，限制超标排放污染物，禁止向海洋排放有毒、有害物质。同时，向排放污染物的单位收取排污费，用于海洋生态环境的修复、整治。

4.3.3.3 污染物分类管理制度

海洋工程在建设、运行过程中可能产生污染物。对于这些污染物的处置，根据其性质、种类和海洋环境的影响程度，条例分别规定了禁止、严格限制、严格控制和达标排放等几种方式。对污染物排放实施分类管理制度，可以有效减小和预防海洋工程产生的污染物对海洋环境的影响。

《条例》第三十五条规定，禁止向海域排放油类、酸液、碱液、剧毒废液和高、中水平放射性废水；严格限制向海域排放低水平放射性废水，确需排放的，应当符合国家放射性污染防治标准。严格限制向大气排放含有毒物质的气体，确需排放的，应当经过净化处理，并不得超过国家或者地方规定的排放标准；向大气排放含放射性物质的气体，应当符合国家放射性污染防治标准。严格控制向海域排放含有不易降解的有机物和重金属的废水；其他污染物的排放应当符合国家或者地方标准。

4.3.4 污染事故的预防和处理制度

4.3.4.1 应急预案制度

《条例》第三十七条规定，建设单位应当在海洋工程正式投入运行前制定防治海洋工程污染损害海洋环境的应急预案，报原核准该工程环境影响报告书的海洋主管部门和有关主管部门备案。

海洋工程在投产运后，可能会发生污染事故。制定防治海洋工程污染损害海洋环境的应急预案的目的，在于一旦发生上述情形，建设单位能够根据应急预案及时组织人力、物力，采取应急措施，有效处置污染事故，使污染损害海洋环境、资源的程度降到最低。

根据《条例》第三十八条规定，建设单位应当在海洋工程正式投入运行前，充分评估海洋工程在运行工程中可能产生的污染风险，制定包括以下内容的应急预案：

（1）工程及其相邻海域的环境、资源状况；

（2）污染事故风险分析；

（3）应急设施的配备；

（4）污染事故的处理方案。

建设单位报应将制定的应急预案，报原核准该工程环境影响报告书的海洋主管部门和有关主管部门备案。

4.3.4.2 事故的报告和通报制度

《条例》第三十九条规定，海洋工程在建设、运行期间，由于发生事故或者其他突发性事件，造成或者可能造成海洋环境污染事故时，建设单位应当立即向可能受到污染的沿海县级以上地方人民政府海洋主管部门或者其他有关主管部门报告，并采取有效措施，减轻或者消除污染，同时通报可能受到危害的单位和个人。沿海县级以上地方人民政府海洋主管部门或者其他有关主管部门接到报告后，应当按照污染事故分级规定及时向县级以上人民政府和上级有关主管部门报告。县级以上人民政府和有关主管部门应当按照各自的职责，立即派人赶赴现场，采取有效措施，消除或者减轻危害，对污染事故进行调查处理。

建立污染事故报告制度的目的在于，便于海洋主管部门或者其他有关主管部门及时掌握情况，迅速调动有关力量，启动应急处理措施，处置污染事故。同时，使可能受到危害的单位和个人及时采取相关措施，减轻或者消除污染事故造成的危害。

4.3.5 海洋功能区划制度

海洋功能区划是实施海域使用和海洋环境保护的重要依据。《海洋环境保护法》第四十七条规定，海洋工程建设项目必须符合海洋功能区划、海洋环境保护规划和国家有关环境保护标准。

海洋功能区划是《中华人民共和国海域使用管理法》确立的核心制

度。是指导海洋开发和海洋环境保护活动,协调各海洋产业之间、沿海各地区在海洋开发利用和海洋海洋环境保护中的关系,形成合理的产业结构和生产力布局,确保海洋合理开发利用,维持良好的海洋生态环境的基础保障。

海洋工程在选址、建设过程中,必然会涉及海域的开发和利用。因此,其行为必须接受《海域使用管理法》的规范和调整。

4.4 行政检查

开展海洋工程监督检查,是《海洋环境保护法》、《条例》赋予各级海洋主管部门的职责,是海洋行政执法的一项重要工作内容。

4.4.1 相关规定

《海洋环境保护法》、《条例》以及中国海监总队《中国海监海洋环境保护执法工作实施办法》等,都对海洋工程环保监督检查作出了具体规定。主要内容有:

4.4.1.1 职责分工

根据《条例》第四条的规定,国家海洋主管部门负责全国海洋工程环保的监督检查,各级地方人民政府海洋主管部门负责本行政区域毗邻海域海洋工程环境保护工作的监督检查。

《条例》第四十一条规定,县级以上人民政府海洋主管部门负责海洋工程污染损害海洋环境防治的监督检查,对违反海洋污染防治法律、法规的行为进行查处。

根据上述规定,国家海洋主管部门负责全国海洋工程的监督检查,县级以上地方人民政府海洋主管部门负责本行政区域毗邻海域海洋工程的监督检查。

4.4.1.2 程序和权限

海洋工程监督检查必须按照规定的程序和权限进行。

《条例》第四十一条第二款规定，县级以上人民政府海洋主管部门的监督检查人员应当严格按照法律、法规规定的程序和权限进行监督检查。

该规定具体包括两个方面的内容：

一是监督检查程序。按照本条规定，县级以上人民政府海洋主管部门及其执法人员在实施海洋工程监督检查时，必须严格按照现行法律、法规、规章等规定的程序进行。按照《防治海洋工程建设项目污染损害海洋环境管理条例》第四十三条规定，县级以上人民政府海洋主管部门的监督检查人员进行现场执法检查时，应当出示规定的执法证件。用于执法检查、巡航监视的公务飞机、船舶和车辆应当有明显的执法标志。这是《防治海洋工程建设项目污染损害海洋环境管理条例》为规范海洋主管部门及其执法人员行为，对海洋工程监督检查工作作出的一项程序性规定。

二是监督检查权限。按照本条规定，县级以上人民政府海洋主管部门及其执法人员必须按照现行法律、法规的规定，在职权范围内开展海洋工程监督检查。

4.4.1.3 区域管辖

《中国海监海洋环境保护执法工作实施办法》规定海洋环境保护执法工作实行区域管辖制度，明确中国海监总队，各海区总队及其所属支队，以及省、市、县级海监机构海洋环保执法的区域分工。

按照该规定，中国海监总队负责全国海洋工程行政执法，各海区总队分别负责有关沿海省、市管辖海域及其专属经济区和大陆架等的海洋工程行政执法，各省、市、县海监机构负责本辖区内海洋工程行政执法，各保护区海监机构负责本保护区海洋工程行政执法。

区域管辖是中国海监总队基于海洋工程行政执法形势和任务需要，所作出的一项制度性规定。

4.4.1.4 层级管理

《中国海监海洋环境保护执法工作实施办法》规定，中国海监各级机构开展海洋环保执法工作实行层级管理制度。规定中国海监各海区总队负责由国家海洋主管部门核准环境评价的海洋工程的执法检查，省级海监机构负责由本省海洋主管部门核准环境评价的海洋工程的执法检查，市、县级负责本辖区内海洋工程环保执法工作。必要时，中国海监各级机构可以根据需要，按照效率和就近管理的原则，指定下级海监机构实施监督检查。

该规定，明确了海洋工程环保执法实行层级管理制度，各级海监机构应当按照规定的要求，实施海洋工程环保执法。

4.4.2 检查的方式和内容

4.4.2.1 检查方式

对海洋工程的执法检查，按照不同的要求，可以有事前检查、事中检查和事后检查，以及定期或不定期检查、专项检查和突击检查等方式。依据相关法律法规及《中国海监海洋环境保护执法工作实施办法》等的规定，结合海洋工程的特性和执法检查要求，海洋工程行政执法检查主要有事前检查、事中检查和事后检查三种方式。

1. 事前检查

事前检查，是指在海洋工程开工建设前，海洋主管部门及其执法人员，依法对海洋工程选址、技术论证、环境影响评价的编制和核准、项目审批、海洋主体工程及其环保设施的设计，环境影响评价报告的重新核准等方面执行有关规定的情况进行检查的方式。

其目的在于，通过执法检查，海洋主管部门可以全面了解掌握相关情况，督促建设单位、有关人员执行海洋工程管理规定，发现有关问题并有针对性采取措施，及时纠正、制止存在的违法行为。

事前检查方式，适用海洋工程开工建设前。

2. 事中检查

事中检查，是指海洋工程在建设过程中，海洋主管部门及其执法人员，依法对建设单位、有关人员执行环境影响评价制度，海洋工程及其环保设施施工进度，污染物排放，污染事故的报告和处理，环境影响后评价工作等相关情况进行检查的方式。

其目的在于，通过执法检查，海洋主管部门可以全面了解掌握海洋工程及其环保设施建设过程中的相关情况，督促建设单位、有关人员自觉执行国家的有关规定，确保各项环境保护措施落实到位，及时发现并制止各类违法行为，尽量避免或减少海洋工程在建设过程中对海洋生态环境、资源造成的污染损害。

事中检查方式，适用在建的海洋工程。

3. 事后检查

事后检查，是指海洋工程投入运行后，海洋主管部门及其执法人员，依法对海洋工程海洋环保设施的验收、环保设施的运转、污染物排放和处置，以及排污费缴纳情况、污染事故的报告和通报情况等相关情况进行检查的方式。

其主要目的是，通过执法检查，海洋主管部门可以全面了解掌握海洋工程及其环保设施在投产后的运行、运转情况，督促海洋工程建设单位、有关人员严格执行污染物排放管理、污染事故的预防和处理等规定，落实各项环保措施，及时发现并制止各类违法行为，尽量避免或减少海洋工程在运行过程中对海洋生态环境、资源造成的污染损害。

事后检查方式，适用投入运行后的海洋工程。

4.4.2.2　检查内容

依据《海洋环境保护法》、《条例》等规定，结合海洋工程环保管理要求，海洋工程行政执法检查内容分别为：

1. 事前检查内容

重点为海洋工程项目论证、可行性研究，工程选址、设计，审核、报批等情况。

(1) 环境影响报告书编制、报批和核准情况

①建设单位是否编制了环境影响报告书；

②环境影响报告书编制单位和编制人员是否具有资质和资格；

③环境影响报告书的内容、格式，及引用的技术标准是否符合规定；

④环境影响报告书是否按照法定程序报批，并经有权机关的核准；

⑤环境影响报告书的核准机关、核准日期和批准文号等相关信息；

⑥经核准的环境影响报告书是否按照规定向有关部门备案等。

(2) 海洋工程是否符合海洋功能区划、海洋环境保护规划和国家环保标准

①海洋工程选址和建设是否符合海洋功能区划；

②海洋工程的选址和建设是否符合海洋环境保护规划和国家环保标准；

③海洋工程选址和建设是否影响海洋功能区的环境质量；

④海洋工程选址和建设是否损害相邻海域的功能。

(3) 环境影响报告书经核准后发生重大改变的，是否重新编制并报批

①海洋工程的性质是否发生了改变，改变的程度；

②海洋工程的规模是否与原计划一致，改变的程度；

③海洋工程的建设地点是否发生了改变，改变的程度；

④海洋工程的施工和生产工艺是否发生了变化，改变的程度；

⑤海洋工程在建设过程中拟采取的环保措施是否发生改变，改变程度；

⑥其他方面是发生改变，改变的性质及程度。

(4) 环保设施是否与主体工程一同设计

①环保设施是否与海洋主题工程一并进行设计；

②环保设施的设计是否符合有关规定；

③环保设施的设计单位和涉及人员是否具有相应的资质和资格；

④环保设施的经费是否纳入工程预算；

⑤环保设施的经费预算是否满足需要。

（5）海洋油气矿产资源勘探开发工程

略，详见第五章。

2. 事中检查内容

重点为环境影响评价制度的执行、环保设施施工等情况。

（1）环境影响评价制度的执行情况

①建设单位落实执行有关环保规定的情况；

②海洋工程建设过程中，是否出现污染损害海洋环境的情况；

③发生污染损害海洋环境事故后，建设单位是否采取了环境影响报告书中的措施；

④是否按照规定报告海洋主管部门及有关部门，并采取措施，减轻或者消除污染，同时通报可能受到危害的单位和个人；

⑤海洋工程的性质、规模、地点、生产工艺或者拟采取的环境保护措施等是否发生重大改变；

⑥发生重大改变的，建设单位是否重新编制环境影响报告书并报原核准机关核准；

⑦海洋工程自环境影响报告书核准之日起超过 5 年方开工建设的，该工程的环境影响报告书是否经原核准机关重新核准。

（2）环保设施施工情况

①环保设施是否与海洋主体工程同时施工；

②环保设施与海洋主体工程的施工进度是否一致；

③环保设施在施工过程中是否具有与设计不一致的情形。

（3）发生不符合环境影响报告书的情形后，采取改进措施的情况

①海洋工程在建设过程中是否产生了不符合经核准的环境影响报告书的情形；

②产生不符合经核准的环境影响报告书的情形后,是否按时组织环境影响后评价;

③是否按照评价结论采取了改进措施;

④是否将评价结论和采取的改进措施报原核准机关备案。

(4) 其他需要核实的情况

①污水离岸排放工程的排污口设置是否符合海洋功能区划;

②工程建设过程中是否发生了海洋环境污染;

③发生海洋环境污染后是否采取了相应措施;

④工程施工过程中是否落实了有关海洋环保措施;

⑤是否具有在经济生物的自然产卵场、繁殖场、索饵场和鸟类栖息地进行围填海活动的情形;围填海工程使用的填充材料是否符合有关环境保护标准;

⑥建设海洋工程是否造成领海基点及其周围环境的侵蚀、淤积和损害,危及领海基点稳定的情形;

⑦从事海水养殖的养殖者,是否造成海域污染或者严重破坏海洋景观情形;

⑧需要进行海上爆破作业的,建设单位是否在爆破作业前报告海洋主管部门,并设置明显的标志、信号,并采取有效措施保护海洋资源;

⑨在海洋自然保护区内进行海洋工程建设活动的,是否执行国家有关海洋自然保护区的规定。

3. 事后检查内容

重点为环保设施的建设和运转、环保设施是否与主体工程一同投产、污染物排放,以及记录、报告等情况。

(1) 环保设施的建设和运转情况

①环保设施是否是按照设计要求进行施工的;

②环保设施是否达到了预期的设计标准;

③环保设施运转是否处于正常状态。

（2）环保设施与主体工程一同投产情况

①环保设施是否与海洋主体工程同时完工；

②建设单位是否在海洋工程投入运行前 30 日内，向核准环境影响报告书的海洋主管部门申请环保设施的验收；

③海洋工程投入试运行的，是否在海洋工程投入运行前 60 日内，向核准环境影响报告书的海洋主管部门申请环保设施的验收；

④分期建设、分期投入运行的海洋工程，其环保设施是否分期进行验收；

⑤是否具有环保设施未经验收，或经验收不合格即投入使用的情况；

⑥建设单位是否具有擅自拆除或者闲置海洋工程环境保护设施的情形。

（3）污染物排放情况

①海洋工程运行过程中产生的污染物是否经过处理；

②经过处理向海洋排放的污染物是否达到国家有关标准；

③污染物的排放是否按照国家有关规定，采取了污染物排放的总量控制措施；

④是否具有向海洋排放国家禁止排放污染物的情况；

⑤是否按照规定记录排放污染物的时间、数量和种类等；

⑥排污者应按照规定缴纳了排污费。

（4）记录、报告情况

①在海洋工程在试运行或正式投入运行期间，是否按照规定如实记录环保设施的运转情况；

②是否如实记录污染物排放、处置情况，以及添加或使用的化学药品，样品的情况等；

③是否按照规定向原核准机关报告。

（5）其他需要核实的情况。

①是否依法缴纳了排污费；

②是否制定了环境污染事故的处理预案；

③是否落实污染事故处理的相关措施；

④海洋工程在运行工程中是否发生污染事故后；发生污染事故后是否按照规定报告，并采取措施，减轻或者消除污染，同时通报可能受到危害的单位和个人；

⑤其他需要核实的情况。

4.4.3 检查措施

依据《条例》第四十二条规定，海洋主管部门及其执法人员在对海洋工程实施检查时，有权采取以下措施：

1. 听取业主单位关于海洋工程情况的介绍

执法人员可以要求海洋工程建设单位、有关人员介绍海洋工程的基本情况，及海洋主体工程及其环保设施的设计、施工和运行情况，以及海洋工程在建设、施工和运行过程中采取环保措施的情况、污染物处置和记录情况、污染损害事故的处置情况等。

2. 要求被检查单位负责人或者相关人员就有关问题作出说明

对于检查中发现的有关问题，或对检查结论产生重大影响的有关情况，或执法人员认为需要全面了解、加以核实的情况，可以要求海洋工程建设单位负责人或相关人员作出详细说明。

3. 要求被检查单位或个人提供与环境保护有关的文件、证件、数据及技术资料等

执法人员可以要求海洋工程建设单位或有关个人提供环境影响报告书，海洋主管部门或环境保护主管部门的核准文件，编制环境影响报告书时所使用或引用的相关技术标准和数据，编制单位和编制人员的资质、资格证书，以及海域使用权证书、项目批准、技术设计、施工图件等相关文件资料。

4. 查阅或者复制有关文件资料

执法人员可以查阅或者复制环境影响评价报告书、海洋主管部门的核准文件，有关部门批准该海洋工程建设项目的文件，海洋主管部门对环保设施验收结论等相关文件、资料建设单位的法人登记证书、营业执照，海洋主体工程和环保设施的设计、施工图纸，施工或监理报告，资金往来凭据，各种记录，以及有关合同、协议等。

5. 进入现场进行监测、勘查、取样检验、拍照、摄像

执法人员可以进入海洋工程现场，对污染物排放、污染事故处置情况进行勘验、照相和摄像；对排放的污染物、使用的化学药品等进行取样、监测和检验。

6. 检查海洋环境保护设施、设备和器材的安装、运行情况

执法人员可以检查海洋工程环保设施、设备和器材的安装、运行情况，查看海洋工程环保设施运转、使用的相关记录，及污染物排放的记录和报告等相关资料。

7. 责令违法者停止违法活动，接受调查处理

当有充分证据证明当事人的行为已经违反了国家海洋工程环保管理规定时，执法人员应当责令当事人停止正在进行的违法行为，并在规定时间内接受调查处理。

8. 要求当事人采取有效措施，防止污染事态扩大

如海洋工程在施工、运行工程中发生污染事故，已经或可能造成海洋环境、资源污染损害的，执法人员应当责令当事人采取有效措施，控制污染事态的进一步发展。

9. 法律、法规、规章规定的其他措施。

4.5 违法行为及其法律责任

4.5.1 案件管辖

《中华人民共和国行政处罚法》（以下简称《行政处罚法》）第十五条

规定，行政处罚由具有行政处罚权的行政机关在法定职权范围内实施。这是对实施行政处罚主体要求的一般规定，包含两个方面的内容：一是实施行政处罚的行政机关要具有与其管理对象相适应的行政处罚权；二是行政处罚要在行政机关的法定职权范围内实施，不同的行政机关有不同的职权范围。

《行政处罚法》第二十条规定，"行政处罚由违法行为发生地的县级以上地方人民政府具有行政处罚权的行政机关管辖。法律、行政法规另有规定的除外"。《条例》第四十一条第一款规定，"县级以上人民政府海洋主管部门负责海洋工程污染损害海洋环境防治的监督检查，对违反海洋污染防治法律、法规的行为进行查处"。

根据上述规定，海洋工程违法行为适用地域管辖，即由违法行为发生地县级以上人民政府海洋行政主管部门管辖。

同时，对于不同性质的海洋工程违法行为，《条例》第四十六条至第五十七条分别对行政处罚的实施机关作了具体规定。有两种情形：

一是由原核准环境影响报告书的海洋主管部门实施行政处罚。

建设单位在环境影响评价，环保设施、设备、器材的验收、使用，海上爆破作业活动未按规定报告，环境影响后评价，以及污染物排放管理等方面存在违法行为的，由原核准环境影响报告书的海洋主管部门实施行政处罚。

二是由县级以上海洋主管部门实施行政处罚。

建设单位海上爆破作业时未采取有效措施保护海洋资源的，在重要渔业水域进行炸药爆破或者其他作业、未避开主要经济类鱼虾产卵期的，在围填海工程中使用的填充材料不符合环境保护标准的，造成领海基点及其周围环境被侵蚀、淤积或者损害，或违反规定在海洋自然保护区内进行海洋工程建设活动的，以及未按规定缴纳排污费的，由县级以上海洋主管部门实施行政处罚。

另外，按照《海洋行政处罚实施办法》第七条"对管辖发生争议的，报请共同的上一级实施机关指定管辖"、第八条"下级实施机关对其所实施的海洋行政处罚,认为需要由上一级实施机关管辖的,可以报请上一级实施机关决定"的规定,对管辖有争议的海洋工程违法行为,可以报请共同的上一级实施机关制定管辖;下级认为海洋工程违法行为需要由上一级实施机关管辖的对,可以报请上一级实施机关决定。

可见,海洋工程违反行为的行政处罚在适用地域管辖的前提下,还分别适用级别管辖和指定管辖。海洋行政主管部门应根据上述规定,具体确定行政处罚的管辖机关。

4.5.2 违法行为的种类

海洋工程环保违反行为主要涉及环境影响评价、海洋工程的污染防治、污染物排放管理、污染事故的预防和处理四个方面。根据《海洋环境保护法》、《条例》以及《海洋工程调查取证细则》的规定,以下行为为海洋工程违法行为:

1. 环境影响评价违法行为

(1) 环境影响报告书未经核准,擅自开工建设的。包括:未编制环境影响报告书,或虽编制了环境影响报告书、但未经核准,即擅自开工建设两种情形;

(2) 海洋工程的性质、规模、地点、生产工艺或者拟采取的海洋环境保护措施发生重大改变,未重新编制环境影响报告书报原核准的海洋主管部门核准的;

(3) 自环境影响报告书核准之日起超过5年,海洋工程方开工建设,其环境影响报告书未重新报原核准的海洋主管部门核准的;

(4) 海洋工程需要拆除或者改作他用时,未按要求进行环境影响评价的。

2. 海洋工程污染防治违法行为

(1) 海洋工程环境保护设施未申请验收或者经验收不合格即投入运行

的。包括：海洋工程环保设施在完工后，未经有权机关验收即投入运行的；虽经有权机关验收、但经验收不合格即投入运行的；

（2）海洋工程需要拆除或者改作他用时，未报原核准的海洋主管部门批准的；

（3）擅自拆除或者闲置海洋环境保护设施的；

（4）未在规定时间内进行环境影响后评价或者未按要求采取整改措施的。包括：没有按照规定开展环境影响后评价、没有在规定时间内开展环境影响后评价，或虽然按规定开展了环境影响后评价，但没有按照要求采取整改措施的；

（5）造成领海基点及其周围环境被侵蚀、淤积或者损害的。在领海基点附近建设的海洋工程，在建设、运行过程中，造成了对领海基点及周围海洋环境的侵蚀、淤积或者损害的；

（6）在围填海工程中使用的填充材料不符合有关环境保护标准的。在围填海工程中，使用了国家禁止的有毒、有害等填充材料，或使用不符合国家有关标准填充材料的；

（7）海水养殖者未按规定采取科学的养殖方式，对海洋环境造成污染或者严重影响海洋景观的；

（8）在海上爆破作业前未按规定报海洋主管部门的。包括在爆破作业前没有向海洋主管部门报告；没有按照有关规定将爆破作业的时间、地点、区域、方式和拟采取的环保措施等向海洋主管部门报告的；

（9）进行海上爆破作业时，未按规定设置明显信号、标志的；

（10）进行海上爆破作业时未采取有效措施保护海洋资源；

（11）在重要渔业水域进行炸药爆破或者进行其他可能对渔业资源造成损害的作业，未避开主要经济类鱼虾产卵期的。

3. 污染物排放管理违法行为

（1）未按规定报告污染物排放设施、处理设备的运转情况或者污染物的排放、处置情况的；

（2）未按规定缴纳排污费的；

（3）未按规定报告其向水基泥浆中添加油的种类和数量的。

4. 污染事故的预防和处理违法行为

（1）未按规定将防治海洋工程污染损害海洋环境的应急预案备案的。包括没有制定防治海洋工程污染损害海洋环境的应急预案，或虽制订了防治海洋工程污染损害海洋环境的应急预案，但没有向有关海洋主管部门报备的；

（2）违反规定在海洋自然保护区内进行海洋工程建设活动的。包括：未经批准、擅自在海洋自然保护区内建设海洋工程的。或虽经批准，但没有采取有效措施，对海洋自然保护区生态环境造成破坏或损害的。

按照《海洋环境保护法》、《条例》等的规定，对于上述行为，海洋主管部门应当按照管辖权限，分别组织开展调查取证，并依法实施行政处罚。

4.5.3 调查取证

4.5.3.1 调查取证内容

《海洋工程调查取证规则》第四条规定，海洋工程环保调查取证工作分为事前、事中、事后三个阶段。《海洋工程调查取证规则》第五条规定，在海洋工程各个阶段，其调查取证内容分别为：

1. 在海洋工程建设事前阶段的调查取证内容

（1）海洋工程环境影响报告书编制、报批和核准情况；

（2）海洋工程符合海洋功能区划、海洋环境保护规划情况；

（3）海洋工程环境影响报告书已核准，其工程的性质、规模、地点、生产工艺或者拟采取的环境保护措施等发生重大改变的，建设单位重新编制、报批海洋环境影响报告书的情况；

（4）防治海洋污染的设施与工程建设项目一同设计情况；

（5）海洋油气矿产资源勘探开发项目办理有关污染民事责任保险情

况，油水分离、废油回收、排油监控等设施、设备配备情况，其防渗、防漏、防腐蚀等环保性能等。

2. 在海洋工程建设的事中阶段的调查取证内容：

（1）海洋工程海洋环境影响评价制度的执行情况；

（2）海洋工程与防治海洋污染的设施一同施工情况；

（3）施工过程发生不符合经核准的环境影响报告书的情形后，采取改进措施情况；

（4）污水离岸排放工程的排污口设置符合海洋功能区划情况；

（5）工程建设过程中海洋环境污染发生情况，采取相应措施情况；

（6）工程施工过程中落实海洋环保措施情况。

3. 在海洋工程建设的事后阶段的调查取证内容：

（1）海洋工程的海洋环保设施达到预期设计标准的情况，其运转情况；

（2）海洋环保设施与海洋工程一同投产情况；

（3）污染物的排放符合标准情况，污染物排放的总量控制措施实施情况；

（4）排污记录情况，排污设施的运转情况，定期报告制度落实情况；

（5）工程建设单位排污费缴纳情况；

（6）环境污染事故的预案制定情况，措施的落实与事故处置的情况。

4.5.3.2 调查取证措施

《海洋工程环保调查取证规则》规定，调查取证时，执法人员可采取下列措施：

（1）听取当事人或者相关人员关于海洋工程海洋环境保护情况介绍；

（2）要求当事人或者相关人员就海洋工程有关问题作出说明，包括陈述、申辩；

（3）要求当事人或者相关人员提供与海洋工程海洋环境保护有关的文件、证书、数据及技术资料等；

（4）查阅或者复制海洋工程及其环保设施有关的文件资料；

（5）进入海洋工程现场进行检查、勘查、监测、取样检验、拍照、摄像等；

（6）检查海洋工程的海洋环境保护设施、设备和器材的安装、运行情况；

（7）责令当事人停止正在进行的违法行为，接受调查处理；

（8）要求当事人采取有效措施，防止污染、损害事态的扩大。

4.5.3.3　证据类型

1. 书证

主要包括：与海洋工程有关的批准文件、有关技术文件、海洋工程及其环保设施的设计施工资料、工程相关资料、污染物处置、污染事故处理情况、有关单位及人员的身份证明等。

（1）项目批准文件：海洋工程立项批准文件、用海申请手续及核准文件、海洋环境影响报告书及核准文件等；

（2）有关技术文件：海洋工程所在地海洋功能区划、政府公布的海岸线等文件、国家有关环保标准等；

（3）工程设计施工资料：海洋工程所处的具体位置资料，海洋主体工程和环保设施、设备等的施工设计图纸等；

（4）工程相关资料：海洋工程及其环保设施的开工、竣工和验收报告，施工及监理合同、协议，资金往来凭证；

（5）污染物处置、污染事故处理情况：污染物处置记录和报告情况，污染事故的发生、处理和报告、通报情况等资料；

（6）有关单位、人员的身份证明：当事人的身份证明文件、受委托人的身份证明及授权委托书，证人的身份证明文件等。

上述证据材料，主要用于证明项目的名称、性质，工程所在的具体位置，与工程项目有关事项的审批及核准情况，工程建设单位、施工单位及其有关人员的身份，以及工程建设、运行的基本情况和各有关单位执行海洋工程环保规定的相关情况等。

2. 物证

包括海洋主体工程、环保设施在施工建设、运行过程中使用的各种工具、材料，化学药品等。

（1）海洋主体工程、环保设施在施工过程中所使用的各类施工器械、施工设备、施工材料；

（2）环保设施、设备和器材等污染物处理、排放装置等；

（3）污染物处置和污染事故处理过程中使用的化学添加剂、化学药品，以及排放的污染物样品等。

上述证据材料，主要是用于证明海洋工程在施工、运行过程中使用的材料、物品执行有关规定的情况，环保设施的建设、使用和运行情况，以及污染物的处置、排放等情况。

3. 视听资料

海洋工程现场的音、影像等电子信息资料。

（1）海洋工程施工、生产作业现场的录音、照相、录像等资料；

（2）环保设施施工、运转现场录音、照相、录像等资料；

（3）污染物处置、排放现场录音、照相、录像等资料；

（4）相关物品的录音、照相、录像等资料。

上述证据材料，主要通过音、像和视频的方式，对有关现场，以及相关物品、样品等进行直观描述，用于证明相关事实。

4. 证人证言

有关知情人员就海洋工程相关情况所作的陈述。包括：

（1）建设单位有关人员的证言；

（2）施工单位有关人员的证言；

（3）监理单位有关人员的证言；

（4）其他知情人员的证言。

上述证据材料，主要通过知晓案件有关情况的相关人员的证言，对案件事实进行进一步的佐证。

5. 当事人的陈述

当事人就海洋工程有关问题所作的陈述。

上述证据材料，主要用于行政机关结合案件调查情况，对案件事实进行全面核实。

6. 鉴定结论

具有资质的单位就有关专业事项所作出的技术检测或鉴定结论。

（1）对海洋工程建设过程中有关污染物样品的监测鉴定结论；

（2）海洋工程建设活动、污染物排放、污染事故对海洋生态环境、资源造成的污染、损害程度的检验鉴定结论。

上述证据材料，主要用于行政机关对当事人的违法行为对海洋环境造成的污染损害程度的认定，并为行政机关最终实施处罚提供决策依据。

7. 勘验笔录、现场笔录

执法人员对海洋主体工程、环保设施勘验、检查情况的客观、全面记录。

（1）海洋主体工程施工、建设、生产现场的勘验、检查情况记录；

（2）海洋工程环保设施、设备、器材现场有关情况的勘验、检查情况的记录。

上述证据材料，主要用于证明违法行为发生现场的基本情况。

8. 其他证据

能够证明海洋工程环保违法事实、反应案件客观情况的其他证据材料。

4.5.3.4 证据收集

按照《行政处罚法》、《海洋行政处罚实施办法》、中国海监总队《海洋工程环保调查取证细则》等的规定，海洋主管部门在对海洋工程违法行为实施调查取证时，除应当搜集前文所述的主要证据材料外，还应结合案件实际情况，根据需要，视情收集其他证据材料。

1. 对于环境影响报告书未经核准,擅自开工建设;海洋工程环境保护设施未申请验收或者经验收不合格即投入运行的,还应视情收集:

(1) 环境影响报告书未经批准擅自开工的证据材料。如当事人以及有关单位、人员关于建设单位未编制环境影响报告书,或虽编制了环境影响报告书,但未经核准就擅自开工的证言,海洋主管部门出具的证明文件等;

(2) 环保设施未经验收或验收不合格即投入运行的证据材料。如当事人以及有关单位、人员关于工程环保设施未申请验收的证言,以及海洋主管部门出具的环保设施未申请验收的证明,或环保设施经验收不合格的结论材料等。

2. 对于海洋工程的性质、规模、地点、生产工艺或者拟采取的海洋环境保护措施发生重大改变,未重新编制环境影响报告书报原核准的海洋主管部门核准;自环境影响报告书核准之日起超过5年,海洋工程方开工建设,环境影响报告书未重新报原核准的海洋主管部门核准;海洋工程需要拆除或者改作他用时,未报原核准的海洋主管部门批准或者未按要求进行环境影响评价的,还应视情收集:

(1) 工程的性质、规模、地点、工艺或者拟采取的环保措施发生重大改变后,未重新编制环评报告书报海洋主管部门核准,或环评报告书核准后超过5年未重新核准即开工建设,或工程需拆除、改作他用未经海洋主管部门批准及未按要求进行环评等情况的证据材料。如当事人以及有关单位、人员关于海洋工程在性质、规模、地点、生产工艺或者拟采取的环保措施等方面发生重大改变的证言;海洋行政主管部门出具的建设单位未重新编制环评报告书报批的证明;工程设计、施工图纸;有关单位、人员对工程在拆除、改作他用时,未经海洋主管部门批准及未按要求进行环评的证言;工程开工建设的时间等;

(2) 工程建设单位上报的环境影响报告书、海洋主管部门的核准文件;

（3）鉴定、勘验、检测文书以及论证、说明等有关材料；

（4）海洋主管部门要求工程单位重新进行环评的通知、要求、说明或责令停工、限期整改的法律文书等证据材料。

3. 对于擅自拆除或者闲置海洋环境保护设施；未在规定时间内进行环境影响后评价或者未按要求采取整改措施的，还应视情收集：

（1）环保设施被擅自拆除或闲置的证据材料。如被拆除、闲置的环保设施的照片、录像等；

（2）当事人未按要求进行环境影响后评价或整改等证据材料；

（3）海洋主管部门责令工程单位限期改正的文书、文件等证据材料。

4. 对于造成领海基点及其周围环境被侵蚀、淤积或者损害；违反规定在海洋自然保护区内进行海洋工程建设活动的，还应视情收集：

（1）工程造成领海基点及其周围环境淤积、侵蚀、损害或违反规定在海洋保护区建设等情况的证据材料。如有关单位、人员有关证言；造成领海基点及其周边环境淤积、侵蚀、损害等的照片、录音、录像资料等；

（2）政府公布的领海基点声明或海洋保护区批准文件；

（3）造成领海基点及其周围环境淤积、侵蚀、损害的勘验、鉴定、检测材料等；

（4）海洋主管部门责令工程建设单位停止建设、运行、限期恢复原状的文书，逾期未恢复原状的证据材料，海洋主管部门委托有关单位代为履行恢复原状的委托文书或协议、委托恢复原状的费用证明等证据材料。

5. 对于在围填海工程中使用的填充材料不符合有关环境保护标准的，还应视情收集：

（1）使用的填充材料不符合环保标准、造成海洋环境污染损害的证据材料。如工程所使用的填充材料的样品原件、照片、录像，以及所使用材料的产品技术指标等；

（2）填充材料不符合环保标准，及对海洋环境造成或可能造成污染、损害的勘验、鉴定、检测文书。如有资质单位对样品的分析、检验、鉴定结论，有关对现场造成污染、损害程度的检验、鉴定报告（结论）等；

（3）海洋主管部门对工程建设单位作出的有关责令限期整改的法律文书、文件等。海洋主管部门在发现建设单位使用的填充材料不符合环保标准后，要求相关单位限期进行整改的文件、法律文书或函件等。

6. 对于未按规定报告污染物排放设施、处理设备的运转情况或者污染物的排放、处置情况的，还应视情收集：

（1）未按规定向海洋主管部门报告排污设施、污染物处理设备的运转、污染物的排放、处置的证据材料。如污染物样品、油类样品等；有关单位、人员所作的证言等；

（2）对排污设施、污染物处理设备的勘验、检查记录，及检测、鉴定文书等；

（3）海洋主管部门作出的有关责令限期整改的法律文书或文件。

7. 对于未按规定将防治海洋工程污染损害海洋环境的应急预案备案的，还应视情收集应急预案未向海洋主管部门备案的证据材料。如当事人及有关单位、人员关于工程未编制应急预案，或虽编制了应急预案、但未经批准的证言，海洋主管部门出具的有关应急预案未经批准的证明文件等。

8. 对于在海上爆破作业前未按规定报海洋主管部门；进行海上爆破作业时，未按规定设置明显信号、标志的，还应当收集：

（1）海上爆破作业现场照片、录像资料，以及现场勘验、检查的记录等；

（2）海上爆破作业前未按规定报告的证据材料。如有关单位、人员的证言、相关情况的说明等；

（3）进行海上爆破作业时未按规定设置明显标志、信号等情况的证据材料。爆破作业的施工计划或技术文件，以及有关单位、人员的证言或情况说明等。

9. 对于进行海上爆破作业时未采取有效措施保护海洋资源；在重要

渔业水域进行炸药爆破或者进行其他可能对渔业资源造成损害的作业，未避开主要经济类鱼虾产卵期的，还应视情收集：

（1）未按规定采取有效措施保护海洋资源、在重要渔业水域或主要经济类鱼虾产卵期进行海上爆破作业等情况的证据材料。如爆破作业的施工计划或技术文件；

（2）重要渔业水域或主要经济类鱼虾产卵期的证据材料，海上爆破等作业造成或可能造成渔业资源损害的证据材料。如渔业水域的划分依据，主要经济类鱼虾产卵期的相关技术文件等；

（3）海洋主管部门作出的责令限期整改或停止作业通知文书，工程单位逾期未整改的证据材料。

10. 海洋油气矿产资源勘探开发单位违法向海洋排放含油污水，或者将塑料制品、残油、废油、油基泥浆、含油垃圾和其他有害残液残渣直接排放或者弃置入海的（略）。

11. 对于海水养殖者未按规定采取科学的养殖方式，对海洋环境造成污染或者严重影响海洋景观的，还应视情收集：

（1）海水养殖者未按规定采取科学的养殖方式造成海洋环境污染或严重影响海洋景观等情况的证据材料。如有关单位、人员关于海水养殖的方式、使用的材料、投放的饵料等情况说明，海水养殖现场及实物的照片、录像及样品等；

（2）海水养殖合同、协议等；

（3）对海洋环境造成污染或对海洋景观造成影响程度的检测、鉴定文书；

（4）海洋主管部门作出的责令限期改正的通知文书，养殖者逾期不改正的，以及清理污染或恢复海洋景观所需费用的证据材料。

12. 对于建设单位未按规定缴纳排污费的，还应视情收集：

（1）建设单位不按期缴纳或不缴纳排污费的证据材料。如建设单位及有关单位、人员的情况说明、证言，以及建设单位缴纳排污费用的单据等；

（2）建设单位需排放的污染物的种类、性质、缴费标准与额度等证据材料；

（3）海洋主管部门核定建设单位排污文件等；

（4）海洋主管部门责令其限期缴纳排污费的法律文书。

总之，海洋工程违法行为的调查取证，应区分不同的违法种类，结合实际案情，既要把握重点，又要有针对性地收集有关证据材料，确保证据的关联性、真实性和合法性。

4.5.4　法律责任

对于海洋工程违法行为，《海洋环境保护法》、《条例》明确规定了当事人应当承担的法律责任。主要内容有：

1.《海洋环境保护法》第八十三条规定，违反本法第四十七条第一款、第四十八条的规定，进行海洋工程建设项目，或者海洋工程建设项目未建成环境保护设施、环境保护设施未达到规定要求即投入生产、使用的，由海洋行政主管部门责令其停止施工或者生产、使用，并处5万元以上20万元以下的罚款。

2.《海洋环境保护法》第八十四条规定，违反本法第四十九条的规定，使用含超标准放射性物质或者易溶出有毒有害物质材料的，由海洋行政主管部门处5万元以下的罚款，并责令其停止该建设项目的运行，直到消除污染危害。

3.《条例》第四十六条规定，建设单位违反本条例规定，有下列行为之一的，由负责核准该工程环境影响报告书的海洋主管部门责令停止建设、运行，限期补办手续，并处5万元以上20万元以下的罚款：

（1）环境影响报告书未经核准，擅自开工建设的；

（2）海洋工程环境保护设施未申请验收或者经验收不合格即投入运行的。

4. 《条例》第四十七条规定，建设单位违反本条例规定，有下列行为之一的，由原核准该工程环境影响报告书的海洋主管部门责令停止建设、运行，限期补办手续，并处5万元以上20万元以下的罚款：

（1）海洋工程的性质、规模、地点、生产工艺或者拟采取的环境保护措施发生重大改变，未重新编制环境影响报告书报原核准该工程环境影响报告书的海洋主管部门核准的；

（2）自环境影响报告书核准之日起超过5年，海洋工程方开工建设，其环境影响报告书未重新报原核准该工程环境影响报告书的海洋主管部门核准的；

（3）海洋工程需要拆除或者改作他用时，未报原核准该工程环境影响报告书的海洋主管部门批准或者未按要求进行环境影响评价的。

5. 《条例》第四十八条规定，建设单位违反本条例规定，有下列行为之一的，由原核准该工程环境影响报告书的海洋主管部门责令限期改正；逾期不改正的，责令停止运行，并处1万元以上10万元以下的罚款：

（1）擅自拆除或者闲置环境保护设施的；

（2）未在规定时间内进行环境影响后评价或者未按要求采取整改措施的。

6. 《条例》第四十九条规定，建设单位违反本条例规定，有下列行为之一的，由县级以上人民政府海洋主管部门责令停止建设、运行，限期恢复原状；逾期未恢复原状的，海洋主管部门可以指定具有相应资质的单位代为恢复原状，所需费用由建设单位承担，并处恢复原状所需费用1倍以上2倍以下的罚款：

（1）造成领海基点及其周围环境被侵蚀、淤积或者损害的；

（2）违反规定在海洋自然保护区内进行海洋工程建设活动的。

7. 《条例》第五十条规定，建设单位违反本条例规定，在围填海工程中使用的填充材料不符合有关环境保护标准的，由县级以上人民政府海洋主管部门责令限期改正；逾期不改正的，责令停止建设、运行，并处 5 万元以上 20 万元以下的罚款。

8.《条例》第五十一条规定，建设单位违反本条例规定，有下列行为之一的，由原核准该工程环境影响报告书的海洋主管部门责令限期改正；逾期不改正的，处 1 万元以上 5 万元以下的罚款：

（1）未按规定报告污染物排放设施、处理设备的运转情况或者污染物的排放、处置情况的；

（2）未按规定报告其向水基泥浆中添加油的种类和数量的；

（3）未按规定将防治海洋工程污染损害海洋环境的应急预案备案的；

（4）在海上爆破作业前未按规定报告海洋主管部门的；

（5）进行海上爆破作业时，未按规定设置明显标志、信号的。

9.《条例》第五十二条规定，建设单位违反本条例规定，进行海上爆破作业时未采取有效措施保护海洋资源的，由县级以上人民政府海洋主管部门责令限期改正；逾期未改正的，处 1 万元以上 10 万元以下的罚款。

建设单位违反本条例规定，在重要渔业水域进行炸药爆破或者进行其他可能对渔业资源造成损害的作业，未避开主要经济类鱼虾产卵期的，由县级以上人民政府海洋主管部门予以警告、责令停止作业，并处 5 万元以上 20 万元以下的罚款。

10.《条例》第五十四条规定，海水养殖者未按规定采取科学的养殖方式，对海洋环境造成污染或者严重影响海洋景观的，由县级以上人民政府海洋主管部门责令限期改正；逾期不改正的，责令停止养殖活动，并处清理污染或者恢复海洋景观所需费用 1 倍以上 2 倍以下的罚款。

11.《条例》第五十五条规定，建设单位未按本条例规定缴纳排污费的，由县级以上人民政府海洋主管部门责令限期缴纳；逾期拒不缴纳的，处应缴纳排污费数额 2 倍以上 3 倍以下的罚款。

此外，在《条例》第七章"法律责任"中，规定了海洋工程违法行为当事人承担的行政责任、刑事责任和民事赔偿责任，因不属于行政处罚范畴，在此不做讨论。

4.5.5 注意事项

海洋工程违法行为的行政处罚是一项复杂、系统的工作，其中，调查取证是关键环节，事关案件定性和行政处罚的合法性。因此，执法人员应当严格按照法律规定的程序、要求，并结合海洋工程的特性，以实事求是、科学严谨的态度开展调查取证工作。

在实施调查取证时，海洋行政主管部门及其执法人员应注意以下具体事项：

1. 熟悉基本情况

在开展调查取证之前，海洋行政主管部门应组织执法人员全面了解该工程的基本情况，为下步有针对性地开展调查取证奠定基础。

（1）海洋工程基本情况

包括：海洋工程的性质、所处的位置、建设规模和内容等，海洋工程审批和核准情况；海洋主体工程及其环保设施的建设单位、施工单位和监理单位；海洋主体工程及其环保设施的设计、施工和使用情况；海洋工程在投入运行前，其环保设施是否向海洋主管部门申请验收，以及验收结论等相关情况。

（2）违法行为的基本情况

包括：海洋工程涉嫌违反有关规定的情况，主要是违法行为的种类、性质，社会危害程度，如造成海洋环境、海洋资源污染损害的情况等。

了解掌握上述情况，便于执法人员能够有针对性地采取调查取证措施，有序组织开展现场检查、勘验、监测、检验等工作，及时提取相关证据材料，防止证据灭失，为案件最终定性奠定基础。

2. 做好准备工作

（1）制订方案

海洋主管部门应根据了解掌握的有关情况，组织执法人员制定调查取证方案，包括：根据案情，确定需要调查的主要对象，需要核实的具体情况，应获取哪些证据材料；调查取证的步骤，调查取证的手段，需要采取的措施等。

(2) 技术准备

主要是法律文书方面的准备，如《询问笔录》、《现场笔录》、《责任通知书》、《提取证据材料登记表》等；如涉及抽样取证的，还要准备《先行保存登记证据通知书》，以及抽样设备；如需要进行检测、检验、鉴定的，应联系落实有资质的单位，向其发出《鉴定委托书》，明确检测、检验、鉴定的具体内容和有关要求等。

3. 实施调查取证

根据方案确定的步骤，有序展开调查取证工作。

首先，应听取业主单位关于海洋工程情况的介绍，进一步了解掌握海洋工程的基本情况及海洋主体工程及其环保设施的设计、施工和运行情况，以及海洋工程在建设、施工和运行过程中采取环保措施的情况、污染物处置和记录情况、污染损害事故的处置情况等。要求海洋工程建设单位负责人或者相关人员就有关具体问题作出说明。

其次，要求被检查的海洋工程建设单位或个人提供与环境保护有关的文件、证件、数据及技术资料等进行查阅或复制。如环境影响报告书及其核准文件，编制环境影响报告书时所使用或引用的相关技术标准和数据，编制单位和编制人员的资质、资格证书，海洋工程及其环保设施的技术设计、施工图件等相关文件资料。对能够证明案件事实的资料，应予以复制。在此基础上，向海洋工程建设单位、施工单位、监理单位及其有关人员和其他知情人员核实相关情况，制作《询问笔录》。

再次，进入海洋工程或海洋工程环保设施现场，进行现场检查、勘验，填写《现场笔录》，详细记录海洋工程及其环保设施、设备和器材的安装、运行等有关情况，并对现场进行拍照、摄像。根据案情，及时获取有关物品、样品，进行取样检验、检测和鉴定。

在调查取证工作基本结束后，按照关联性、合法性和真实性原则的要求，对获取的证据材料进行系统审查，如证据不够全面，或证据材料尚不能充分证明该海洋工程违法行为的，还需进行有针对性的补充调查。

需要注意的是，在对海洋工程污染防治违法行为、污染物排放管理违法行为开展调查取证时，除了获取海洋工程违法行为的性质、情节等方面的证据材料外，对于某些海洋工程违法行为已经造成海洋环境、海洋资源造成污染损害的，海洋主管部门还应当组织有关单位开展检验、鉴定工作，获取海洋工程造成海洋环境、海洋资源污染损害的检验、鉴定结论。对于污染物排放超标，或者海洋工程使用填充材料不符合国家有关规定等违法行为，海洋主管部门还需要取得有关单位对污染物样品、使用材料的检测、鉴定报告等证据材料。

在完成海洋工程违法行为调查取证后，执法人员应制作《案件调查终结报告》，载明海洋工程违法行为性质、情节、社会危害程度，提出适用法律建议、拟处理意见等，为海洋主管部门最终实施行政处罚奠定基础。

4.6 案例分析

4.6.1 海洋工程与海岸工程的认定

案例：某风电公司未进行海洋环境影响评价建设海洋工程行政处罚案

【基本案情】

1. 被处罚人：某风电公司
2. 处罚机关：国家海洋局
3. 案件事实：

中国海监第五支队海洋执法人员于 2007 年 11 月 12 日在江苏省大丰市沿海检查发现，该市川东闸以北，竹港闸以南，海堤以东海域有一海洋工程正在建设，据现场调查取证证实：该海洋工程为"江苏大丰 200 MW 风力发电场项目"，其建设单位为某风电公司。该公司在未编制海洋环境影响评价报告书，也未报海洋主管部门核准的情况下，于 2007 年 10 月 23 日起擅自开工实施 N2、N3 桩基工程的试桩作业。

【查处结果】

该风电公司的行为违反《中华人民共和国海洋环境保护法》第四十七条第一款"海洋工程必须符合海洋功能区划、海洋环境保护规划和国家有关环境保护标准，在可行性研究阶段，编报海洋环境影响报告书，由海洋主管部门核准，并报环境保护行政主管部门备案，接受环境保护行政主管部门监督"及《防治海洋工程建设项目污染损害海洋环境管理条例》第十条第一款"新建、改建、扩建海洋工程的建设单位，应当委托具有相应环境影响评价资质的单位编制环境影响报告书，报有核准权的海洋主管部门核准"之规定。

依据《防治海洋工程建设项目污染损害海洋环境管理条例》第四十六条第一款"建设单位违反本条例规定，有下列行为之一的，由负责核准该工程环境影响报告书的海洋主管部门责令停止建设、运行，限期补办手续，并处 5 万元以上 20 万元以下的罚款：（一）环境影响报告书未经核准，擅自开工建设的"规定行政机关对该风电公司作出"责令停止建设，限期补办手续，并处罚款人民币 65 000 元"的行政处罚。

行政处罚决定下达后，当事人及时履行了处罚决定。

【分析意见】

海洋工程与海岸工程的认定

该案中，开工建设的工程是属于海岸工程还是海洋工程，是确定该案管辖机关的关键。《防治海岸工程建设项目污染损害海洋环境管理条例》（以下简称《海岸工程条例》）第二条规定："本条例所称海岸工程建设项目，是指位于海岸或者与海岸连接，工程主体位于海岸线向陆一侧，对海洋环境产生影响的新建、改建、扩建工程项目。"《防治海洋工程建设项目污染损害海洋环境管理条例》第三条规定："本条例所称海洋工程，是指以开发、利用、保护、恢复海洋资源为目的，并且工程主体位于海岸线向海一侧的新建、改建、扩建工程。"由此可见，某一新建、改建、扩建工程具备以下两点特征的，即应当属于海洋工程：

一是以开发、利用、保护、恢复海洋资源为目的；

二是工程主体位于海岸线向海一侧。

本案中，该风电场建设目的是为了利用海上风力能源发电，是一种很明确的利用海洋资源的行为；其次，根据提取到的有关证据材料证明，工程位置在海岸线向海一侧，所以该工程属于海洋工程。由海洋主管部门对其进行管理是正确的。

值得注意的是，《海岸工程条例》经2007年9月25日修改，2008年1月1日起施行后的第二条第一款第（三）项规定"滨海火电站、核电站、风电站"属于海岸工程。所以，有一种意见认为该风电场项目应当属于海岸工程，海洋主管部门无权对其进行处罚。

应该看到，《海岸工程条例》虽然采取了列举式的模式，将"滨海风电站"列为海岸工程建设项目，但根据《海岸工程条例》，认定海岸工程建设项目的前提应当是"位于海岸或者与海岸连接，工程主体位于海岸线向陆一侧"，而本案工程位置在海岸线向海一侧，这与海岸工程的定义不符，因此不能适用《海岸工程条例》。

在对海洋工程违法项目实施处罚中，对于海洋工程性质的确认与证明是调查取证工作是首要任务。在本案查处中，执法人员通过调查取证，设法提取到了《盐城市人民政府关于界定盐城市海岸线的通知》（盐政发〔2006〕260号），证明了风电项目工程所在地的海域属性，有力支撑了对违法事实的定性，为案件的顺利查处奠定了基础。

4.6.2 违法行为定性和行政处罚级别管辖

案例：某开发有限公司环境影响报告书未经核准擅自开工行政处罚案

【基本案情】

1. 被处罚人：莆田市某开发有限公司

2. 处罚机关：国家海洋局

3. 案件事实：

2008年5月6日，中国海监第六支队执法人员在对莆田市埭头镇附近海域进行执法检查时，发现莆田市某开发有限公司涉嫌违法用海。经查，莆田市石城一级渔港于2005年9月由农业部批复同意项目建设规划，2007年6月农业部正式批准建设。该工程设计建设3 000吨级码头126米、600HP码头205米，防波堤194米，陆域形成127.6亩，护岸217米。该工程从4月28日开始进行陆域部分施工车通道平整工作，至5月23日已形成少许填海面积。该工程当时正在进行海洋环评论证及海域使用论证，环境影响报告书尚未得到海洋主管部门的核准，尚未取得海域使用权证书。

【查处结果】

莆田市某开发有限公司的行为，违反了《防治海洋工程建设项目污染损害海洋环境管理条例》第十条第一款规定，依据《防治海洋工程建设项目污染损害海洋环境管理条例》第四十六条第（一）项规定，处以"责令停止建设，限期补办手续，并处55 000的罚款"的行政处罚。

【分析意见】

当事人违法行为的定性与处罚、处罚的级别管辖

1. 当事人违法行为的定性与处罚

当事人在未取得海洋主管部门关于环境影响报告书的核准以及未取得海域使用权证书的情况下，开工建设莆田市石城一级渔港工程，分别违反了《防治海洋工程建设项目污染损害海洋环境管理条例》和《中华人民共和国海域使用管理法》的有关规定，应当分别处罚。

在本案中，当事人虽然已经实施部分填海行为，但是填海面积非常小，执法人员现场发现填海面积尚不足5平方米。而且在调查过程中，执法人员向当事人发出了《责令停止违法行为通知书》，其后当事人未再进行填海作业，并已加快办理用海手续。我们认为，尽管当事人具有违法用

海的事实，但其行为符合《中华人民共和国行政处罚法》第二十七条第二款所规定的"违法行为轻微并及时纠正没有造成危害后果的"的情形，经研究决定对其无证用海行为免予处罚。

2. 处罚的级别管辖

根据《防治海洋工程建设项目污染损害海洋环境管理条例》第四十六条的规定，对于环境影响报告书未经核准，擅自开工建设的违法行为，应当由负责核准该工程环境影响报告书的海洋主管部门实施处罚。根据《防治海洋工程建设项目污染损害海洋环境管理条例》第十一条第一款第（五）项，由国务院或国务院有关部门审批的海洋工程的环境影响报告书由国家海洋主管部门核准。莆田市石城一级渔港工程由农业部立项批准，属于"国务院有关部门审批的海洋工程"，其违法行为自然应当由国家海洋主管部门实施处罚。

由于《防治海洋工程建设项目污染损害海洋环境管理条例》在"法律责任"一章中，对于处罚的级别管辖作出了明确规定。因此，各级海监机构在海洋工程海洋行政执法工作中，应当加以特别注意，避免在管辖问题上出现违法。

4.6.3 海洋工程环保设施未经验收非法投入使用的管辖与法律适用

案例：江苏滨海经济开发区某污水处理厂尾水排放行政处罚案

【基本案情】

1. 被处罚人：江苏滨海经济开发区某管委会
2. 处罚机关：国家海洋局
3. 案件事实：

2010年4月22日，中国海监第五支队联合中国海监江苏省总队直属支队在实施"中国海监2010年度江苏省联合执法行动"时，执法人员对"江苏滨海经济开发区××尾水排放"海洋工程进行了现场检查。发现该海洋工程配备的 pH 计、流量计、COD 全自动在线分析仪等环保设施未经海洋主管部门验收，但海洋工程已于 2009 年 12 月 15 日起投入使用，开始向海洋排放尾水，该行为涉嫌违反《海洋环境保护法》及《防治海洋工程建设项目污染损害海洋环境管理条例》相关规定，执法人员随即展开调查取证工作，并依法提取了海域使用权证书、项目的相关批复文件、尾水排放记录表等与本案关联的证据材料等。随后，中国海监江苏省总队将此案移送中国海监东海总队，东海总队责成第五支队具体承办。2010 年 5 月 13 日，执法人员再次前往滨海开展调查取证，对相关人员进行了调查询问，并补充提取了与本案关联的证据材料。

经查，该海洋工程位于沿海工业园区西北角向海一侧海域，业主单位是江苏滨海经济开发区某管委会，2008 年 12 月 29 日获得了江苏省海洋与渔业局关于《江苏滨海经济开发区××尾水排放用海工程环境影响报告书》的核准意见，该意见要求该海洋工程应通过环境保护设施竣工验收合格后方可投入运行。2009 年 5 月 8 日，该用海工程获得了海域使用权证书，工程于 2009 年 6 月 28 日开始施工，2009 年 12 月 4 日主体工程竣工，该海洋工程的排海管道总长 8.4 千米，其中 2.6 千米位于陆域，5.8 千米埋入海底，滨海经济开发区沿海工业园产生的废水经过滨海县某环保有限公司北厂处理后通过该海洋工程的排海管道排放入海，在排海管道与清水池的连接处装有 pH 计、流量计、COD 全自动在线分析仪。2010 年 5 月 21 日，经批准予以立案处理。

【查处结果】

案件调查终结后，依照程序对该案进行了会审，并于 2010 年 9 月 2 日向当事人送达《行政处罚听证告知书》，当事人明确表示放弃听证。2010 年 9 月 8 日依据《防治海洋工程建设项目污染损害海洋环境管理条例》第四十六条第（二）项的规定，对当事人作出"责令停止运行，限 3 个月内补办手续，并处罚款人民币 6 万元"的行政处罚决定。2010 年 9 月 17 日当事人缴纳罚款，案件终结。

【分析意见】

1. 法律适用

现行的针对海洋工程环境保护的法律法规有两部,一部是《海洋环境保护法》,一部是《防治海洋工程建设项目污染损害海洋环境管理条例》。为便于对照,我们采用图标的方式,将两者的区别分列如下表4-1:

表4-1 《海洋环境保护法》和《防治海洋工程建设项目污染损害海洋环境管理条例》区别

		《海洋环境保护法》	《防治海洋工程建设项目污染损害海洋环境管理条例》
法律位阶		法律（上位法）	行政法规（下位法）
制定机关		全国人大常委会（最高国家权力机关常设机关）	国务院（最高国家权力机关的执行机关,最高国家行政机关）
颁布时间		1999年12月25日修订后于2000年4月1日施行（旧法）	2006年11月1日施行（新法）
效力范围		调整所有海洋环境保护相关法律关系（一般法）	专门针对海洋工程污染防治（特别法）
具体条文	规范性条款	第四十八条:"环境保护设施未经海洋行政主管部门验收,或者经验收不合格的,建设项目不得投入生产或者使用。"	第十八条:"建设单位应当在海洋工程投入运行之日30个工作日前,向原核准该工程环境影响报告书的海洋主管部门申请环境保护设施的验收……" 第十九条:"海洋工程需要配套建设的环境保护设施未经海洋主管部门验收或者经验收不合格的,该工程不得投入运行。"
	罚则条款	第八十三条:"违反本法第四十七条第一款、第四十八条的规定,进行海洋工程建设项目,……由海洋行政主管部门责令其停止施工或者生产、使用,并处5万元以上20万元以下的罚款。"	第四十六条:"建设单位违反本条例规定,有下列行为之一的,由负责核准该工程环境影响报告书的海洋主管部门责令停止建设、运行,限期补办手续,并处5万元以上20万元以下的罚款…… （二）海洋工程环境保护设施未申请验收或者经验收不合格即投入运行的。"

续表

		《海洋环境保护法》	《防治海洋工程建设项目污染损害海洋环境管理条例》
具体规定	规范性要求	均要求建设项目在投入生产或者使用（投入运行）前未经海洋主管部门验收或者经验收合格，未经验收，或者经验收不合格的，不得投入生产或者使用（投入运行）	
		未提出期限要求	要求提出验收申请的时间应在海洋工程投入运行之日30个工作日前，且增加了"试运行"的要求，为"自该工程投入试运行之日起60个工作日内"申请验收
	处罚机关	由海洋行政主管部门实施，未作具体限定	由负责核准该工程环境影响报告书的海洋主管部门实施，但有关海洋主管部门不依法作出行政处理决定的，上级海洋主管部门有权责令其依法作出行政处理决定或者直接作出行政处理决定

任何一起违法案件的查处，首先需要明确的问题就是该适用何种法律，具体弄清楚是该由哪一部或哪几部法律法规对案件中存在的法律关系进行调整。由表4-1可以清楚地看出，两部法律法规对"海洋工程在环保设施未经验收投入使用"这一行为作出相应的规定，但两者的区别在于《海洋环境保护法》是上位法，《防治海洋工程建设项目污染损害海洋环境管理条例》是下位法；《海洋环境保护法》是一般法，《防治海洋工程建设项目污染损害海洋环境管理条例》是特别法；《海洋环境保护法》是旧法，《防治海洋工程建设项目污染损害海洋环境管理条例》是新法。

按照特别法优于一般法、新法优于旧法的原则，应当优先适用《防治海洋工程建设项目污染损害海洋环境管理条例》。但与此同时，法理中也有"下位法服从上位法"的理论，那是否因此得出优先适用《海洋环境保护法》的结论了？在此需要澄清的是，下位法服从上位法适用于两部法律法规的规定存在矛盾冲突的情况,而这里《防治海洋工程建设项目污染损害海洋环境管理条例》的规定只是较《海洋环境保护法》更为具体详细,两者之间在行为的规定要求上并无冲突,因此无须适用下位法服从上位法。

2. 管辖权

《防治海洋工程建设项目污染损害海洋环境管理条例》明确地规定,对海洋工程环境保护设施未经验收投入使用这一行为实施行政处罚的机关,为负责核准该工程环境影响报告书的海洋主管部门。这一限定旨在落实监管责任、提高监管效率。根据提取的证据材料显示,本案中负责核准该工程环境影响报告书的海洋主管部门为江苏省海洋与渔业局。因此,作为国家海洋主管部门的执法机构,东海总队不能直接依据《防治海洋工程建设项目污染损害海洋环境管理条例》对本案实施查处,而应由中国海监江苏省总队立案查处。但是,由于考虑到本案案情重大,此前同类型案件未有查处先例,中国海监江苏省总队在研究之后决定报请移送东海总队查处。依据《海洋行政处罚实施办法》第八条的规定,下级实施机关对其所实施的海洋行政处罚,认为需要由上一级实施机关管辖的,可以报请上一级实施机关决定。据此,中国海监东海总队获得了对本案的管辖权。

4.6.4 海洋工程未建设环保设施非法投入使用的法律适用

案例:江苏如东县某工业园区污水处理厂尾水排放行政处罚案

【基本案情】

1. 被处罚人:如东县某化学工业园管理委员会
2. 处罚机关:国家海洋局
3. 案件事实:

2010年3月31日,中国海监第五支队海洋执法人员在对如东县某工业园区污水处理厂尾水排放海洋工程进行检查时发现,该海洋工程在未建设环境保护设施的情况下,已于2009年12月31日起投入使用,每日向海洋排放废水约为 1 000 吨，其行为涉嫌违反《海洋环境保护法》及《防治海洋工程建设项目污染损害海洋环境管理条例》相关规定。执法人员随即展开调查，分别对有关人员进行了调查询问，并于 2010 年 5 月 15 日作进一步调查取证，先后依法提取了国家海洋局批复文件、身份证复印件、工作身份说明、事业单位法人证书、组织机构代码证等与本案有关联的证据材料等。2010 年 5 月 21 日，经中国海监东海总队批准予以立案处理。该海洋工程位于如东县某化工园区西北角向海一侧海域，业主单位是江苏如东某管委会，2008 年 9 月 29 日获得了海洋行政主管部门关于《如东××尾水排放用海工程环境影响报告书》的核准意见，该意见要求江苏如东××尾水排放海洋工程同时建成监测设备等环境保护设施并经验收合格后方可投入运行。2009 年 5 月 30 日，该用海工程获得了海域使用权证书，排海管道 1.5 千米埋入海底。如东洋口化工园区产生的废水经过如东某处理有限公司处理后通过该海洋工程的排海管道排放入海，但工程未按要求建设任何环境保护设施。

【查处结果】

案件调查终结后，依照程序对该案进行了会审，并于 2010 年 9 月 5 日向当事人送达《行政处罚听证告知书》，当事人明确表示放弃听证。2010 年 9 月 16 日依据《海洋环境保护法》第八十三条规定，对当事人作出"责令停止使用，并处罚款人民币 65 000 元"的行政处罚决定。2010 年 9 月 25 日当事人缴纳罚款，案件终结。

【分析意见】

《海洋环境保护法》、《防治海洋工程建设项目污染损害海洋环境管理条例》是规范海洋工程环境保护的现行法律法规。《海洋环境保护法》第四十八条、《防治海洋工程建设项目污染损害海洋环境管理条例》第十六条均规定了海洋工程建设项目"三同时"制度，即海洋工程建设项目的环境保护设施，必须与主体工程同时设计、同时施工、同时投产使用。本案当事人在未建设环境保护设施的情况下，即开工建设主体工程，其行为同时违反了《海洋环境保护法》、《防治海洋工程建设项目污染损害海洋环境管理条例》的有关规定。

通过案例的分析，我们知道，《海洋环境保护法》是一般法，《防治海洋工程建设项目污染损害海洋环境管理条例》是特别法；《海洋环境保护法》是旧法，《防治海洋工程建设项目污染损害海洋环境管理条例》是新法。根据特别法优于一般法、新法优于旧法的原则，本案理应优先适用《防治海洋工程建设项目污染损害海洋环境管理条例》。但是，当行政机关准备适用《防治海洋工程建设项目污染损害海洋环境管理条例》对该违法行为实施行政处罚的时候，却遇到了障碍。《防治海洋工程建设项目污染损害海洋环境管理条例》，与违反"三同时"制度有所关联的罚则仅仅只有第四十六条第（二）项，即：海洋工程环境保护设施未申请验收或者经验收不合格即投入运行的，由负责核准该工程环境影响报告书的海洋主管部门责令停止建设、运行，限期补办手续，并处5万元以上20万元以下的罚款。

从严格意义上讲，《防治海洋工程建设项目污染损害海洋环境管理条例》第四十六条第（二）项也不是直接关于违反"三同时"制度的罚则。这是因为：

（1）"三同时"制度规范的是海洋主体工程与环境保护设施同时设计、同时施工、同时投产使用这三个环节，而该条例第四十六条第（二）项是对环境保护设施的验收环节的规定。事实上，与条例第四十六条第（二）项相对应的规范性条款是《防治海洋工程建设项目污染损害海洋环境管理条例》第十八条、第十九条。

（2）此前有部分观点认为，海洋工程环境保护设施未申请验收或者经验收不合格，自然是包括了海洋工程环境保护设施未建成的情况。即环境保护设施未建成，当然更谈不上申请验收，应视作一种环境保护设施未申请验收的情况。但是，结合条例第四十六条第（二）项的处罚种类来看，其中包括了"限期补办手续"。而"补办手续"一般应理解为当事人与行政机关之间发生的关系。"三同时"中任一环节的缺失，都谈不上"补办手续"。因此，可以排除条例第四十六条第（二）项对于违反"三同时"制度这类行为的适用。

然而，《海洋环境保护法》第八十三条则对此却有明确规定，违反本法第四十七条第一款、第四十八条的规定，进行海洋工程建设项目，或者海洋工程建设项目未建成环境保护设施、环境保护设施未达到规定要求即投入生产、使用的，由海洋行政主管部门责令其停止施工或者生产、使用，并处5万元以上20万元以下的罚款。因此，应适用《海洋环境保护法》的有关规定。

据此，行政机关按照《海洋环境保护法》第八十三条规定，对当事人作出了行政处罚。

思考题：

1. 如何界定海洋工程与海岸工程？
2. 海洋工程行政执法的任务是什么？
3. 海洋工程违法行为的情形及行政处罚种类是什么？
4. 什么是"三同时"制度？有哪些具体要求？
5. 实施海洋工程监督检查应注意哪些具体事项？
6. 对海洋工程违法行为开展调查取证时应注意哪些具体事项？

5 海洋油气勘探开发环境保护行政执法

5.1 概述

石油泛指各种通过地质运移在特定天然条件下,大量古生物遗存演变的可燃性液态碳氢化合物,素有"工业的血液"之称,是当今世界最重要的能源之一。随着陆地石油资源开采日益枯竭,人类逐步加大投入开采海洋石油资源,海洋油气产量在世界油气总产量中所占比重越来越大。海洋油气勘探开发工程是海洋石油勘探、开发、生产、储存和管线输送等作业活动的总称。海洋油气勘探开发具有投资大、回报高、风险大的特点,带来许多不利的环境问题,存在较大的溢油污染风险。例如,在海洋油气勘探开发过程中需要进行各种海上作业活动,这些作业活动存在许多污染源,会产生多种污染物,会对海洋环境造成不利影响。同时,海洋油气勘探开发的每个环节都可能引发突发性、灾难性的溢油污染事故,如井喷、储油罐爆炸或泄露、管道破损、地质溢油等,不仅会造成巨大的人员生命、财产损失,还对海洋生态环境造成严重污染的后果。因此,做好海洋油气勘探开发环境保护行政执法工作,对海洋行政执法部门来说尤为重要。

5.1.1 海洋油气勘探开发现状

据估计,全球石油总储量为 3 000 多亿吨,海底石油储量约 1 000 亿吨,占全球石油储量的三分之一。随着世界工业化的不断发展,全球石油消费量不断增加,仅靠陆地石油资源已远不能满足工业发展需要,因此,多数沿海国家纷纷把石油勘探开发的目光从陆地转向了海洋。目前，海洋石油勘探开发已形成了相当的规模：海洋石油开采量约占全球石油开采总量的40%，部分主要产油国甚至以海洋石油开发为主。

5.1.1.1 世界海洋石油开发的现状

海洋石油开发是陆地石油开发的延续，经历了一个由浅海到深海、由简易到成熟的发展过程。19世纪末到20世纪中期的这段时间，是世界海洋石油勘探开发的初始阶段。

1897年，在美国加利福尼亚海岸，为了开发由陆地向海洋延伸的油田，石油业者从防波堤上向外搭建了一座木质栈桥，并在上面安装了钻井机打井，这是世界上第一口海上油井，它拉开了海洋石油勘探开发的序幕。到1900年，该地区共钻井十口，井位离岸仅90~150米。

1920年，委内瑞拉在马拉开波湖发现油田后，采用了木结构平台钻井和采油，原油通过管线输送到岸上进行处理。1922年，苏联在里海巴库油田附近用栈桥进行海上钻探成功。1930年，苏联在里海发现油田后，采用了人工岛的方式钻井和采油，并建造长堤，铺设管线，将油气送到岸上。此后，苏联在里海陆续建造了45个人工岛及135千米的长堤。1936年以后，美国又在墨西哥湾的海上开始钻第一口深井，1938年建成世界上最早的海洋油田。

第二次世界大战结束后，世界经济复苏，海洋石油勘探开发事业也获得发展。1947年，美国建造的一座带有驳船的钻井平台投入使用，在路易斯安那州马尔根城西南12海里处海域开始海上钻井作业，钻井需要的燃油、水、泥浆、钻杆以及生活必需品都存放在驳船上，这是世界上首次投入使用的海上移动式钻井装置。

1953年，美国建造了世界上第一艘移动式钻井平台"马格洛利亚号"。这是一艘自升式平台，工作水深12米；

1956年，出现浮式钻井船，钻井作业海域水深为30~90米；

1962年，第一艘半潜式钻井平台投入使用，工作水深可达60~90米；

1955年，美国在墨西哥湾建设的第一个大型海上油田投产；

1966年，海上第一艘浮式生产储油轮在墨西哥湾投入使用；

1977年，壳牌石油公司利用一艘载重量59 000吨的旧油船改装成FP-SO（储油装置），应用于地中海卡斯特利翁油田生产。

20世纪90年代，在温带气候下、水深300米海域开展海洋石油的钻井、采油、集输、储存等技术问题均已成功解决。而且高寒水域的平台和管线技术也取得重大突破，海洋油气勘探开发取得巨大进步。

进入21世纪以来，随着海洋石油勘探开发技术水平的不断提升，海洋石油钻采新工艺层出叠见，世界海上油气勘探开发水平迈上新台阶。2001年，第一套水下油－水分离与生产水回注系统在挪威北海油田投入试运行，标志着海上油气生产处理技术实现新突破。与此同时，深海钻井技术发展迅猛，第五代、第六代深水钻井平台相继问世。2005年，第六代深水钻井平台问世，作业水深可达3 000米，钻井深度达12 000米，是目前最先进的钻井平台。

5.1.1.2 我国海洋石油开发的现状

到目前为止，我国海洋石油勘探开发主要经历了两个阶段：

第一阶段为1957—1979年。这个阶段主要是依靠自力更生探索下海技术，并在渤海进行勘探开发试验。20世纪50年代，我国海洋石油勘探由于尚无专门的海上勘探装备，采取了"以陆地推测海域"的办法进行勘探。1957年，在海南岛附近地区找到油气苗，此后又陆续找到36处，并推测了海上生油凹陷。1965年，在离莺歌海岸4千米、水深15米处用浮筒式钻井装置打井3口，其中一口井有原油，这是我国第一口海上油气井。后来，我国海上石油勘探重点转移至到渤海，1965年自行设计建造的第一座钢结构固定式钻井平台，1966年12月31日，在渤海海1井开钻，这是我国第一口正规海洋石油探井，1967年6月14日，海1井日产油量35.2吨、日产天然气1941立方米。到1972年，我国共建成4座固定式平台，钻井14口，发现3个含油构造。1973年后，我国开始购置自升式钻井平台以提高勘探效率。到1979年,我国共钻探海上油井100口、发现9个含油构造,建成4座简易采油平台,最高原油年产量17万吨。

第二阶段为1980年以后,为合作与自营勘探开发阶段。1979年,我国决定中国海域油气勘探开发对外开放,1980年,在渤海划分中法和中日合作区,开展对外合作勘探开发。1984年开始,我国海洋石油执行了将自主经营和对外合作相结合的政策,称谓海洋石油勘探进入自营与合作并举阶段。1984—2008年,自营勘探找到油气田、含油气构造39个,合作区块找到油气田、含油气构造22个。

从1985年起,我国建成的海上油气田陆续投产,第一年海上原油产量为9.6万吨,1990年达到143万吨,1995年达到1 000万吨。到2010年年底,我国已在渤海、东海、南海东部和南海西部四大海域进行海洋石油勘探开发,正在生产的油气田有90个,其中油田83个,气田7个,海上平台266座,人工岛(井场)26座,储油装置13艘,陆地终端15个,年产原油4 613.67万吨,年产天然气111.68亿立方米。

2011年全年全海区排放生产污水12 858.97万立方米,比2006年增加了2 234.59万立方米;钻井泥浆46 336.11立方米,比2006年减少了33 849.19立方米;不含油钻屑37 932.16立方米,比2006年减少了5 365.34立方米;含油钻屑2 996.6立方米,比2006年增加了542.8立方米;机舱污水2 226.1立方米,比2006年减少了8 278.7立方米;生活污水355 437.63立方米,比2006年增加了128 439.13立方米(详见表5-1和表5-2)。

表5-1 2006年全海区海上油田各类污染物排放统计表

时间 (月)	生产污水 排海量 (万立方米)	泥浆 排海量 (立方米)	钻屑排海量(立方米)		机舱污水 排海量 (立方米)	生活污水 排海量 (立方米)
			不含油	含油		
1	933.05	3 292.40	3 863.1	129.1	437.1	16 893.7
2	812.95	5 593.40	3 639.0	289.4	3 279.4	17 123.5

续表

时间 (月)	生产污水 排海量 (万立方米)	泥浆 排海量 (立方米)	钻屑排海量(立方米)		机舱污水 排海量 (立方米)	生活污水 排海量 (立方米)
			不含油	含油		
3	949.82	5 379.00	5 249.9	236.7	1 066.1	20 002.3
4	1 014.26	10 696.80	3 727.9	265.6	1 362.2	16 847.1
5	723.71	9 621.70	3 484.6	113.0	728.0	17 357.9
6	895.36	6 813.00	3 252.0	222.0	1 947.0	16 980.0
7	904.75	10 469.00	3 588.0	238.0	69.0	18 654.0
8	882.69	7 917.00	3 010.0	174.0	415.0	20 495.0
9	878.79	8 266.00	3 998.0	373.0	122.0	21 644.0
10	920.85	4 791.00	2 680.0	87.0	132.0	20 767.0
11	768.26	2 771.00	3 933.0	160.0	303.0	18 985.0
12	939.89	4 575.00	2 872.0	166.0	644.0	21 249.0
合计	10 624.38	80 185.30	43 297.5	2 453.8	10 504.8	226 998.5

表5-2 2011年全海区各类污染物月排放情况统计表

时间 (月)	生产污水 排放量 (万立方米)	泥浆 排海量 (立方米)	钻屑排海量(立方米)		机舱污水 排海量 (立方米)	生活污水 排海量 (立方米)
			不含油	含油		
1	1 167.17	4 082.30	3 236.14	523.3	131.9	30 258.97
2	1 042.15	3 397.70	3 498.21	350.2	197.4	25 505.65
3	1 133.95	5 081.44	3 283.95	436.8	264.9	27 404.35
4	1 106.35	2 390.00	2 920.42	283.0	284.3	28 977.77
5	1 162.14	3 739.75	1 668.11	621.1	292.3	27 531.46
6	1 067.71	1 380.50	3 333.26	217.1	393.1	30 097.15

续表

时间（月）	生产污水排放量（万立方米）	泥浆排海量（立方米）	钻屑排海量（立方米）		机舱污水排海量（立方米）	生活污水排海量（立方米）
			不含油	含油		
7	1 021.89	2 605.14	3 748.79	0	272.6	30 573.32
8	1 101.80	3 803.52	2 048.63	357.4	103.7	29 529.80
9	901.22	2 674.75	4 086.11	158.1	134.2	30 708.80
10	935.82	5 482.19	3 134.23	49.6	68.3	28 796.24
11	1 073.11	7 467.19	3 371.00	0	75.4	32 205.19
12	1 145.66	4 231.63	1 954.30	0	8.0	33 848.93
合计	12 858.97	46 336.11	37 932.16	2 996.6	2 226.1	355 437.63

注：以上数据来自《全国海洋工程环境保护和海洋倾废管理月报》。

渤海：近年来海洋石油勘探开发规模不断扩大，到2010年年底已建海上平台215座（无人井口、单井平台），人工岛（井场）26座，储油装置6艘，陆地终端6个，原油产量从2001年的576万吨增长到2010年的2 855万吨，10年间增长了近4倍。天然气从2001年的3.7亿立方米增长到2010年的15.1亿立方米，增长了3倍，已成为我国第二大产油区。2011年全年排放生产污水597.99万立方米、钻井泥浆6 120.21立方米、不含油钻屑26 144.16立方米、生活污水113 545.4立方米，食品废弃物100.24吨（详见表5－3）。

表5－3　2011年渤海区各类污染物月排放情况统计表

时间（月）	生产污水排放量（万立方米）	泥浆排海量（立方米）	钻屑排海量（立方米）		机舱污水排海量（立方米）	食品废弃物排海量（吨）	生活污水排海量（立方米）
			不含油	含油			
1	54.42	11.10	1 693.14	0	0	0	9 895.97
2	50.73	0.50	2 053.41	0	0	0	7 734.45

续表

时间(月)	生产污水排放量(万立方米)	泥浆排海量(立方米)	钻屑排海量(立方米)		机舱污水排海量(立方米)	食品废弃物排海量(吨)	生活污水排海量(立方米)
			不含油	含油			
3	56.35	0.14	2 368.75	0	0	0	7 498.25
4	52.28	85.90	2 125.12	0	0	0	8 663.37
5	45.76	803.75	928.61	0	0	4.97	8 072.06
6	46.88	75.50	3 047.26	0	0	79.16	8 053.85
7	55.68	1 107.14	3 537.49	0	0	9.57	11 808.33
8	38.83	1 048.52	1 746.63	0	0	2.31	8 434.5
9	39.44	542.75	3 334.21	0	0	4.23	11 023.3
10	41.16	736.49	1 899.93	0	0	0	10 183.24
11	52.07	1 210.79	1 800.60	0	0	0	10 823.29
12	64.39	497.63	1 609.01	0	0	0	11 354.76
合计	597.99	6 120.21	26 144.16	0	0	100.24	113 545.37

注：以上数据来自《全国海洋工程环境保护和海洋倾废管理月报》。

东海：到2010年年底，我国已建海上平台5座，陆地终端3个，原油产量从2001年的59万吨下降到2010年的9万吨，天然气从2001年的3.3亿立方米增长到2010年的5.1亿立方米。2011年全年排放生产污水135.22万立方米、钻井泥浆1 326.3立方米、不含油钻屑826.4立方米、生活污水32 370立方米（详见表5－4）。

表5－4　2011年东海区各类污染物月排放情况统计表

时间(月)	生产污水排放量(万立方米)	泥浆排海量(立方米)	钻屑排海量(立方米)		机舱污水排海量(立方米)	食品废弃物排海量(吨)	生活污水排海量(立方米)
			不含油	含油			
1	14.25	35.2	33.7	0	0	0	2 330
2	11.38	35.2	2.1	0	0	0	1 579
3	11.99	8.3	18.6	0	0	0	1 851
4	9.15	1.1	6.3	0	0	0	2 134

续表

时间（月）	生产污水排放量（万立方米）	泥浆排海量（立方米）	钻屑排海量（立方米）		机舱污水排海量（立方米）	食品废弃物排海量（吨）	生活污水排海量（立方米）
			不含油	含油			
5	12.66	9.0	29.2	0	0	0	2 077
6	11.46	0	32.0	0	0	0	2 260
7	12.43	0	0	0	0	0	2 015
8	9.76	718.0	33.0	0	0	0	3 542
9	10.94	0	70.0	0	0	0	3 779
10	11.79	140.0	308.5	0	0	0	3 371
11	10.51	299.5	253.0	0	0	0	3 611
12	8.90	80.0	40.0	0	0	0	3 821
合计	135.22	1 326.3	826.4	0	0	0	32 370

注：以上数据来自《全国海洋工程环境保护和海洋倾废管理月报》。

南海：到2010年年底已建海上平台46座，储油装置7艘，陆地终端5个，原油年产量从2001年的204.6万吨，到2010年的202.7万吨，天然气从2001年的35.7亿立方米增长到2010年的60.4亿立方米。2011年全年排放生产污水12 125.76万立方米、钻井泥浆38 889.6立方米、不含油钻屑10 961.6立方米、含油钻屑2 996.6立方米、机舱污水2 226.1立方米、食品废弃物673.46吨、生活污水209 522.3立方米（详见表5-5）。

表5-5 2011年南海区各类污染物月排放情况统计表

时间（月）	生产污水排放量（万立方米）	泥浆排海量（立方米）	钻屑排海量（立方米）		机舱污水排海量（立方米）	食品废弃物排海量（吨）	生活污水排海量（立方米）
			不含油	含油			
1	1 098.50	4 036.0	1 509.3	523.3	131.9	76.51	18 033.0
2	980.04	3 362.0	1 442.7	350.2	197.4	46.13	16 192.2
3	1 065.61	5 073.0	896.6	436.8	264.9	56.12	18 055.1
4	1 044.93	2 303.0	789.0	283.0	284.3	57.2	18 180.4

续表

时间（月）	生产污水排放量（万立方米）	泥浆排海量（立方米）	钻屑排海量（立方米）		机舱污水排海量（立方米）	食品废弃物排海量（吨）	生活污水排海量（立方米）
			不含油	含油			
5	1 103.72	2 927.0	710.3	621.1	292.3	54.12	17 382.4
6	1 009.36	1 305.0	254.0	217.1	393.1	53.08	19 783.3
7	953.78	1 498.0	211.3	0	272.6	52.00	16 749.99
8	1 053.21	2 037.0	269.0	357.4	103.7	56.06	17 553.3
9	850.84	2 132.0	681.9	158.1	134.2	49.93	15 906.5
10	882.87	4 605.7	925.8	49.6	68.3	50.35	15 242.0
11	1 010.53	5 956.9	1 317.4	0	75.4	79.58	17 770.9
12	1 072.37	3 654.0	1 954.3	0	8.0	42.38	18 673.17
合计	12 125.76	38 889.6	10 961.6	2 996.6	2 226.1	673.46	209 522.26

注：以上数据来自《全国海洋工程环境保护和海洋倾废管理月报》。

5.1.2　海洋油气勘探开发环境保护行政执法概况

近年来，为了认真贯彻落实《中华人民共和国海洋环境保护法》、《中华人民共和国海洋石油勘探开发环境保护管理条例》和《防治海洋工程建设项目污染损害海洋环境管理条例》，海洋行政执法部门按照国家的法律、法规，认真履行监督检查职能，对我国管辖海域内的海洋石油勘探开发活动加强了监管，采取定期或不定期的海上巡航监视、空中巡航监视、陆岸巡视和登临海上生产设施等检查方法，加大了对海洋石油勘探开发环境保护的检查力度，查处了一大批海洋违法行为。

以渤海海洋油气勘探开发环境保护的行政执法为例，中国海监北海总队渤海石油勘探开发定期巡航组对渤海海洋油气勘探开发活动，2010年开展海上海洋行政检查716次，陆岸海洋行政检查52次，共登检平台80个次，做出行政处罚7起，航程8 909海里，航时779小时；2011年，开展海上行政检查803次，陆岸海洋行政检查53次，登检平台128个次，做出行政处罚10起，航程11 963海里，航时1 073小时；2012年，开展海上海洋行政检查438次，陆岸海洋行政检查65次，共登检平台141个次，做出行政处罚8起，航程7 176海里，航时621小时（详见表5-6）。

表5-6 2010—2012年渤海海洋油气勘探开发项目海洋行政执法工作统计表

年份	海上检查（次）	陆岸检查（次）	平台登检（座）	发现违法行为（起）	行政处罚（起）	航程（海里）	航时（小时）
2010	716	52	80	7	7	8 909	779
2011	803	53	128	10	10	11 963	1 073
2012	438	65	141	8	8	7 176	621

此外，海洋行政执法部门还加强了对突发油污染事故的应急调查取证工作。近年来先后对××油田井组倒伏溢油事故、××油田F31井溢油事故、××油田群海底输油管道溢油事故、黄骅附近海域无主油污染事故、长岛海域油污染事故、埕岛海域海底输油管道溢油事故等污染事故进行了应急调查取证。并组织实施了对海上石油勘探开发溢油应急能力和环境保护设施的年度核查。通过加大检查频率，拓展检查内容和范围，有效遏制了各类海洋违法行为的多发态势。

同时，海洋行政执法人员还注重加强对海洋石油勘探开发环境保护法律、法规和部门规章的宣传。通过送法上门、制作宣传小册子、举办法律法规培训班等形式多样的普法活动，提高海洋石油勘探开发作业者和员工的海洋环保意识，使海上作业更加科学化、规范化，有效防范了各类污染事故的发生。

5.1.3 海洋油气勘探开发过程中主要污染物产生环节

海洋石油勘探开发是一项涵盖多项工艺技术的系统工程，包括地质调查、物理勘探、钻井、测井、井下作业、采油、油气集输、储运、供水供电、通讯、废弃等一系列配套工艺流程。在不同的生产阶段和不同工艺过程中，各个工艺环节均会产生包括大气污染物、水体污染物、固体废弃物、噪声及放射性污染物等多种类型的污染物，如海上平台作业中产生的钻屑、泥浆、含油污水、生活污水等。污染物的排放对海洋环境有一定的影响，因此，必须达到国家排放标准，以确保其对海洋环境的损害在可控范围内。

目前，海上油田作业、生产过程中可能产生污染的环节主要有物探作业、钻井作业、测井作业、井下作业、采油作业、集输作业等，污染物包括生产污水、生活垃圾、工业垃圾、生活污水（又称黑水）、生产区甲板污水、机舱含油污水、钻屑、废弃泥浆和完修井液、井下支撑剂、残油废油、润滑油脂、伴生天然气等多种类型。具体情况详见表 5-7。

表 5-7 海上石油勘探开发中产生污染的环节和主要污染物类型

序号	产生污染物的环节	主要污染物类型
1	物探作业	生活垃圾、工业垃圾、生活污水、机舱含油污水、炸药爆炸与震荡波、船舶溢油事故导致的污染等
2	钻井作业	生活垃圾、工业垃圾、废水（废钻井液和冲洗废水）、机舱含油污水、生活污水、废弃泥浆和完井液、岩屑、废气污染（烟气、烟尘、二氧化硫、氮氧化物、一氧化碳）、噪声污染（气流噪声和机械噪声）、污染事故（平台和船舶）产生的污染物等
3	测井作业	放射性污染、外溢硅脂、外漏油类、试油废油和井下返出废液等
4	井下作业	采出水（生产污水）、生活垃圾、工业垃圾、废水（废钻井液和冲洗废水）、机舱含油污水、生活污水、废弃泥浆、残油废油、残液、污染事故（平台和船舶）产生的污染物等
5	采油作业	采出水、生活垃圾、工业垃圾、废水（废钻井液和冲洗废水）、机舱含油污水、生活污水、残油废油、油泥砂、废气污染（烟气、烟尘、二氧化硫、氮氧化物、一氧化碳）、污染事故（平台、船舶、管道）产生的污染物等

续表

序号	产生污染物的环节	主要污染物类型
6	集输作业	油轮污染（轻烃废气、溢油、废水（压舱和洗舱水））、管道铺设及输送过程中（路由勘察、铺设施工、溢油修复、路由复查）产生的悬浮泥沙、聚氨酯和焊接废渣等污染物
7	其他方面	在各类作业时出现的跑、冒、滴、漏现象和井喷等溢油污染、事故；试油废油燃烧不充分，少量入海，酸液中和直排、化学消油剂和甲板清洗剂使用过度和直接外排等污染物

在以上各个可能产生海洋污染的环节中，井喷（地层溢油）和管道破损溢油事故对海洋环境的影响最大。所谓井喷，是指地层中流体喷出作业甲板面或海床地层的现象。大、中型海上油田普遍采用海底管道输送进行油气生产，管道自身腐蚀或受到外力破损后，导致大量油气泄露，造成严重溢油污染。造成井喷（地层溢油）的原因主要有地层压力掌握不准、泥浆密度不合理、井内泥浆柱高度降低、起钻抽吸、其他措施不当等。如渤海"七号平台"钻井至高压油、气层时，防喷措施及井口设备装置不当而引发的井喷及失火历时7天；埕岛油田"CB6A"井组倒伏导致的溢油事故历时190天；绥中"36—1"油田F平台发生的油气泄漏事故历时5天；胜利埕岛油田海底管道"312"溢油污染事件……这些重大海上溢油事故，给渤海海洋环境造成了严重损害，海洋生态遭受重创，国家和企业蒙受了巨大的经济损失。

5.2 法律依据

5.2.1 法律法规

为了保护和改善海洋环境，保护海洋资源，防治污染损害，维护生态平衡，保障人体健康，促进经济和社会的可持续发展。我国于 1983 年颁布实施《中华人民共和国海洋环境保护法》（以下简称《海洋环境保护法》），并在第三章对"防止海洋石油勘探开发对海洋环境的污染损害"做出了明确的原则性规定。

为进一步做好海洋石油勘探开发环境保护工作，完善海洋石油勘探开发环境保护法制建设，1983 年 12 月 29 日，国务院颁布了《中华人民共和国海洋石油勘探开发环境保护管理条例》，使《海洋环境保护法》第三章关于"防止海洋石油勘探开发对海洋环境的污染损害"的规定进一步具体化。

随着海洋经济的快速发展，为适应海洋环境保护工作需要，1999 年 12 月 25 日，全国人大常委会对《海洋环境保护法》进行了修订，将海洋石油勘探开发环境保护管理纳入了"防治海洋工程建设项目对海洋环境的污染损害"一章。该法分总则、海洋环境监督管理、海洋生态保护、防治陆源污染物对海洋环境的污染损害、防治海岸工程建设项目对海洋环境的污染损害、防治海洋工程建设项目对海洋环境的污染损害、防治倾倒废弃物对海洋环境的污染损害、防治船舶及有关作业活动对海洋环境的污染损害、法律责任、附则，共十章九十八条。

2006 年 9 月 9 日，为了防治和减轻海洋工程建设项目污染损害海洋环境，维护海洋生态平衡，保护海洋资源，根据《海洋环境保护法》，国务院颁布了《防治海洋工程建设项目污染损害海洋环境管理条例》，该条例分为总则、环境影响评价、海洋工程的污染防治、污染物排放管理、污染事故的预防和处理、监督检查、法律责任、附则，共八章五十九条，该法于 2006 年 11 月 1 日起施行。

为了加强海洋石油勘探开发各类污染物排污费的征收，规范费收费标准，国务院先后出台了《排污费征收标准管理办法》、《排污费征收使用管理条例》和《财政部、国家计委关于批准收取海洋工程排污费的复函》，并于 2003 年 7 月 1 日起施行。

现阶段，我国的海洋石油勘探开发环境保护工作基本上依据上述法律、法规开展。

5.2.2 部门规章

为加强对海洋石油勘探开发环境保护的管理，规范各项制度，国家海洋局根据上述法律、法规，先后制定发布了《中华人民共和国海洋石油勘探开发环境保护管理条例实施办法》和《海洋行政处罚实施办法》，对相关法律的规定进行了进一步的细化。

5.2.3 规范性文件与标准

为认真贯彻执行《中华人民共和国海洋环境保护法》、《中华人民共和国海洋石油勘探开发环境保护管理条例》、《防治海洋工程建设项目污染损害海洋环境管理条例》，加强对海洋石油勘探开发环境保护的管理工作，国家和海洋行政主管部门还先后制订了《海洋石油勘探开发化学消油剂的使用规定》、《海洋石油勘探开发溢油应急计划编报和审批程序》、《海洋石油平台弃置管理暂行办法》、《海洋工程排污费征收标准实施办法》、《海洋工程环境影响评价管理暂行规定》、《海洋石油开发工程环境影响评价管理程序》、《海洋石油开发工程环境影响后评价管理暂行规定》、《海洋石油勘探开发管理若干问题暂行规定》、《海洋工程环境保护设施管理办法》、《海洋油气开发工程环境保护设施竣工验收管理办法》、《海上油气生产设施废弃处置管理暂行规定》、《海洋石油勘探开发活动污染损害海洋环境调查取证工作细则》、《海洋石油勘探开发污染物排放浓度限值》、《污水海洋处置工程污染控制标准》、《船舶污染物排放标准》、《污水综合排放标准》、《海水水质标准》、《海洋石油勘探开发污染物生物毒性分级》、《海洋石油勘探开发污染物生物毒性检验方法》、《海洋石油勘探开发常用消油剂性能指标及检验方法》、《海洋石油开发工业含油污水分析方法》、《船舶污染物监测分析方法》、《海洋石油开发工程环境保护设施竣工验收监测技术规程》、《建设项目海洋环境影响跟踪监测技术规程》、《海洋工程环境影响评价技术导则》、《海洋石油勘探开发原油样品采集技术规程》等规范性文件和相关标准及技术规程。

上述法律、法规、部门规章和相关标准及技术规程，健全和完善了我国海洋石油勘探开发环境保护工作的法律体系。

5.3 基本法律制度

根据我国现行海洋环境保护法律、法规、规章和相关标准，海洋石油勘探开发环境保护管理制度主要包括：环境影响评价、环境保护设施核查、溢油应急计划和应急能力核查、海上平台弃置管理、海上平台防污记录簿及记录表核查、化学消油剂使用管理、泥浆和添加剂的使用管理、各类污染物排放与检验、排污费征收、日常报告管理制度等，具体管理流程见图5-1。

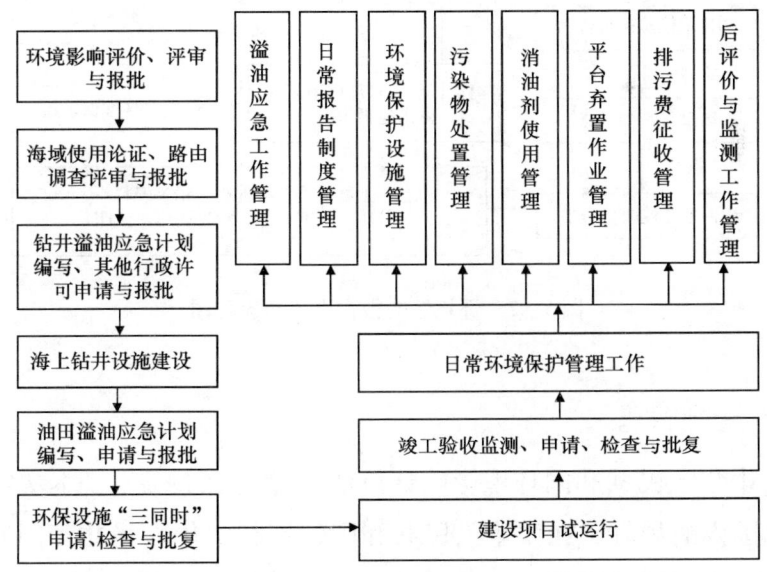

图5-1 海洋石油勘探开发环境保护管理工作流程图

5.3.1 海洋环境影响评价管理制度

目前，海洋石油勘探开发已成为海洋环境污染的重要污染源之一。我国海洋环境保护工作中实施以"预防为主"的方针，以便于及时掌握石油开发海域的环境总体情况及油气勘探开发可能对该海区环境产生的影响，提前防治海洋环境污染，实现预防与治理相结合的目的。通过编制、核准海洋环境影响报告书，还可以进一步掌握石油勘探开发对海区环境可能产生的短期及长期影响，从而更好地衡量石油勘探开发的得失。

工程项目能否上马，首先要通过"海洋环境影响评价"验证其对海洋环境的影响程度是否在允许范围内，使建设项目达到经济效益、社会效益和环境效益的"三统一"。海洋石油开发工程环境影响报告书工作流程详见图5-2。

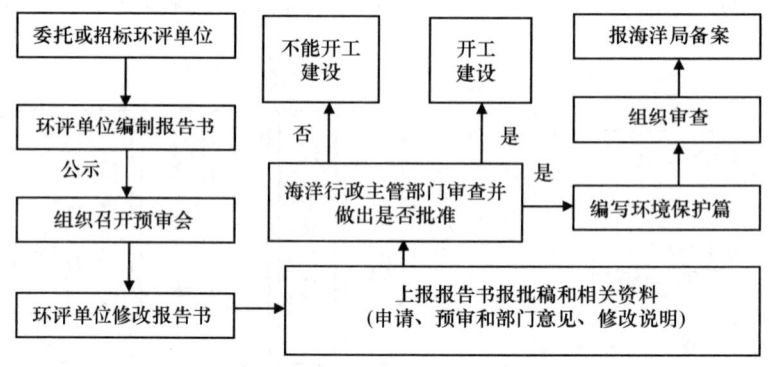

图5-2 环境影响报告书工作流程图

5.3.1.1 管理依据

1.《中华人民共和国环境影响评价法》第三条规定，"本法第九条所规定的范围内的规划，在中华人民共和国领域和中华人民共和国管辖的其他海域内建设对环境有影响的项目，应当依照本法进行环境影响评价"。

2.《中华人民共和国环境影响评价法》第二十二条第二款规定，"海洋工程建设项目的海洋环境影响报告书的审批，依照《中华人民共和国海洋环境保护法》的规定办理"。

3.《中华人民共和国海洋环境保护法》第四十七条规定，"海洋工程建设项目必须符合海洋功能区划、海洋环境保护规划和国家有关环境保护标准，在可行性研究阶段，编报"海洋环境影响报告书"，由海洋行政主管部门核准，并报环境保护行政主管部门备案，接受环境保护行政主管部门监督"，"海洋行政主管部门在核准海洋环境影响报告书之前，必须征求海事、渔业行政主管部门和军队环境保护部门的意见"。

5.3.1.2 《海洋环境影响报告书》的内容

"海洋环境影响报告书"的编写到核准过程均要围绕《海洋石油勘探开发环境保护管理条例》第五条规定执行。"海洋环境影响报告书"应包括以下内容：

（1）油田名称、地理位置、规模；

（2）油田所处海域的自然环境和海洋资源状况；

（3）油田开发中需要排放的废弃物种类、成分、数量、处理方式；

（4）对海洋环境影响的评价；海洋石油开发对周围海域自然环境、海洋资源可能产生的影响；对海洋渔业、航运、其他海上活动可能产生的影响；为避免、减轻各种有害影响，拟采取的环境保护措施；

（5）最终不可避免的影响、影响程度和原因；

（6）防范重大油污染事故的措施；防范组织，人员配备，技术装备，通信联络等。

从上述内容看，《海洋石油勘探开发环境保护管理条例》第五条对海洋环境影响报告书的基本内容进行了规定。根据我国《基本建设项目环境保护管理办法》的附件中关于"大中型基本建设项目环境影响报告书提要"的有关规定，在实践中，"海洋环境影响报告书"的内容除《海洋石油勘探开发环境保护管理条例》第五条规定内容外，还应包括在海洋石油勘探开发过程中所需材料；燃料；水的用量和来源；油田周围海域的水文、地形、地质及气象状况；油田周围海域的水产及生物资源状况；油田周围海域的海水质量状况；对油田开发过程中海洋环境保护的技术可行性论证等。并且，海上油田环评报告书还应进一步控制主要生产工艺和污染物处理工艺的溢油隐患，提出有效防范措施，对重要生产工艺应预先由第三方机构给予全面评价。

5.3.1.3 《海洋环境影响报告书》的编制程序

1. 企业或作业者采用委托或公开招标方式选择具有环评资格证书（甲级）的单位对开发工程进行环境影响评价工作；从事海洋工程环境影响评价的单位和有关技术人员，应当按照国务院环境保护主管部门的规定，取得相应的资质证书和资格证书。国务院环境保护主管部门在颁发海洋工程环境影响评价单位的资质证书前，应当征求国家海洋主管部门的意见。

用于环境影响评价的历史、现状等调查监测数据资料，应当由具备向社会公开出具海洋环境监测数据资质的机构提供。论证承担单位编制海洋环境影响报告书过程中，及时向社会公示，接受社会公众的合理意见。

2. 国家海洋局海洋咨询中心组织召开专家评审会，并邀请中国海监总队及工程所在海区分局和海事、渔业行政主管部门、军队环境保护部门、沿海有关省（自治区、直辖市）海洋行政主管部门的代表参加。

3. 根据专家组评审意见和部门意见对"环境影响报告书"进行修改完善。

5.3.1.4 《海洋环境影响报告书》的报送

项目建设单位应当将单位报批文件和预审意见以及对预审意见采纳情况的说明和根据预审意见修改后的"环境影响报告书（报批稿）"一式3份报国家海洋局审批，同时抄报海事、渔业行政主管部门和军队环境保护部门。

5.3.1.5 《海洋环境影响报告书》的核准

根据《海洋环境保护法》第四十七条规定,"海洋工程环境影响报告书"由海洋行政主管部门核准,并报环境保护行政主管部门备案,接受环境保护行政主管部门监督;海洋行政主管部门在核准海洋环境影响报告书之前,必须征求海事、渔业行政主管部门和军队环境保护部门的意见。

1. 提交材料

提交材料主要包括:书面申请、海洋环境影响报告书、专家审查意见、环评单位对报告书的修改说明、公众参与情况、节能减排指标文件及其他相关材料。

2. 办理程序

(1)受理:国家海洋局;

(2)初步审查:对申请材料进行审查,决定是否受理;

(3)论证:召开审查会进行专家论证,建设单位根据专家意见对报告书进行修改完善后形成报批稿;

(4)征求意见:按照法律规定征求有关部门的意见;

(5)核准:做出是否予以核准的决定,并书面通知。

3. 核准时间的规定

海洋主管部门应当自收到环境影响报告书(报批稿)之日起60个工作日内,做出是否核准的决定,并书面通知建设单位,同时抄报国家发展计划委员会等有关部门。

需要补充材料的,应当及时通知建设单位,核准期限从材料补齐之日起重新计算。

5.3.1.6 环境影响报告书的重新编制与重新核准

开发工程的环境影响报告书核准后,工程的性质、规模、地点、采用的生产工艺或防治污染、防止生态破坏的措施发生重大改变的,建设单位应当委托具有相应环境影响评价资质的单位重新编制环境影响报告书,报原核准该工程环境影响报告书的海洋主管部门核准。

开发工程自环境影响报告书核准之日起，超过5年方开工建设的，应当在工程开工建设前，将该工程的环境影响报告书报原核准该工程环境影响报告书的海洋主管部门重新核准。

5.3.1.7 环境影响后评价

在项目建设、运行过程中产生不符合经核准的环境影响报告书的情形的，建设单位应当自该情形出现之日起20个工作日内组织环境影响的后评价。原核准该工程环境影响报告书的海洋主管部门也可以责成建设单位进行环境影响的后评价，采取改进措施。建设单位根据后评价结论采取改进措施，并将后评价结论和拟采取的改进措施报原核准该工程环境影响报告书的海洋主管部门备案。

海洋行政主管部门自收到后评价报告之日起20个工作日内没有提出要求的，视为同意备案。整改后，建设单位提交《海洋石油勘探开发工程环境保护整改情况报告》，海洋行政主管部门收到前述报告后应于20日内对整改结果进行检查验收，以书面形式通知建设单位。

5.3.1.8 环境影响评价制度监督管理

1. 建设项目的环境影响评价报告书未经法律规定的审批部门审查或者审查后未予核准的，该项目审批部门不得批准其建设，建设单位不得开工建设。项目被立案调查的，海洋行政执法队伍应提请海洋主管部门暂停项目环境影响评价手续的办理。

2. 建设项目建设过程中，建设单位应当同时实施环境影响报告书、环境影响报告表以及环境影响评价文件审批部门审批意见中提出的环境保护对策措施（设计规模、范围、作业方式、环保设施运行是否正常、各类污染物处理方式、排放速率和达标情况、总量控制指标、排污口混合区范围、建设与开发期间对周围海域海洋环境的影响等）。

3. 环境保护行政主管部门应当对建设项目投入生产或者使用后所产

生的环境影响进行跟踪检查，对造成严重环境污染或者生态破坏的，应当查清原因、查明责任。对属于为建设项目环境影响评价提供技术服务的机构编制不实的环境影响评价文件的，依照《中华人民共和国环境影响评价法》第三十三条规定追究其法律责任；属于审批部门工作人员失职、渎职，对依法不应批准的建设项目环境影响评价文件予以批准的，依照《中华人民共和国环境影响评价法》第三十五条规定追究其法律责任。

5.3.2 环境保护设施管理制度

本节所称的环境保护设施是指按照经批准的环境影响报告书（表）和工程设计环境保护篇章的要求配备的与海洋石油勘探开发项目建设或生产、作业有关的各项环境保护设施，包括为防治污染、保护海洋生态所配备的设备、装置等。

5.3.2.1 管理依据

1. 《中华人民共和国海洋环境保护法》第五十一条第一款规定，"海洋石油钻井船、钻井平台和采油平台的含油污水和油性混合物，必须经过处理达标后排放；残油、废油必须予以回收，不得排放入海。经回收处理后排放的，其含油量不得超过国家规定的标准"。

2. 《海洋石油勘探开发环境保护管理条例》第十一条规定，"固定式和移动式平台的含油污水，不得直接或稀释排放。经过处理后排放的污水，含油量必须符合国家有关含油污水排放标准"。

3. 《海洋石油勘探开发环境保护管理条例实施办法》第十六条第二款规定，"在平台烧毁其纸制品、棉麻织物、木质包装材料时，不得造成海洋环境污染"；第十六条第三款规定，"在距最近陆地12海里以内投弃食品废弃物，应使粒径小于25毫米；在此海域内排放粪便，须经消毒和粉碎等处理"。

4. 《海洋石油勘探开发污染物排放浓度限值》规定的海上油田各类污染物的排放限值标准。

5.3.2.2 海上油气平台环保设施配备要求

海上平台环境保护设施的配备,一方面要安装有关防污设备,另一方面按规定设置的防污设备必须达到规定的要求。具体应配备什么设备,对设备有何要求,在《海洋石油勘探开发环境保护管理条例》第七条中有明确的规定。根据该条规定:对海上固定式和移动式平台的防污设备配备的要求是:

(1) 应设置油水分离设备(主要用于机舱含油污水处理);

(2) 采油平台应设置含油污水处理设备,该设备处理后的污水含油量应达到国家排放标准(主要包括采出水处理系统、开式和闭式排放系统);

(3) 应设置排油监控装置;

(4) 应设置残油、废油回收设施;

(5) 应设置垃圾粉碎设备或回收装置;

(6) 项目环境影响评价报告书要求设置的其他防污设备、应急设备等环境保护设施;

(7) 其他法律法规和规章要求的设施;

(8) 上述设备应经中华人民共和国船舶检验机关检验合格并获得有效证书。

中华人民共和国船舶检验机关是指中华人民共和国船舶检验局及其下属机构。国家海洋局及其下属机构要检查平台防污设备是否符合要求,以船舶检验机关检验结果为依据。船舶检验部门所检验的项目,由国家海洋局及其派出机构依法向企业、事业单位、作业者提出,再由从事海洋石油勘探开发的企业、事业单位、作业者向船舶检验机关提出检验申请,船舶检验机关依据《中华人民共和国船舶检验局海船防污染结构与设备规范》的有关规定进行检验。对海上平台的检验种类分初次检验、年度检验、期间检验和定期检验四种。

平台上的油水分离设备是指油水分离器或油水过滤器。也就是说,平台上含油污水的排放经油水分离器处理,再由过滤器进行过滤处理,排放的含油污水的含油量不应超过15毫克/升。排放系统还应装有自动报警装置，如该系统排出的含油污水中油类物质超过15毫克/升时，应能自动发出警报并停止排放污水。

从目前总的情况看，国内绝大多数平台已经按法律规定的要求，安装了防止油污染的油水分离设备，污水处理设备，排油监控装置等防污设备。

5.3.2.3 "三同时"制度

1. 管理依据

《中华人民共和国海洋环境保护法》第四十八条规定，"海洋工程建设项目的环境保护设施，必须与主体工程同时设计、同时施工、同时投产使用。环境保护设施未经海洋行政主管部门检查批准，建设项目不得试运行"。"三同时"工作具体流程见图5-3。

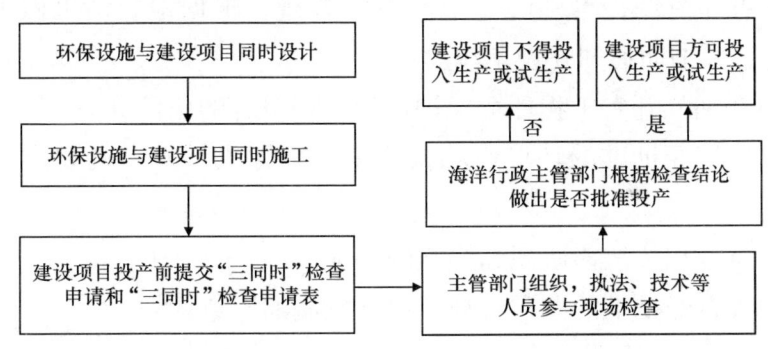

图5-3 环保设施"三同时"工作流程图

2. "三同时"检查申请

海洋油气开发工程的建设单位应当在投入（试）运行之日30个工作日前，向国家海洋局提出环境保护设施"三同时"检查申请，填写《海洋油气开发工程环保设施"三同时"落实情况报告表》，并同时抄报所在海区分局，经检查批准后方可投入生产。

分期建设、分期投入生产或使用的海洋工程，按照相关规定分期进行环境保护设施的"三同时"检查申请。

申请时应提交材料：

（1）海洋工程建设项目环保设施"三同时"检查申请文件；

（2）环保设施"三同时"落实情况报告表；

（3）节能减排指标文件；

（4）其他相关材料。

3."三同时"办理程序

（1）受理：国家海洋局；

（2）审查：国家海洋局或海区分局组织对工程环保设施进行现场检查；

（3）审批：做出书面决定。

国家海洋局应当自收到"三同时"检查申请之日起20个工作日内，组织开展对环境保护设施的"三同时"检查，根据检查结果做出是否批准的决定，并书面通知建设单位。

4.海洋油气开发工程环境保护设施应当符合的条件

（1）按照经批准的环境影响报告书及环保设计篇章的要求建成或者落实；

（2）符合相关法律法规和标准的要求；

（3）具备经批准的海洋石油勘探开发溢油应急计划。

5.3.2.4 环境保护设施竣工验收

依据《中华人民共和国海洋环境保护法》第四十八条"环境保护设施未经海洋行政主管部门验收，或者经验收不合格的，建设项目不得投入生产或者使用"的规定，海洋石油勘探开发项目建设单位必须在项目投入试运行之日起60个工作日内向海洋行政主管部门申请开展环境保护设施竣工验收工作。具体工作流程见图5-4。

本节所称的竣工验收是指海洋油气开发工程完工后，海洋行政主管部门通过现场检查和技术评估等手段，考核其是否达到海洋环境保护要求的活动。

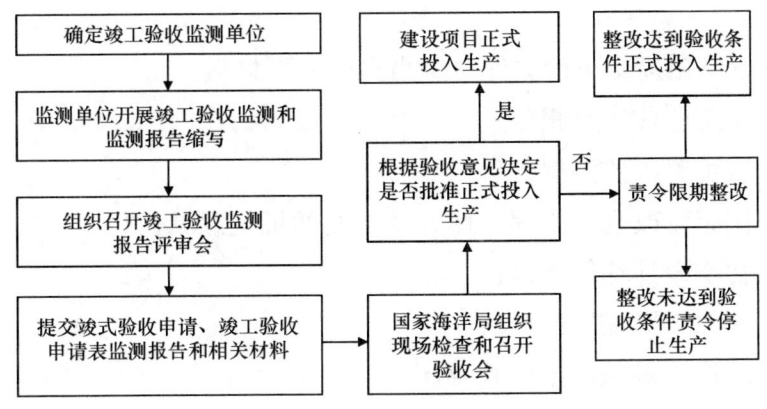

图 5-4 环保设施竣工验收工作流程图

1. 竣工验收监测

海洋油气勘探开发工程环境保护设施竣工验收监测报告应符合国家相关技术标准和规范,由具备向社会公开出具海洋环境监测数据资质的机构承担。

该工程环境影响评价报告书的编制单位、与建设单位存在利益关系的监测机构不得承担竣工验收监测报告的编制工作。

2. 竣工验收申请

建设单位应当在项目投入运行之日 30 个工作日前或项目投入试运行之日起 60 个工作日内,向国家海洋局提交海洋油气开发工程环境保护设施竣工验收申请,并同时抄报所在海区分局。

对试运行 60 个工作日内不具备《海洋石油开发工程环境保护设施竣工验收监测技术规程》规定的竣工验收工况条件的项目,建设单位应当在试运行期间,向国家海洋局提出延期验收申请,说明延期验收的理由及拟进行验收的时间。

海洋油气开发工程环境保护设施竣工验收申请文件应当包括以下内容:工程建设情况、工程总投资和环保投资情况、环评报告书和环保设计篇章的落实情况、环保设施运行情况及效果、环保措施和环保制度的建立及落实情况。

建设单位在提交申请文件时应当提交如下材料：

（1）竣工验收申请报告；

（2）竣工验收监测报告；

（3）国家发改委对工程总体开发方案的批复意见；

（4）初步设计环保评价；

（5）其他需要提供的材料。

3. 环境保护设施竣工验收程序

（1）受理：国家海洋局。

（2）现场检查：按照环境保护设施竣工验收应当具备的条件对环保设施情况进行现场检查。

（3）召开验收会议：组成验收小组进行验收，提出验收意见；工程建设单位的上级主管部门、设计单位、施工单位、环境影响报告书及验收监测报告的编制单位应当参加验收会。涉及国外公司的，由作业公司或业主参与设计和施工的人员代表设计单位及施工单位参加验收会。

（4）审批：做出审批决定并书面通知。

4. 环境保护设施竣工验收合格的条件

环境保护设施竣工验收应当同时具备以下条件方可通过：

（1）建设前期环境保护审查、审批手续完备；

（2）环境保护设施安装质量符合国家和有关部门颁发的专业工程验收规范、规程和检验评定和计量标准，经负荷试车检测合格，其防治污染能力适应工程环境保护的需要；

（3）具备环境保护设施正常运转的条件。包括：经培训合格的操作人员、健全的岗位操作规程及相应的规章制度，原料、动力供应落实，符合交付使用的其他要求；

（4）污染物排放符合环境影响报告书和设计文件中提出的标准；在实

行污染物排放总量控制的海域，污染物排放总量满足控制指标的要求；

（5）各项生态保护措施按环境影响报告书规定的要求落实，建设项目建设过程中受到破坏并可恢复的环境已按规定采取了恢复措施；

（6）环境监测项目、点位、机构设置及人员配备，符合环境影响报告书和有关规定的要求；

（7）已对环境影响报告书提出的环境保护敏感点进行环境影响验证，清洁生产措施符合环境影响报告书要求，按规定要求对施工期环境保护措施落实情况进行工程环境监理；

（8）应急防污染设施及器材配备齐全完好，并可随时投入使用。

5. 竣工验收批准

国家海洋局应当自受理申请文件之日起30个工作日内完成竣工验收。但验收工作需要进行技术评估论证和检验、监测的，不计算在时限之内。

对验收合格的工程，批准其投入生产；验收不合格的，应当通知建设单位限期整改。整改期满仍未达到验收条件的，建设单位不得投入运行。

注意：分期建设、分期投入运行或者试运行的工程，按照相关规定的程序分期进行环境保护设施竣工验收。

5.3.2.5 环境保护设施拆除、闲置、更换和维修

依据《中华人民共和国海洋环境保护法》第四十八条第二款"拆除或者闲置环境保护设施，必须事先征得海洋行政主管部门的同意"之规定，确需拆除或闲置的环境保护设施，必须事先征求海洋行政主管部门的同意，在其闲置并不构成海洋环境污染和损害条件下，方可允许。

1. 环境保护设施拆除、闲置

海洋工程投产或使用后，其环境保护设施不得擅自拆除或闲置。确需拆除或闲置的，应自拆除或闲置之日起20个工作日前向有管理权的海洋主管部门申请，说明拆除或闲置的理由和环境保护设施的运转情况，经批准后方可拆除或闲置。

（1）申请时应提交的材料。

①环境保护设施拆除或闲置申请；

②环保设施的运转情况；

③污染物的排放、处置情况；

④其他相关材料。

（2）办理程序

①受理：国家海洋局；

②审查：对提交的申请和相关材料进行审查；

③审批：做出决定并书面通知。

2. 环境保护设施更换

开发工程投入生产或使用后，其环境保护设施需要更换的，应当自更换之日起20个工作日前向核准其环境影响报告书（表）的海洋主管部门申请，说明更换的理由和更换后设备处理污染的能力，经批准后方可更换。

建设单位在更换设备期间，应当采取有效措施，确保工程和设备更换产生的污染物的处理、排放符合国家有关规定和标准。

3. 环境保护设施维修

开发工程投入生产或使用后，其环境保护设施需要维修的，应当采取有效措施确保污染物的处理、排放符合国家有关规定和标准，防止因设备维修对海洋环境造成污染损害。

4. 申请材料应包括的主要内容

（1）海洋工程建设项目名称、位置；

（2）所有者、使用者、主管单位；

（3）拆除、闲置、更换、维修环境保护设施的时间、名称、型号、出厂时间、累计使用时间、设计使用时间；

（4）拆除、闲置、更换、维修环境保护设施的原因；

（5）拆除、更换、维修环境保护设施的施工承担单位、施工方案；

（6）更换新设施投入使用的时间等。

5. 环保设施年度检查和日常管理

（1）海洋工程的环境保护设施实行年度检查制度

开发工程投入生产或使用后，海洋主管部门应当每年定期或不定期地对环境保护设施的情况进行检查，检查的内容包括：

①环境保护设施是否与经批准的环评报告书一致，是否能够正常运转；

②污染物的处置是否符合要求，排海污染物是否做到达标排放；

③环境保护设施的维修和更换记录；

④排污混合区是否超出批准的范围。

（2）环境保护设施的日常管理

海洋主管部门及其所属的中国海监机构负责对环境保护设施使用情况进行监督检查。对检查不合格的开发工程，海洋主管部门应当责令限期整改，并下达《海洋工程环境保护设施限期整改通知书》。整改后仍然不合格的，按照有关法律、法规的规定进行处罚。

5.3.3 海上溢油应急计划和应急能力管理制度

海上《溢油应急计划》是指从事海洋石油勘探开发活动的企业、事业单位、作业者、个人为了防止溢油事故的发生，避免或减轻海洋环境污染损害所制定的应急预案。在我国从事海洋石油勘探开发的企业、事业单位、作业者、个人，必须制定《溢油应急计划》，这样可以保障海上作业过程中，一旦发生严重的污染事故，能够迅速有效地开展救援工作，保障海上作业人员安全，保护海洋环境及资源，减少国家财产损失。编制《溢油应急计划》的工作流程详见图5-5。

5.3.3.1 管理依据

《中华人民共和国海洋环境保护法》第五十四条规定，"勘探开发海洋石油，必须按有关规定编制溢油应急计划，报国家海洋行政主管部门审

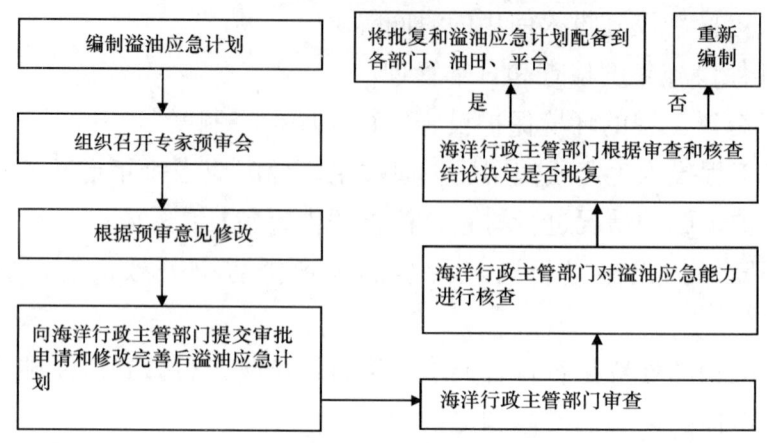

图 5-5 溢油应急计划编制工作流程图

查批准"。

《中华人民共和国海洋石油勘探开发环境保护管理条例》第六条规定,"企业、事业单位、作业者应具备防治油污染事故的应急能力,制定应急计划,配备与其所从事的海洋石油勘探开发规模相适应的油回收设施和围油、消油器材"。

《中华人民共和国海洋石油勘探开发环境保护管理条例实施办法》第九条规定,"为防止和控制溢油污染,减少污染损害,从事海洋石油勘探开发的作业者,应根据油田开发规模、作业海域的自然环境和资源状况,制定《溢油应急计划》";第十一条规定,"作业者应在作业前将溢油应急计划报海区主管部门审查。海区主管部门对溢油应急计划如有异议,可以责令作业者予以重新制定、修改、补充";第十二条规定,"作业者应根据油田开发规模、风险分析情况等,配置相应的各种应急设备,使其具有处置与油田开发规模相适应的溢油事故的能力";第十六条规定,"企业、事业单位及作业者在作业中发生溢油、漏油等污染事故,应迅速采取围油、回收油的措施,控制、减轻和消除污染"、"发生大量溢油、漏油和井喷等重大污染事故,应当立即报告主管部门,并采取有效措施,控制和消除油污染，接受主管部门的调查处理"。

5.3.3.2 溢油应急计划编制

1. 编制要求

开采作业油田的作业者以油田为单位，基于油田环境影响评价报告书内容编报《油田溢油应急计划》；钻井作业油田（或区块）的作业者以油田（或区块）为单位编报《钻井溢油应急计划》；作业前，作业者应在试油报告中，辅具试油项目溢油应急预案。

2. 《溢油应急计划》编制内容

在海洋石油勘探开发中，企业、事业单位、作业者制定的《溢油应急计划》一般应包括以下内容：

（1）《钻井作业溢油应急计划》的内容

1）序言：这部分主要包括制定计划的目的、海上作业的计划概要、应急计划负责人和联系人。

2）应急联络：主要包括应急组织机构表、应急联络表和通信联络。

3）溢油风险分析：对钻井阶段可能产生的井喷及试油等风险进行分析和评估。分为钻井阶段和试油阶段。

4）溢油事故处理：主要包括溢油事故的报告、溢油数量的估算、海面漂油的监视或预测、不同溢油类型的处理。

5）溢油应急能力：主要包括现场应急能力（设备和器材的名称、数量、存放地点和反应时间）、其他应急能力（设备和器材的名称、数量、存放地点和反应时间）、作业者可借用的应急能力（国家或公司名称、地点、设备和器材的名称、数量和估计抵达时间）。

（2）《油田溢油应急计划》的内容

1）序言：制定计划的目的、油田作业情况、原油性质、培训和定期演习计划。

2）应急联络：应急组织机构、应急联络表、人员职责分工、作业者与主管部门的联络方式。

3）溢油风险分析：对油田开发期间可能发生溢油的环节、部位进行分析和评估，井喷、火灾、碰撞、管线破裂及其他。

4）溢油事故的处理：

①溢油事故的报告：报告程序、报告内容、报告时间。

②不同溢油类型的处理：一般说明、处理溢油事故的行动准则、海面漂油的影响评估、海面漂油的监视和预测、溢油应急器材的调运和抵达时间、处理办法。

③应考虑的环境问题：发生溢油后油在海面的性质、不同季节溢油在海面的漂移路径、油田附近海区、海岸主要环境保护目标的分布。

5）溢油应急能力。

应急能力指溢油应急的技术设备、通信能力、应急组织及职责、实施预案、海面溢油清除办法、人员的培训等。主要包括现场应急能力（设备和器材的名称、数量、存放地点和反应时间）、其他应急能力（设备和器材的名称、数量、存放地点和反应时间）、作业者可借用的应急能力（国家或公司名称、地点、设备和器材的名称、数量和估计抵达时间）。

作业者可从油田之外借用应急力量：应说明拥有者、地点、设备名称、数量和抵达时间等。

6）油田附近海域环境资源状况。

根据油田《环境影响报告书》的有关内容，简述油田海区的环境资源状况。包括：油田海区水文气象综述；生物资源状况；渔业资源状况；油田海区环境质量现状等。

（3）附件要求

处于开采作业期间的油田，须以该油田《油田溢油应急计划》的附件形式报告有关溢油应急反应能力的变化情况；如应急组织人员变动、通信联络更改、应急设备更换和增加等。

处于钻井作业期间的油田（或区块），钻井作业前须以该油田（或区块）《钻井溢油应急计划》的附件形式报送有关资料。如作业井号、平台名称、位置、钻井作业计划、施工单位;探井还需要增加说明井别、井型、钻井深度、地质构造、目的层位、弃井方式、应急联络等。

5.3.3.3 溢油应急计划的上报与审批

1. 溢油应急计划上报

作业者应在钻井作业 30 天前和油井投产 45 天前,向海洋行政主管部门提交由作业者负责人签署的《溢油应急计划》(中文版)和有关材料一式五份,以及申请审查批准的书面报告和联系人姓名和联系方式。

上报时提交材料:

（1）溢油应急计划;

（2）专家审查意见;

（3）节能减排指标文件;

（4）其他相关材料。

2. 组织专家预审和修改

作业者邀请由海洋环境、物理海洋、溢油应急设备、海洋管理、海洋石油勘探开发等方面的专家和海区海洋行政主管部门、海洋行政执法部门参加,组织召开溢油应急计划预审会,并根据预审意见对溢油应急计划进行修改完善。

3. 溢油应急计划审查与溢油应急能力核实

（1）海洋行政主管部门对上报的溢油应急计划是否根据专家预审意见进行修改完善,是否符合溢油应急计划编报要求。

（2）对专家评审通过的溢油应急计划,海洋行政主管部门组织相关人员对溢油应急计划中有关溢油应急能力的内容进行核实。溢油应急能力借用外部力量的须提交相关协议。

（3）溢油应急能力的核实内容:

①溢油应急指挥机构、应急办公室、应急队伍;

②溢油应急通信联络、应急值班电话和值班人员名单;

③溢油应急设备种类、数量、存放地点和性能状况是否符合要求;

④溢油数模漂移是否能正常运行；

⑤规章制度和操作规程是否到位，岗位责任是否落实；

⑥培训与演习计划是否落实；

⑦溢油应急计划是否配备到位，附件是否及时报送。

4. 办理程序

（1）受理：国家海洋局各分局受理；

（2）审查：国家海洋各分局对溢油应急计划审查；

（3）审批：做出审批决定并书面通知。海洋行政主管部门应在20天内对作业者按规定提交的溢油应急计划予以批准或答复。

对专家评审和溢油应急能力核查通过的溢油应急计划，海洋行政主管部门予以批复，没有通过的不予批准，并书面通知作业者。

海洋行政主管部门每年对各油田（区块）溢油应急能力进行一次核查。

5.3.3.4 海上溢油应急处置

溢油事故，指海洋石油勘探开发活动中非正常作业情况下原油及其炼制品泄漏入海。溢油事故按其溢油量分为大、中、小三类，溢油量小于10吨的为小型溢油事故；溢油量在10~100吨之间的为中型溢油事故；溢油量大于100吨的为大型溢油事故。

溢油污染事故处置原则：发生海上溢油事故后，作业者应严格按照《溢油应急计划》，尽快采取措施，切断溢油源，查明溢油原因，防止或控制溢油扩大。同时，应立即启动溢油应急处置程序。详见图5-6。

（1）立即报告海洋行政主管部门；

（2）迅速调遣溢油应急队伍和溢油应急设备；

（3）立即采取围油、回收油和消油措施；

（4）加强对溢油扩散海域的监视和溢油量的计算；

（5）及时通报可能受污地区地方政府或有关单位；

（6）开展环境影响评估工作；

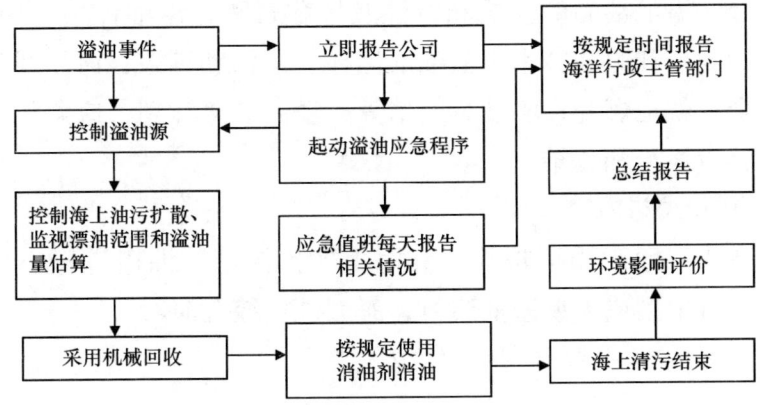

图 5-6 海上溢油应急处置工作流程

(7) 查找分析事故原因及总结经验教训;

(8) 形成书面事故报告报相关部门。

5.3.3.5 溢油应急演习与培训

1. 演习与培训目的

(1) 了解相关法律、法规和规章;

(2) 明确溢油应急反应程序和岗位职责;

(3) 明确海上溢油处置原则;

(4) 了解各类溢油应急设备的结构和原理;

(5) 掌握各类溢油应急设备的操作规程;

(6) 掌握各类溢油应急设备故障排除技能。

2. 演习与培训参加人员

公司负责环保的副经理和溢油应急指挥人员、环保总监和副总监、环保部经理(科长)和环保主管,各油田总监、副总监、生产监督、外输监督、钻井监督、环保监督、平台长和各类溢油应急设备操作人员等。

3. 培训内容

培训内容主要包括溢油应急反应总体概况;溢油应急反应导论;溢油

等级的区分；溢油油品的性质和特性及风化过程；溢油评估；操作计划；海上溢油的围控和收油技术；溢油的储存、运输和销毁；海岸线清理；溢油现场安全；就地燃烧；溢油量的估算；溢油应急计划；应急的管理与组织；应急反应终止和总结。

4. 演习方式与内容

演习方式一般采用模拟演习和海上实操演习。油田进行小型溢油演习，公司进行中型或大型溢油演习，海区进行综合演习。

模拟演习内容主要包括应急组织指挥、通信、报告、应急设备使用等。

海上实操演习内容主要包括应急组织、指挥、通信、海上溢油围控（深水区、浅水区和海岸）、海面油污染回收和消油、海岸线清理等。

5.3.4　海上油气生产设施弃置管理制度

海上油气生产设施包括：海上油井、气井、水井、固定或移动式平台、人工岛、单点系泊、浮式生产储油装置（单点储油轮），海底电缆、管道、水下生产系统，陆岸终端，以及其他水上、水下的油气生产的相关辅助配套设施。海上油气生产设施弃置管理工作流程见图5-7。

5.3.4.1　管理依据

《防治海洋工程建设项目污染损害海洋环境管理条例》第二十九条规定，"海洋工程需要拆除或者改作他用的，应当报原核准该工程环境影响报告书的海洋主管部门批准。拆除或者改变用途后可能产生重大环境影响的，应当进行环境影响评价"。

"海洋工程需要在海上弃置的，应当拆除可能造成海洋环境污染损害或者影响海洋资源开发利用的部分，并按照有关海洋倾倒废弃物管理的规定进行"。

"海洋工程拆除时，施工单位应当编制拆除的环境保护方案，采取必要的措施，防止对海洋环境造成污染和损害"。

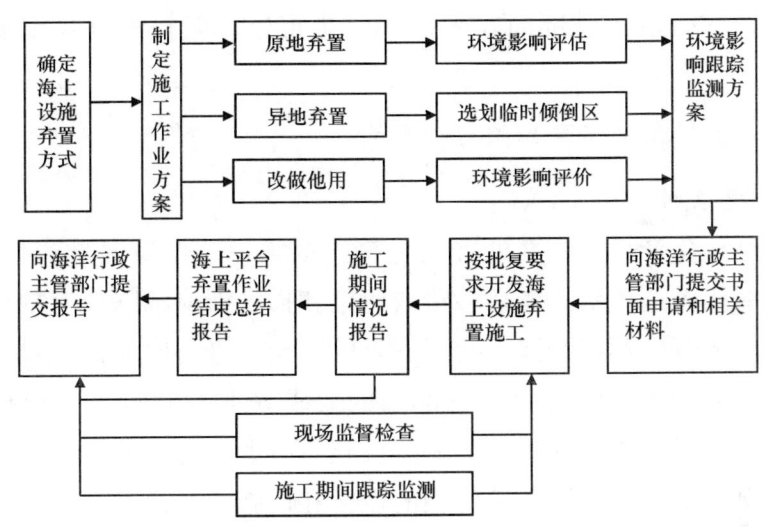

图 5-7 海上设施弃置工作流程

5.3.4.2 海上设施弃置申请

停止海洋油气开发作业的设施所有者,应当在设施停止生产作业 90 日前,向国家海洋行政主管部门提出海上设施弃置的书面申请。书面申请应包括以下内容:

(1) 弃置设施的概况,包括其名称、地理位置、所有者及使用时间;
(2) 终止作业的原因;
(3) 预计停产日期及进行弃置的起止时间;
(4) 设施的主要结构及其功能;
(5) 设施的弃置方式及与其他弃置方式的比较;
(6) 原地弃置设施保留设施的基本情况。

5.3.4.3 海上设施弃置申请受理及批复

国家海洋行政主管部门自受理海上设施弃置申请之日起 60 日内,经征求有关部门意见后做出审批决定,并将审批结果书面通知申请者。

国家海洋行政主管部门在做出审批决定后，应将审批决定通报有关部门。

5.3.4.4 海上设施弃置具体管理要求

1. 弃置原则

海上油气生产设施废弃处置应坚持安全第一，保障人身和财产安全；须采取有效措施避免对海洋环境造成污染和损害；应消除或有效降低对其他海洋资源的开发利用和海上交通安全的影响。进行海洋油气设施弃置活动，应当按照国家海洋行政主管部门的要求采取有效措施，保护海洋环境，防止对海洋环境造成有害影响。设施所有者在海上石油设施弃置活动中，应拆除可能造成海洋环境污染的设备和设施。

2. 设施废弃处置的方案和弃置费的计提

为了加强对海上油气生产设施废弃处置的管理和监督，依据《中华人民共和国海洋倾废管理条例》、《防治海洋工程建设项目污染损害海洋环境管理条例》、《对外合作开采海洋石油资源条例》，2010 年 6 月 23 日，制定颁布了《海上油气生产设施废弃处置管理暂行规定》，规定了海上油气生产设施废弃处置原则、方案要求、弃置费的计提和中外合作油气田弃置费的管理。

（1）设施废弃处置的方案

海上油气田进入商业开发前，作业者应同时编制总体开发方案和设施废弃处置预备方案。海上油气田投产三年后，作业者可以修改废弃处置预备方案。同时报送国家能源、财政、税务主管部门备案。

海上油气田生产设施废弃处置预备方案应当包括弃置费估算、弃置费筹措方法和弃置方式等内容。

海上油气田实施废弃处置作业前，作业者应当根据国家海洋主管部门批准文件的要求编制设施废弃处置实施方案，并报国家能源主管部门备案。设施废弃处置实施方案须包括设施废弃处置方式、作业步骤、安全防护措施、费用预算等内容。

(2) 弃置费的计提

弃置费，是指海上油气田各投资方为承担油气生产设施废弃处置的责任和义务所发生的，用于井及相关设施的废弃、拆移、填埋、清理和恢复生态环境及其前期准备等所发生的专项支出；海上油气田作业者负责及时、足额提取设施弃置费。当海上油气田在商业生产结束时计提的弃置费不足以承担相应的弃置义务时，不足部分应当按比例一次性补提。当海上油气田在商业生产结束时计提的弃置费超过实际承担的弃置义务时，节余部分应按比例返还。

3. 具体要求

（1）设施所有者必须按照国家海洋行政主管部门批准的要求进行海上设施弃置，并应在停止油气开发作业之日起一年内进行设施弃置。

（2）废弃的设施妨碍海洋主导功能使用的必须全部拆除。

（3）在领海以内海域进行全部拆除的设施，其残留海底的桩腿等应当切割至海底表面 4 米以下。在领海以外残留的桩腿等设施，不得妨碍其他海洋主导功能的使用。

（4）设施在海上弃置的，应当封住采油井口，防止地层内的流体流出海底对海洋环境造成污染，并拆除一切可能对海洋环境和资源造成损害的设施。

（5）弃置设施的海上留置部分，应当进行清洗或防腐蚀处理。海上清洗或者防腐蚀作业，应当采取有效措施防止油类、油性混合物或其他有害物质污染海洋环境，清洗产生的废水必须经过处理达标后方可排放。

（6）弃置设施的海上留置部分，其所有者应当负责日常维护与管理，设立助航标志。

（7）国家海洋行政主管部门所属的中国海监机构负责海洋石油设施弃置活动的现场监督检查。

5.3.5　海上平台防污记录簿及记录表管理制度

5.3.5.1　管理依据

《中华人民共和国海洋石油勘探开发环境保护管理条例》第十九条规定"企业和作业者在每季度末后 15 日内，应按主管部门批准的格式，向主管部门综合报告该季度防污染情况及污染事故的情况"；《海洋石油勘探开发环境保护管理条例实施办法》第二十三条规定"凡进行海洋石油勘探开发和生产作业平台及设施，都必须备有《防污记录簿》和《季度防污报表》"。

5.3.5.2　记录簿与记录表配置要求

海上有人驻守平台（采油、生产、钻井、作业、生活）、特种作业辅助设施和单点系泊储油装置必须配备海上平台《防污记录簿》和《海上平台防污染记录表》。

5.3.5.3　《防污记录簿》填写及上报

1.《防污记录簿》填写要求

固定式和移动式平台及其他进行海洋石油勘探开发和生产作业的设施，都必须备有主管机关规定的《防污记录簿》，在海上作业过程中对以下 10 种情况必须及时如实地记载到《防污记录簿》内：

（1）进行爆破作业的情况；

（2）向水基泥浆中加入油类的情况；

（3）含油泥浆、钻屑的排放情况；

（4）防污设施、设备的运行情况；

（5）含油污水的处理及排放情况；

（6）其他废弃物的处理排放情况；

（7）海上试油油类落海及其处理情况；

（8）发生的溢油、漏油、井喷等油污染事故及其处理情况；

（9）油类添加剂、柴油等油料供应，配备和使用化学消油剂的情况；

（10）主管部门规定应该记录的其他情况。

2.《防污记录簿》上报要求

《海洋石油勘探开发环境保护管理条例》第十九条规定，"企业和作业者在每季度末后15日内，应按主管部门批准的格式，向主管部门综合报告该季度防污染情况及污染事故的情况"。

《防污记录簿》和《季度防污报表》应按要求填写，并按时报送海区主管部门。平台作业时间不足一个季度的，并且在本季度内有再作业的，作业者应于平台作业结束后15日内将《防污记录簿》和《季度防污报表》报海区主管部门。

目前北海区《防污记录簿》采用电子版报送，为了防止记录数据遗失，应及时进行备份。

5.3.5.4 《海上平台防污染记录表》填写及上报

1.《海上平台防污染记录表》采用电子版方式填写（海区分局环境保护处提供表格式样）；

2.《海上平台防污染记录表》以平台为单位填写，只要有人居住的平台必须填写此表；

3. 要求各平台每天及时、如实详细填写表内各栏内容，并于下月第3个工作日前上报公司，各公司于每月第5个工作日前将上月份各平台《海上平台防污染记录表》以电子邮件方式报海区分局环境保护处。

5.3.6　化学消油剂、泥浆、添加剂的使用管理制度

5.3.6.1　管理依据

《海洋石油勘探开发环境保护管理条例》第十七条规定"化学消油剂要控制使用"，具体规定：

1. 在发生油污染事故时，应采取回收措施，对少量确实无法回收的

油,且海面油污易与化学消油剂降解反应,准许使用少量的化学消油剂。

2. 一次性使用化学消油剂的数量(包括溶剂在内),应根据不同海域等情况,由主管部门另做具体规定。作业者应按规定向主管部门报告,经准许后方可使用。

3. 在海面浮油可能发生火灾或者严重危及人命和财产安全,又无法使用回收方法处理,而使用化学消油剂可以减轻污染和避免扩大事故后果的紧急情况下,使用化学消油剂的数量和报告程序可不受上述第二条规定限制。但事后,应将事故情况和使用化学消油剂情况详细报告主管部门。

4. 必须使用经主管部门核准的化学消油剂。《海洋石油勘探开发环境保护管理条例实施办法》第二十一条规定"海面溢油应首先使用机械回收。消油剂应严格控制使用,并遵守《海洋石油勘探开发化学消油剂使用规定》"。

5.3.6.2 化学消油剂年度核准及公告制度

1. 年度核准制度

海洋行政主管部门对管辖区域生产或配备使用的消油剂实行年度核准制度。核准依据:是否符合消油剂的性能要求。对于符合要求的消油剂应给予核准,不符合要求的不予核准。

生产单位或使用单位应在每年的11—12月提出消油机剂年度核准申请,并委托检验单位进行检验。

消油剂的性能应符合下列要求:

燃点(℃):>70;粘度(30℃):<0.50 cm^2/S;乳化率:30sec>60%、600sec>20%(标准油为100℃蒸馏的胜利原油);生物毒性(鱼种为虾虎鱼):$24hLC_{50}$(mg/L)3000;生物降解度:BOC/COD>30%。

2. 公告制度

经海洋行政主管部门审查核准的消油剂实行年度公告制度,并在《中国海洋报》上刊登,有效期限为1年。

未经海洋行政主管部门核准和公告的消油剂,禁止在中华人民共和国管辖海域的海洋石油勘探开发活动过程中使用。

5.3.6.3 化学消油剂使用申请内容及批复

1. 申请

作业者在使用消油剂前必须向海洋行政主管部门提出申请，经批复后方可使用。申请内容包括作业者、平台名称、使用海域名称及水深、具体位置；化学消油剂名称及型号；使用原因；申请使用时间、使用方式；现场存放地点及数量等。

2. 批复

海洋行政主管部门接到报告后应在 4 小时内予以答复，逾时不答复的，即视为认可。

5.3.6.4 化学消油剂使用具体规定

为规范化学消油剂使用，国家海洋局制定了《海洋石油勘探开发化学消油剂的使用规定》，本规定第六条至第十六条对化学消油剂的使用进行了明确规定，作业者必须严格执行。化学消油剂使用流程见图 5-8。

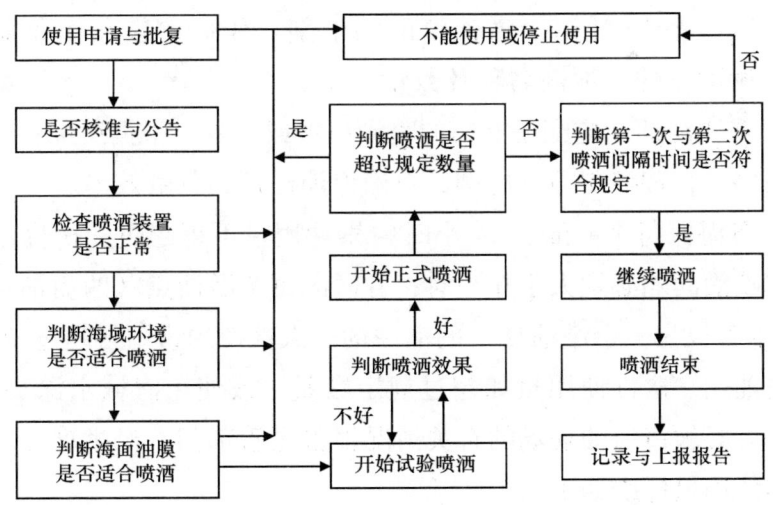

图 5-8 化学消油剂使用流程图

1. 化学消油剂使用原则

在中华人民共和国的内海、领海及其他管辖海域从事石油勘探开发的法人、自然人和其他经济实体（以下称作业者），由于海况较差（波浪四级、海况五级以上）或其他原因，无法使用物理、机械方法回收溢油的，或使用消油剂处理溢油所造成的环境损害小于溢油自然扩散所造成的环境损害的，可以使用消油剂。

2. 化学消油剂使用要求

（1）作业者所配备的消油剂，必须经主管部门核准；并应在消油剂包装和储存容器上表明其型号、认可号、生产厂家、出厂日期、类别（常规型或浓缩型）、剂量、喷洒比率和保存条件等。未经主管部门核准或消油剂包装和储存容器上未表明其型号、认可号、生产厂家、出厂日期、类别、剂量、喷洒比率和保存条件的消油剂，禁止使用。

（2）发生溢油事故时，作业者应首先考虑回收措施，对少量确实无法回收的溢油，准许使用消油剂，但要控制使用量。

（3）在海上作业的所有钻井平台、采油平台和储油轮等作业设施，应配备足以消除10吨以上溢油量的消油剂。作业者应在作业前向主管部门报告所配备的消油剂名称及数量。

（4）使用消油剂应配备专门的喷洒设备或工具，根据所配备的消油剂使用说明书，合理控制喷洒比例，以确保消油剂的分散效率。

（5）各海区每个溢油点24小时内累计用量不得超过一次性用量的一倍，两次喷洒间隔必须大于6小时；各海区每个溢油点（两溢油点间距小于1 000米者视为一个溢油点）的消油剂一次性使用量不得超过规定数量，各海区消油剂一次性使用量如超过规定数量，或使用海域水深小于10米的，作业者必须将溢油现场的有关情况报告主管部门，经批准后，方可使用。具体使用量标准如下：

渤海海域（水深大于10米）消除1吨溢油一次性使用普通型消油剂为0.3~0.5吨。

黄海和北部湾海域（水深大于 10 米）消除 1.5 吨溢油一次性使用普通型消油剂为 0.5~0.7 吨。

东海和南海海域（水深大于 10 米）消除 2 吨溢油一次性使用普通型消油剂为 0.7~0.9 吨。

（6）在海面溢油可能产生起火、爆炸或严重危及人身和财产安全，又无法使用回收方法处理的情况下，作业者可不受第 5 项要求先行使用消油剂以避免事故影响扩大，但在使用的同时需报告海洋主管部门。事后必须按《海洋石油勘探开发环境保护管理条例实施办法》规定，向主管部门提交详细的报告。

（7）消油剂使用者应定期检查所配备的消油剂。如发现消油剂外包装标示不清或变质的，应及时予以更换；对喷洒设备应经常检查维修，以保证良好的使用效果；对消油剂喷洒人员要定期进行培训；喷洒作业须在专业人员的指导下进行，并将使用情况如实记载于防污记录簿内。

（8）当海面出现下列情况之一时，不得使用消油剂：

①油膜厚度大于 5 毫米；

②溢油为易挥发的轻质油品，而且预计油膜迁移至敏感区域之前即可自然消散；

③溢油在海面呈焦油状、块状、蜡状和油包水乳状物（含水 50% 以上）以及溢出点的粘度超过 5 000 毫帕·秒；

④海域水温低于 15℃（可在低温环境下使用的消油剂除外）；

⑤溢油发生在养殖区、经济鱼虾繁殖季节的海域。

3. 化学消油剂使用情况报告

作业者根据海洋行政主管部门的批复要求，在海上使用结束后一周内向海洋行政主管部门报告消油剂使用情况报告。报告内容应包括：作业者；平台名称；使用海域名称及水深、具体位置；化学消油剂名称及型号；使用原因；申请使用时间、使用方式；现场存放数量及使用量、使用效果等。

5.3.6.5　泥浆、添加剂年度使用申请及批复

《中华人民共和国海洋环境保护法》第四十九条规定，"海洋工程建设项目，不得使用含超标准放射性物质或者易溶出有毒有害物质的材料"。本条规定的是关于海洋工程建设项目材料不得含有超标准放射性物质或易溶出有毒有害物质的禁止性条款，体现了"必须采取一切措施保护海洋环境"的原则。根据本条规定，海洋工程建设单位在选用材料时必须实行"预防原则"，对可能含有超标放射性和易溶出有害有毒物质的材料进行检验，确保海洋工程建设项目所使用材料的放射性物质或有毒有害物质的含量符合国家相关标准。同时，海洋工程建设单位应把检验结果报送海洋行政主管部门备案，并随时接受海洋主管部门检查。

《中华人民共和国海洋环境保护法》第五十一条规定，"钻井所使用的油基泥浆和其他有毒复合泥浆不得排放入海。水基泥浆和无毒复合泥浆排放，必须符合国家有关规定"。《海洋石油勘探开发环境保护管理条例实施办法》第十五条规定，"使用水基泥浆时，应尽可能避免或减少向水基泥浆中加入油类，如必须加入油类时，应在'防污记录簿'上记录油的种类、数量"。

为了控制和减少海洋石油勘探开发过程中各类污染物排海对海洋环境和资源造成损害，制定了《海洋石油勘探开发污染物生物毒性分级》（GB/T 18420.2—2001）和《海洋石油勘探开发污染物生物毒性检验方法》（GB/T 18420.1—2001）两项标准，此标准已经国家质量监督检验检疫总局于2001年8月28日批准发布，并于2002年3月1日起实施。

根据此项规定，各海洋石油勘探开发单位每年应对使用的钻井液（水基钻井液、油基钻井液、完井液、酸化液）和添加剂进行检验，在使用过程中，改变泥浆性能或重新设计的钻井液体系要重新检验，取得《海洋钻井液/添加剂使用许可证》后方可在海洋石油勘探开发作业中使用。

5.3.7 污染物排放与检验管理制度

5.3.7.1 管理依据

《中华人民共和国海洋环境保护法》第五十一条规定,"海洋石油钻井船、钻井平台和采油平台的含油污水和油性混合物,必须经过处理达标后排放;残油、废油必须予以回收,不得排放入海。经回收处理后排放的,其含油量不得超过国家规定的标准"。

1. 国务院对确需保留的行政审批项目设定行政许可的决定(国务院令第412号);

2. 《防治海洋工程建设项目污染损害海洋环境管理条例》第三十一条;

3. 《排污费征收使用管理条例》;

4. 《财政部、国家计委关于批准收取海洋工程排污费的复函》;

5. 国家海洋局关于印发《海洋工程排污费征收标准实施办法》的通知(国海环字[2003]214号)。

5.3.7.2 海域等级划分

各类污染物排放标准按照《海洋石油勘探开发污染物排放浓度限值》(GB 4914—2008)和《海洋石油勘探开发污染物生物毒性分级》(GB/T 18420.2—2001)执行。海洋石油勘探开发污染物的排放要求/浓度限值,按污染物排放海域的不同分为三级:

一级:适用于渤海、北部湾,国家划定的其他海洋保护区域和其他距最近陆地4海里以内的海域。

二级:除渤海、北部湾,国家划定的其他海洋保护区域外,其他距最近陆地大于4海里且小于12海里的海域。

三级:适用于一级和二级海区以外的其他海域。

注:距最近陆地指以领海基线为起点计算的距离。

5.3.7.3 生产水（采出水）排放及检验

1. 法律依据

《中华人民共和国海洋环境保护法》第五十一条规定，"海洋石油钻井船、钻井平台和采油平台的含油污水和油性混合物，必须经过处理达标后排放；残油、废油必须予以回收，不得排放入海。经回收处理后排放的，其含油量不得超过国家规定的标准"。

含油污水必须经过处理达标后方可排放入海，处理后未达标的要回收并重新处理，直至达标后方可排放入海，并按要求将排放数量、含油量记录在《海上平台防污记录簿》内。

2. 检验项目：含油量、生物毒性。

3. 排放标准：生产水（采出水）含油量排放标准见表 5 – 8。

表 5 – 8　生产水排放浓度限值

项目	等级	浓度限值			
石油类	一级	一次容许值	≤30 毫克/升	月平均值	≤20 毫克/升
	二级		≤45 毫克/升		≤30 毫克/升
	三级		≤65 毫克/升		≤45 毫克/升

表中"一次容许值"是指在含油污水排放过程中的任何时刻，排放污水的含油浓度均不得超过的数值；"月平均值"是指采油平台在每次污水排放的初期、中期、后期共三次分别采取两个平行水样，测定其平均含油浓度，三次取样计算出的平均浓度值的平均数即为该月排放的平均浓度值。

采油工业污水应回注地层，减少污水排放量。位于潮间带的海洋石油开发工业含油污水，按《石油开发工业水污染物排放标准》（GB 3550—83）执行，具体标准见表 5 – 9。

表 5-9　石油开发工业废水最高容许排放量

级别 类别	第一级 占总废水量的百分数（%）	第二级 占总废水量的百分数（%）
I	10	20
II	25	40

4. 检验频率

石油开采企业应每天在每个生产水排放口人工取样四次（6 小时一次），并检验其含油浓度，石油开采企业每月需送一次水样到海洋行政主管部门认定的实验室进行校验。生产水生物毒性容许值与检验频率见表 5-10、表 5-11。

表 5-10　生产水的生物毒性容许值

项目	海区等级	生物毒性容许值（毫克/升）
生产水	一级	50 000
	二级、三级	10 000

表 5-11　生产水的检验频率

项目	海区等级	排放速率（立方米/天）	检验频率
生产水	一级/二级/三级	0~500	1 次/年
		500~5 000	1 次/季
		>5 000	1 次/月

5.3.7.4　钻井液（泥浆）、钻屑排放及检验

1. 钻井液、钻屑检验项目：含油量、总汞、总镉、生物毒性。

2. 钻井液、钻屑排放标准：

非水基钻井液（油基钻井液和合成基钻井液）不得排放入海。在渤海海域不得排放非水基钻井液钻屑，不得排放钻井油层的水基钻井液和钻

井油层的水基钻井液钻屑。在其他海域,当回收水基钻井液、水基钻井液钻屑和非水基钻井液钻屑确有困难时,经所在海区主管部门批准后,可向海洋排放,所排放的水基钻井液、水基钻井液钻屑和非水基钻井液钻屑应达到表 5 - 3 的相关要求,钻井液和钻屑的生物毒性容许值应符合 GB 18420.1 中的相关要求。具体数值见表 5 - 12、表 5 - 13、表 5 - 14。

表 5 - 12 钻井液和钻屑排放浓度限值

排放污染物类型	污染参数	等级	排放要求/限值
水基钻井液和水基钻井液钻屑	含油量	一级	除渤海不得排放钻井油层钻屑和钻井油层钻井液外,其他一级海区要求含油量≤1%
		二级	≤3%
		三级	≤8%
	汞(重晶石中最大值)	一级、二级和三级	≤1 毫克/千克
	镉(重晶石中最大值)	一级、二级和三级	≤3 毫克/千克
非水基钻井液钻屑	含油量	一级	除渤海禁止排放非水基钻井液钻屑外,其他一级海区要求含油量≤1%
		二级	≤3%
		三级	≤8%
	汞(重晶石中最大值)	一级、二级和三级	≤1 毫克/千克
	镉(重晶石中最大值)	一级、二级和三级	≤3 毫克/千克

表 5-13　生物毒性容许值

项目	海区等级	生物毒性容许值（毫克/升）
水基泥浆（钻屑）	一级	30 000
	二级	20 000

表 5-14　油基泥浆的生物毒性容许值

项目	海区等级	生物毒性容许值（毫克/升）
油基泥浆（钻屑）	一级	10 000
	二级	8 000

3. 检验频率

（1）开发井排海钻井液检验（校验）

各平台月排放量≤100立方米的，每季度取样分析检验1次；月排放量＞100立方米和≤200立方米的，每两个月取样分析检验一次；月排放量＞200立方米的，每月取样分析检验1次。

（2）开发井排海钻屑检验（校验）

各平台月排放量≤200立方米的，每季度取样分析检验1次；月排放量＞200立方米和≤300立方米的，每两个月取样分析检验1次；月排放量＞300立方米的，每月取样分析检验1次。

（3）勘探井排海钻井泥浆和钻屑检验（校验）

要求按单井分别取样分析检验1次。

5.3.7.5　机舱、机房和甲板含油污水排放及检验

海上钻井设施的机舱、机房和甲板含油污水，在渤海海域禁止排放，全部实施铅封。其他海域排放浓度要求低于15毫克/升。

1. 检验项目：含油量。

2. 检验频率：要求各平台取样送公司监测站分析次数每月不少于1次，海洋行政主管部门每半年进行1次校验。

5.3.7.6 生活污水排放及检验

固定式和移动平台及其他海上钻井设施排放的生活污水应符合表 5-15 中的规定。生活污水中的化学需氧量（COD）含量应符合国标（GB 18486-2001）的相关要求。

表 5-15 生活污水的排放要求/排放浓度限值

项目	等级		
	一级	二级	三级
化学需氧量（COD）	≤300 毫克/升		≤500 毫克/升
粪便	经消毒和粉碎等处理		—

注：在目前自动监测仪器尚未完善情况下，要求各平台每月不少于 2 次取样送公司监测站分析，海洋行政主管部门每季度进行校验 1 次。

5.3.7.7 固体垃圾处置

固定式和移动平台及其他海上钻井设施排放固体垃圾，应符合表 5-16 中的相关规定。

表 5-16 固体垃圾的排放要求

项目		距最近陆地		
		一级	二级	三级
生产垃圾		禁止排放或弃置入海		
生活垃圾	食品废弃物	禁止排放或弃置入海		颗粒直径小于 25 毫米
	其他垃圾	禁止排放或弃置入海		

5.3.7.8 污染物排放种类、数量核定

1. 提交材料

（1）污染物排放的种类、数量月报表；

（2）污染物流量自动监控仪器的校验报告；

（3）指定实验室（第三方）污染物含量检测校验报告。

2. 办理程序与办理时限

(1) 受理:国家海洋局各分局负责受理;

(2) 审查核定:对污染物排放的种类、数量申报单进行审查、核定;

(3) 通知:书面通知核定结果;

(4) 办理时限:20个工作日。

5.3.8 日常报告管理制度

5.3.8.1 管理依据

《中华人民共和国海洋环境保护法》第十七条第一款规定:"因发生事故或者其他突发性事件,造成或可能造成海洋环境污染事故的单位和个人,必须立即采取有效措施,及时向可能受到危害者通报,并向依照本法规定行使海洋环境监督管理权的部门报告,接受调查处理。"

《中华人民共和国海洋石油勘探开发环境保护管理条例》第十六条规定,"企业、事业单位及作业者在作业中发生溢油、漏油等污染事故,应迅速采取围油、回收油的措施,控制、减轻和消除污染","发生大量溢油、漏油和井喷等重大污染事故,应当立即报告主管部门,并采取有效措施,控制和消除油污染,接受主管部门的调查处理"。

《中华人民共和国海洋石油勘探开发环境保护管理条例》第十九条规定,"固定式平台和移动平台的位置,应及时通知主管部门"。

《中华人民共和国海洋环境保护法》第五十三条规定,"海上试油时,应当确保油气充分燃烧,油和油性混合物不得排放入海"。

《中华人民共和国海洋石油勘探开发环境保护管理条例》第十五条规定"海上试油应使油气通过燃烧器充分燃烧。对试油中落海的油类和油性混合物,应采取有效措施处理,并如实记录"。

5.3.8.2 溢油事故报告及内容

1. 溢油事故的等级划分

按溢油量的大小将溢油事故划分为大、中、小三个类型,溢油量小于

10 吨的为小型溢油事故；溢油量在 10~100 吨之间的为中型溢油事故；溢油量大于 100 吨的为大型溢油事故。

2. 报告的主要内容

溢油事故报告应包括以下内容：事故发生的时间、位置、原因；溢油的性质、状态、数量；作业者及责任人；当时的海况；采取的措施；处理效果。

发生重大溢油事故时，应当同时报告地方政府。

3. 报告的时间要求

报告时间根据平台离海岸的远近和溢油量大小确定。《中华人民共和国海洋石油勘探开发环境保护管理条例实施办法》第二十条规定：

（1）平台距海岸 20 海里以内，溢油量超过 1 吨和平台距海岸 20 海里以外，溢油量超过 10 吨的，要求作业者在 24 小时内报告海区主管部门；

（2）平台距海岸 20 海里以内，溢油量不超过 1 吨和平台距海岸 20 海里以外，溢油量不超过 10 吨的，要求作业者在 48 小时内报告海区主管部门。

5.3.8.3 平台移位、就位报告及内容

1. 移动平台

平台就位后要求作业者立即向海区海洋行政主管部门报告。报告内容：作业者、平台名称、就位时间、位置、区块名称及井名、作业性质、钻井数量等。

2. 固定式平台

平台就位后或竣工后要求作业者 2 天内向海区海洋行政主管部门报告。报告内容：作业者、平台名称、油田名称、就位时间、位置、作业性质、油井数量等。

5.3.8.4 试油作业报告及内容

试油作业要求作业单位在海上试油作业开始一周前向海区海洋行政主

管部门报告。

报告内容：作业者、平台名称、井名、井别（探井或评价井）、具体位置、作业区水深、试油开始时间、预计试油天数、油性混合物的处理方式、溢油应急准备情况、油类和油性混合物落海的处理方法等。

5.3.8.5 环境保护设施拆除、闲置、更换报告及内容

1. 报告时间

《海洋工程环境保护设施管理办法》第十五条、第十七条对环境保护设施的拆除、闲置、更换的报告时间做出了明确规定，要求作业者在环境保护设施拆除、闲置、更换之日起 20 个工作日前向核准其环境影响报告书（表）的海洋主管部门提出了申请。

2. 申请内容

（1）海洋工程建设项目名称、位置；

（2）所有人、使用者公司名称、主管单位；

（3）拆除、闲置、更换环境保护设施的时间、名称、型号、出厂时间、累计使用时间、设计使用时间；

（4）拆除、闲置、更换环境保护设施的原因；

（5）拆除、更换环境保护设施的施工承担单位、施工方案；

（6）更换新设施投入使用的时间等。

5.3.8.6 新建海洋工程在建期间建设进度报告及内容

新建海洋工程在施工期间，作业者应定期向国家海洋行政主管部门报告建设进度情况。

1. 报告内容

在施工期间对该工程落实环境影响报告书中的环境管理、监测计划落实和工程进展情况。发生污染事故和工程建设与环评设计方案不相符时要及时向海洋行政主管部门报告。

2. 报告时间

要求作业者每月 1 次以书面形式向海洋行政主管部门报告。

5.3.9 排污费征收管理制度

5.3.9.1 管理依据

1. 《排污费征收使用管理条例》第二条第一款规定，"直接向环境排放污染物的单位和个体工商户（以下简称排污者），应当依照本条例的规定缴纳排污费"。

2. 《排污费征收使用管理条例》第十二条第一款第一项规定，"依照大气污染防治法、海洋环境保护法的规定，向大气、海洋排放污染物的，按照排放污染物的种类、数量缴纳排污费"。

3. 《海洋工程排污费征收标准实施办法》第三条规定，"国家海洋局各分局按下列排污收费项目向企业或作业者征收排污费：生产污水和机舱污水；钻井泥浆和钻屑；生活污水；生活垃圾"。

5.3.9.2 收费具体办法

1. 生产污水和机舱污水收费办法

对向海洋水体排放生产污水和机舱污水的，按照生产污水和机舱污水中石油类含量和排水量计征污水排污费；生产污水、机舱污水中石油类含量超过《海洋石油勘探开发污染物排放浓度限值》（GB 4914—2008）的，按照污水石油类含量和本办法规定的收费标准计征的收费额加倍征收超标准排污费。

2. 钻井泥浆和钻屑收费办法

对向海洋水体排放钻井泥浆（包括水基泥浆和无毒复合泥浆）和钻屑的，按照泥浆和钻屑中石油类、总镉、总汞的含量和排放量计征排污费。石油类、总镉、总汞的含量超过《海洋石油勘探开发污染物排放浓度限值》（GB 4914—2008）的，按照计征的收费标准收取超标准排污费。

3. 生活污水收费办法

对向海洋水体排放生活污水的，按照生活污水中化学需氧量（COD）和排水量计征排污费。

4. 生活垃圾收费办法

对向海洋排放生活垃圾的，按照排放量一次性征收排污费。

5.3.9.3 排污费征收标准及计算办法

根据《排污费征收标准管理办法》，污水排放费用按照排污者排放污染物的种类、数量的污染当量计征，每一污染当量征收标准为 0.7 元，石油类、化学需氧量（COD）、总汞和总镉的污染当量值分别为 0.1 千克、1 千克、0.000 5 千克和 0.005 千克。

1. 生产污水、机舱污水排污费征收标准及计算办法

生产污水、机舱污水排污费收费标准，按照生产污水、机舱污水中石油类含量和排水量以污染当量计征，其排污费计算公式为：

污水排污费（元）＝［0.7 元 × 石油类月平均浓度（毫克/升）× 月污水排放量（吨）×10^{-3}］/0.1（千克）

生产污水和机舱污水中石油类含量超过《海洋石油勘探开发污染物排放浓度限值》（GB 4914—2008），按照污水石油类含量和本办法规定的收费标准计征的收费额加倍征收超标准排污费。

2. 钻井泥浆、钻屑排污费征收标准及计算办法

钻井泥浆、钻屑排污费收费标准，按照钻井泥浆、钻屑中石油类、总汞、总镉的含量和排放量以污染当量计征，其排污费计算公式为：

钻井泥浆、钻屑排污费（元）＝0.7 元 × 钻井泥浆或钻屑排放量（吨）×10^{-3} × $\sum Qi$

$\sum Qi$ ＝石油类浓度（毫克/千克）/0.1（千克）＋总汞浓度（毫克/千克）/0.000 5（千克）＋总镉浓度（毫克/千克）/0.005（千克）

3. 生活污水排污费征收标准及计算办法

生活污水排污费收费标准,按照生活污水中化学需氧量(COD)和排水量以污染当量计征,其排污费计算公式为:

生活污水排污费(元)= 0.7 元 × 月污水排放量(吨)× COD 月平均浓度(毫克/升)/1(千克)

4. 生活垃圾排污费征收标准及计算办法

对向海洋水体排放的生活垃圾,一次性征收生活垃圾排污费。每吨垃圾的征收标准为 5 元。

5.4 行政检查

5.4.1 行政检查的对象、方法、程序

5.4.1.1 行政检查的对象

海洋石油勘探开发环境保护行政检查对象包括:在我国管辖海域内从事海洋石油勘探开发的企业(含涉外公司)、事业单位、作业者和个人,以及他们所使用的固定式和移动式海上平台及其他有关设施。一般情况下,海洋石油勘探开发活动海洋行政检查的对象(相对人)首先是检查任务中海上油气设施目标作业活动的作业者(甲方)。

5.4.1.2 行政检查的方法

目前,对海洋石油勘探开发环境保护行政检查主要采用现场登临检查、公司管理检查、巡航监视检查三种。

1. 现场登临检查

指海洋行政执法人员利用船舶或飞机或车辆作为交通工具,对海上石油勘探开发作业现场(海上石油平台、浮式生产储油装置、人工岛、人工井场)进行检查。此类检查的方式可分为定期检查、不定期检查、综合检

查、专项检查、应急检查。

（1）定期检查

根据年度工作计划安排，对管辖海域海洋石油勘探开发活动组织开展有规律的海洋行政检查活动。定期检查是对海洋石油勘探开发活动行政相对人规范各项操作规程、认真落实各项环境保护制度和措施的常规检查。

（2）不定期检查

海洋行政执法队伍对举报或发现涉嫌违法的海洋石油勘探开发活动，以及根据海上油气勘探开发活动监管新出台政策和海洋行政主管部门组织的大型监管行动，不定期地开展的有针对性的海洋行政检查活动。

（3）综合检查

综合检查是指有针对性的选择海上油气设施检查目标范围，对项目建设和运行情况从海洋石油勘探开发环境保护法律、法规和部门规章执行、落实情况等各方面进行全面检查。

（4）专项检查

专项检查是指海洋油气勘探开发活动某一项环境保护管理工作进行的集中性检查。专项检查应事前制定详细的海洋行政执法行动计划或方案。此项检查目前主要针对新建项目、污染物处置、环境保护设施、溢油应急能力等方面开展。

（5）应急检查

海洋行政执法人员对海洋油气勘探开发活动中突发性污染事件迅速开展的检查。在定期检查过程中，海洋行政执法人员发现明显违法违规行为，取证时效性强，突击性直接登检涉嫌违法的海上油气设施。

现场登临检查的登检方案应明确登检依据、目的、对象、时间、地点、检查内容、登检方式、人员及分工、工作要求等。登检小组组长负责登检现场的组织和指挥，取证人员主要承担照相、摄像及图片和视频的后期编辑制作、现场相关检查的记录、证据材料的提取等工作。

2. 公司管理检查

海洋行政执法人员对海洋石油勘探开发公司就海上作业、海洋环境保护法律、法规、部门规章及相关标准执行情况进行检查。检查方式主要包括听取汇报与审查相关文件、证书、资料等。

3. 巡航监视检查

海洋行政执法人员利用"中国海监"飞机、船舶、汽车等交通工具，对海上海洋石油勘探开发海域进行巡视检查。巡航监视分为：海上巡航监视、空中巡航监视和陆岸监视。巡航监视又可分为定期巡航监视、不定期巡航监视和应急巡航监视。

海洋石油勘探开发环境保护海洋行政检查的方式较多，应根据具体情况选择科学合理的检查方式，以保证海洋行政执法的效果。

5.4.1.3 行政检查的一般程序

根据《中华人民共和国行政处罚法》、《海洋行政处罚实施办法》和相关海洋法律、法规、规章的规定，海洋行政检查应遵守以下程序：

（1）根据任务书确定检查组人员及分工、计划检查路线、时间、内容和所携带的设备、文书；

（2）向被检查单位送达《检查通知书》，填写《送达回证》，与被检查单位确定检查具体时间和登临检查海洋石油平台的方式；

（3）每次执行海洋行政检查任务时，海洋行政执法人员应不少于2人，应统一着中国海监制式服装（有特殊安全要求的除外），主动出示"海洋执法监察证"；

（4）海洋行政执法人员应告知被检查单位的权利和义务、检查目的、依据和内容，以及拒绝检查、阻挠、妨碍检查的法律后果；

（5）海洋行政执法人员听取被检查单位负责人有关环保、生产、作业情况的汇报；

（6）海洋行政执法人员查阅相关文书、证件和资料；

（7）海洋行政执法人员对海洋石油勘探开发作业现场进行检查；

（8）检查发现违法行为时要及时进行调查取证，制作相关文书，并依据相关法律、法规的规定，进行现场处置；

（9）检查过程中对每项检查情况记录在《海洋石油勘探开发环境保护执法检查情况登记表》内；

（10）检查结束后，海洋行政执法人员应向被检查单位负责人通报现场检查结果，填写《现场笔录》，提取证据材料的应填写《提取证据材料登记表》，海洋行政执法人员与被检查单位负责人签字确认；

（11）确定离开海洋石油平台时间和方式，离开前检查确认所携带设备、文书和个人物品是否遗漏。

5.4.2 检查内容

5.4.2.1 基础数据检查

1. 数据库建立

收集海上油气开发活动相关资料，以海上油田项目为基础单位建立石油勘探开发海洋行政检查数据库。应对已建、在建、拟建项目相关基础数据进行整理，建立、完善海洋行政执法管理数据库，每年对数据库进行全面核实。

2. 基础数据检查方法

采用查阅项目的海洋环境保护批准文件、资料和现场核实的方法进行检查。

3. 基础数据检查内容

检查内容主要包括项目基本概况、生产设计、相关行政审批文件、污染物处置方式及总量控制指标、环境保护设施配置、溢油应急能力等。

5.4.2.2 文件证书检查

1. 文件证书检查方法

采用查阅项目的海洋环境保护相关文件、证书的方法进行检查。

2. 文件证书检查内容

检查内容主要包括：项目批准文件的主管部门、时间和文号，相关数据、有效期和具体要求；项目证书颁发部门、时间、编号和有效期。

文件、证书应包括：

(1)《海洋环境影响报告书（表）》审查核准文件；

(2) 环境保护设施"三同时"检查批复文件；

(3) 环境保护设施竣工验收审查批复文件；

(4)《溢油应急计划》审查批复文件；

(5) 钻井液、钻屑排放批复文件；

(6) 环境保护设施更换、闲置批准文件；

(7) 化学消油剂使用批准文件；

(8)《国际防止油污染证书》；

(9) 各类环境保护设施法定检验证书；

(10) 其他与项目海洋环境保护工作相关文件和证书。

上述文件、证书内容应纳入数据库管理，在文件、证书有效时间内实施跟踪管理。

5.4.2.3 资料检查

1. 资料检查方法

采用查阅和提取项目生产、作业相关资料的方法进行检查。

2. 资料检查内容

检查时，应根据现场作业情况，确定查阅和提取的资料，资料主要包括：各类生产日报和月报、各类作业设计和施工方案、现场操作规程、防污染记录、各类巡查记录、防污设备维修记录、污染物检验报告、中控值班记录、物料供应单、环保事故及处理记录、污染物处理记录。检查时应注意核对生产、作业资料与实际情况是否相符；相关环境保护工作情况是否如实记录。

5.4.2.4 环境保护设施检查

1. 环境保护设施检查方法

对各类环境保护设施配置和运行情况进行现场检查。

2. 环境保护设施检查内容

检查时,应根据平台类型确定现场检查的环境保护设施的种类。检查的环保设施一般包括:采油平台、储油装置、人工岛上的生活污水处理系统、回注系统、排油监控装置、机舱含油污水分离器、残油和废油回收装置、各类垃圾粉碎或回收装置、污染物流量自动监控仪器、开式和闭式排放系统、火炬燃烧系统、污染物流量自动监控仪器、监测仪器、焚烧设施等。

检查时应注意确认以下几方面的问题:

(1) 环境保护设施处理能力是否符合设计要求和实际使用情况;

(2) 环境保护设施是否有闲置、更换和维修情况,在此期间污染物如何处置;

(3) 环境保护设施运行期间紧急排放口是否有异常情况;

(4) 机舱含油污水分离器是否正常,钻井平台是否铅封;

(5) 环境保护设施巡查制度落实、维护情况。

5.4.2.5 生产作业区域检查

1. 生产作业区域检查方法

对各类生产作业区域进行现场检查。

生产作业区域主要包括:钻井作业区、泥浆循环及回注系统、钻屑排放及回注系统、采油井口区、钻修井模块、原油外输区、三相分离器区、生产水处理区。

2. 生产作业区域检查内容

(1) 海上设施的设计情况与实际情况、设计井数与实际井数、设计井身结构与实际井身结构、设计生产情况和实际生产情况有无差异。

(2) 生产水、泥浆、钻屑的设计回注方式与实际生产方式、设计回注压力与实际回注压力、设计回注层位与实际回注层位、设计回注量与实际回注量有无差异，生产水回注前是否经过处理、是否开展回注对地层影响评估、回注后地层是否出现异常、开展回注对地层影响评估的频率等。

(3) 各类生产作业区域设施是否正常运行，流程有无异常关断或旁通现象，重点环保隐患部位有无跑、冒、滴、漏的情况；

(4) 生产管汇、生产甲板及护板、隔水套管、桩腿等设备是否存在污染隐患或油污迹象。

5.4.2.6　溢油应急能力检查

1. 溢油应急能力检查方法

采用现场检查核实溢油应急设施，检验溢油应急响应能力的方法进行检查。

2. 溢油应急能力检查内容

(1)《溢油应急计划》是否编制、批准，是否存放在各指挥部门和现场；

(2) 溢油应急设备是否配备到位、存放位置是否符合要求、是否处于良好状态、是否定期进行保养和维护、操作规程是否规范；

(3) 溢油应急指挥体系是否健全，通信联络是否畅通；

(4) 现场溢油应急响应人员是否到位，岗位职责是否明确；

(5) 定期组织溢油应急能力演习，演习过程中各岗位人员的实际操作能力和船舶配合情况，应急反应能力是否符合要求；

(6) 溢油数模漂移软件配备与运行情况；

(7)《溢油应急计划》内容发生变化，是否及时上报海洋行政主管部门。

5.4.2.7 污染物处置检查

1. 污染物处置检查方法

采用核实污染物处置情况,现场监督样品分析的方式进行检查,必要时由技术单位人员采样分析排海污染物达标情况。

2. 污染物处置检查内容

(1) 污染物处置方式是否符合《海洋环境影响报告书》和海洋行政主管部门批复文件的要求;

(2) 污染物排放方式、速率、频率、总量控制指标是否符合《海洋环境影响报告书》要求;

(3) 污染物排海后是否出现异常,是否定时巡查排放口,设置有在线式含油监控装置运转是否正常,超标自我循环的自动流程是否有效;

(4) 污染物现场分析方法、仪器、人员、采样分析频率、结果、记录是否符合规范和要求;

(5) 是否定期对排海污染物取样校检,分析报告是否存放在平台。

5.4.2.8 化学消油剂使用检查

1. 化学消油剂使用检查方法

采用现场检查核实,查阅使用记录,必要时对不符合《海洋石油勘探开发化学消油剂的使用规定》的化学消油剂进行采样检验分析。

2. 化学消油剂使用检查内容

(1) 海上石油作业平台存放的化学消油剂是否经海洋行政主管部门核准;

(2) 海上石油作业平台化学消油剂的存放总量、标识是否符合要求,是否在有效期内;

(3) 化学消油剂的使用是否经海洋行政主管部门批准,喷洒条件、方法、数量是否符合规定;

(4) 化学消油剂使用情况是否及时记录。

5.4.2.9 试油检查

1. 试油检查方法

采用对试油现场进行检查,监督环境保护措施的落实,查阅相关记录的方法对试油进行检查。

2. 试油检查内容

(1) 试油是否按规定报告海洋行政主管部门;

(2) 试油期间的环境保护措施是否到位;

(3) 试油各类管汇、计量罐(油轮)是否出现跑、冒、滴、漏的情况;

(4) 试油产生的油性混合物处理方式、海上燃烧是否充分;

(5) 试油期间落海油类和油性混合物是否采用有效措施处理并如实记录。

5.4.2.10 平台(海上设施及构筑物)弃置作业检查

1. 平台弃置作业检查方法

采用对平台弃置现场监督检查,核实《平台弃置方案》及海洋行政主管部门批复文件的方法进行检查。

2. 平台弃置作业检查内容

(1) 海上平台弃置是否经过海洋行政主管部门批准;

(2) 平台弃置作业是否按照批准的内容进行;

(3) 妨碍海洋主导功能使用的弃置平台是否全部拆除;

(4) 领海以内全部拆除的平台,残留桩腿已切割至海底表面4米以下的证明材料;

(5) 海上弃置的油、气、水井,封堵地层及井口的证明材料;

(6) 弃置平台海上留置部分,是否进行了清洗或防腐蚀处理,且设立了助航标志。

5.4.2.11 其他海上作业检查

1. 其他海上作业检查方法

其他海上作业主要包括酸化、压裂、爆破、修井。对于其他海上作业，一般采用巡查现场，监督环境保护措施的落实，查阅相关资料和记录的方法进行检查。

2. 检查内容

（1）作业区环境保护措施是否落实到位；

（2）作业区作业设施是否正常运行，有无跑、冒、滴、漏的情况；

（3）作业区是否存在污染隐患；

（4）作业时产生的污染物是否按相关规定、要求处置，记录是否完整。

5.4.3 溢油事故现场检查

5.4.3.1 溢油事故信息获取与核实

1. 信息获取

信息获取主要来源：作业者报告、有关部门通报、监视检查发现、社会举报和媒体报道等。

2. 信息核实

各类溢油事故获取信息的核实原则如下：

——溢油事故发生单位的报告或监视、检查发现的溢油事故，核实溢油量大小，按照《海上石油勘探开发溢油应急响应执行程序》执行。

——由地方有关部门报告、举报和媒体报道的溢油事故信息，海洋行政执法人员应第一时间进行事故调查、现场监视、信息确认、综合分析、判断。若溢油事故的溢油源明确是海洋石油勘探开发，根据溢油量大小启动《海洋石油勘探开发溢油应急响应执行程序》。未确认溢油源的无主漂油污染事故，按照应急排查行动为主进行调查。

5.4.3.2 溢油事故发生原因检查

海洋石油勘探开发作业溢油事故发生的原因主要有：技术设计缺陷、人员操作失误、设备失效、管理缺失或失控、第三者破坏、不可抗力等。

这些原因有的当场可以确定、有的需要当场核实，还有的需要进一步调查确定。作为整个油污染事故调查取证工作的首要任务，掌握污染事故现状和查清海上油污染事故发生的原因、源头，对事故违法事实的认定和处理起着至关重要的作用，因此，海洋行政执法人员的调查取证工作必须细致和全面，根据事故特点明确现场监管和调查的思路和计划。

1. 海洋行政执法人员调查

调查项目设计方案（ODP、环评、批复）、施工方案（整体与分项方案）、完工报告等是否与实际建设、生产作业状况一致（注意：这里首先必须现场调查清楚实际情况，后再调查其他情况）。

主要关注以下问题：

（1）设施设计与实际建设是否相符，主要包括：

开采位置、平台数、各类井数、井身结构、处理流程、管道（直径大小、保护层、壁层）、泥浆配置及应急备料、井口和管道安全装置（紧急关断和导流系统）等。

（2）生产设计与实际生产是否相符，主要包括：

开采方式、规模、井口控止压力、管汇及法栏、异常报警；外输方式、数量（/每小时/每天/总）、压力（管道、管汇、外输泵、容器）、清壁试压、异常报警；回注物质、方式、层位（浅层是绝对不能回注）、回注量（/每小时/每天/总）、回注压力；

2. 涉海单位报告

主要包括事故报告、事故分析报告、事故处理方案、事故处理情况报告等。

3. 第三方提供报告

主要包括事故分析报告、事故鉴定检验报告、事故评估报告等。

4. 专家意见

主要包括专家审查意见、专家咨询意见、专家鉴定结论等。

5.4.3.3　溢油事故现场检查

1. 溢油事故现场检查方法

主要采用对溢油事故现场进行监视取证和勘验、调访的方法进行检查。

2. 溢油事故现场检查内容

主要包括溢油事故信息获取与核实、现场检查、调访利益相关单位、排查油气设施和询问个人。

主要检查溢油地点、时间、油品种类、部位、方式、控制状况、报告情况等：

（1）油品种类：原油、重油、柴油、机油（润滑油）、油基泥浆、含油污水、含油泥浆、含油钻屑等；

（2）溢油部位：井口、各类管汇、外输泵、外输软管、储油舱（罐）、油轮（过驳和外输）、火炬、海底输油管道、地层、固井环空等；

（3）溢油方式：一次性溢油或连续性溢油；

（4）溢油原因：井喷、井涌、刺漏、泄漏、爆炸、管线容器破损等；

（5）控制状况：完全控制、基本控制、尚未控制；

（6）报告情况：时间、方式、部门、内容；

（7）溢油事故溢油量：估算溢油事故油类溢出量、入海量、回收量、单位时间溢出量。

5.4.3.4　溢油事故现场环境状况检查

溢油事故现场环境状况检查主要包括溢油事故现场（海上设施）及周围海域、陆岸环境污染现状。

1. 海上设施污染现状检查

溢油部位、颜色、形状、数量和处理情况等。

注：油膜颜色一般分为10种：银白色、灰色、彩虹色、蓝色、蓝褐色、褐色、黑色、黑褐色、桔色或巧克力色。

2. 海域污染现状检查

（1）海上污染区域确定：使用高精度定位仪获取污染区外围拐点，确定污染面积、程度；

（2）海面污染动态：海面油污染漂移方向、速度，预测油污到敏感区的时间；

（3）海面油污描述：油品种类和颜色、风化程度、油带形状（颗粒状、片状、块状、球状、带状）、油膜厚度；

（4）海上污染区其他情况。

其他漂浮物：清污用品、生活用品、救生器材、船用物品、生物死亡情况。

3. 陆岸污染现状检查

（1）陆岸污染区域

使用高精度定位仪获取污染区位置、长度、宽度、面积，确定污染范围、程度。

（2）油污染登陆情况

确定油污染位置（高潮线、低潮线）。收集现场实测风向、风速、潮汐资料。

（3）陆岸油污染现状

油品种类和颜色、风化程度、油带形状（颗粒状、片状、块状、球状、带状）、油膜厚度，油污有无被海沙覆盖，判断是否有二次上岸情况。

（4）陆岸油污染区其他异常情况

清污用品、生活用品、救生器材、船用物品、生物死亡情况。

注：计量单位必须统一按照国家标准执行，详见表5-17。

表 5-17 相关标准计量单位

种类	名称	符号	种类	名称	符号
长度	千米	km	体积	立方米	m³
	米	m		立方厘米	cm³
	厘米	cm	容积	升	L（l）
	毫米	mm		毫升	ml
	微米	μm	质量	吨	t
	纳米	nm		千克	kg
	海里	n mile		克	g
面积	平方千米	km²		厘克	cg
	平方米	m²		毫克	mg
	平方厘米	cm²			
位置	120°54′36″E			38°32′54″N	

5.4.3.5 溢油应急响应检查

主要检查内容：启动应急响应的时间、参与单位和部门、动用的船舶、设备、人员、处置方式和效果等。

5.4.3.6 报告编写

1. 报告种类

报告种类主要有《执法监察专报》、《巡航监视报告》和《应急监视报告》三种。

2. 报告编写内容

（1）《执法监察专报》主要内容应包括开展海洋行政执法工作基本数据及检查概况、检查情况、发现问题和处置情况、建议。

（2）《巡航监视报告》主要内容应包括开展巡航工作基本数据及基本概况、巡查情况、发现问题和处置情况、建议。

（3）《应急监视报告》主要内容应包括：基本概况、开展工作情况、发现存在问题和处置情况、后续工作安排、建议。

3. 报告编写格式

《执法监察专报》、《巡航监视报告》及《应急监视报告》编写格式按照《海洋石油勘探开发环境保护执法检查规范》附录 B 要求执行。

5.5 违法行为及其法律责任

海洋油气勘探开发行政处罚是对在开展海洋油气勘探开发活动中违反《海洋环境保护法》、《中华人民共和国海洋石油勘探开发环境保护管理条例》、《防治海洋工程建设项目污染损害海洋环境管理条例》等相关规定的违法行为给予行政处罚。行政处罚的原则、种类、程序在教材《海洋行政执法理论》一书中已有明确阐述；有关调查取证工作的原则、具体要求、可采取的措施、调查取证的基本内容、收集证据的种类和具体要求在《海洋行政执法调查取证工作规则》中已明确阐述，在此不做赘述。本节简要介绍海洋油气勘探开发活动中对涉嫌违法行为开展调查取证工作和违法行为与法律责任。

5.5.1 调查取证工作

5.5.1.1 调查取证时可采取措施

海洋行政执法调查取证，是指中国海监机构依法在行政职权范围内，对发现公民、法人或者其他组织有依法应当给予行政处罚的行为，进行调查和收集有关证据的活动。海洋行政执法人员在对海洋油气勘探开发活动中对涉嫌违法行为开展调查取证时可采取下列措施：

（1）听取当事人或者相关人员关于海洋石油活动环境保护情况的介绍，调查污染事故；

（2）要求当事人或者相关人员就有关海洋石油活动环境保护问题作出说明，包括陈述、申辩；

（3）要求当事人或者相关人员提供与海洋石油活动环境保护有关的文

件、证书、数据及技术资料等；

（4）登临固定式和移动式平台及其他有关设施，进入现场进行检查、勘查、监测、取样检验、拍照、摄像、采集各类有关样品等；

（5）查阅或者复制与海洋石油活动环境保护有关文件资料；检查防污记录簿及有关操作记录，必要时进行复制和摘录，并要求平台负责人签证该复制和摘录件为正确无误的副本；

（6）检查海洋石油活动与海洋环境保护有关的设施、设备和器材的安装、运行情况；

（7）检查海洋石油活动各类污染物处置、检验、记录情况；

（8）责令当事人停止正在进行的违法行为，接受处理；

（9）要求当事人采取有效措施，防止污染事态扩大；

（10）法律、法规、规章规定的其他措施。

5.5.1.2 开展调查取证的涉嫌违法行为

在海洋油气勘探开发活动中涉嫌有下列违法行为的，应当组织开展调查取证：

（1）向海域排放《海洋环境保护法》禁止排放的污染物或者其他物质的；不按照规定向海洋排放污染物，或者超过标准排放污染物的；

（2）使用含超标准放射性物质或者溶出有毒有害物质材料的；不按规定使用化学消油剂的；

（3）因发生事故或者其他突发性事件，造成海洋环境污染事故，不立即采取处理措施的，包括海洋石油勘探开发及输油过程中，未采取有效措施，导致溢油事故发生的；

（4）破坏海洋生态、海洋水产资源、海洋保护区，给国家造成重大损失的；

（5）不按照规定申报，甚至拒报污染物排放有关事项，或者在申报时弄虚作假的；

（6）发生事故或者其他突发性事件不按照规定报告的；特别是不按规

定向主管部门报告重大油污事故的；

（7）在编制油（气）田总体开发方案的同时，未按规定编报海洋环境影响报告书和造成海洋环境污染损害的；

（8）海洋石油项目未建成环境保护设施，未达到规定要求即投入生产、使用的；

（9）未按有关规定编制溢油应急计划，报国家海洋行政主管部门审查批准的；

（10）未按规定配备防污染记录簿；防污染记录簿的记载非正规化或者伪造的；

（11）拒绝现场检查，或者在被检查时弄虚作假的。

5.5.1.3 查取证工作的主要内容

在海洋油气勘探开发活动中开展调查取证工作的主要内容：

（1）向海域排放污染物或者其他物质情况；向海洋排放污染物的超标情况；

（2）使用含超标准放射性物质或者溶出有毒有害物质材料情况；

（3）溢油事故或者其他突发性事件发生情况，造成海洋环境污染的情况，当事人采取处理措施的情况，事故处理结果；

（4）海洋生态、海洋水产资源、海洋保护区被海洋石油活动破坏情况，给国家造成的损失情况；

（5）污染物排放的申报和报告情况；发生事故或者其他突发性事件的报告情况；

（6）编制油（气）田总体开发方案期间，海洋环境影响报告书编报及其核准情况；

（7）环境保护设施与主体工程同时设计、同时施工、同时投产使用情况；

（8）海洋环境保护设施试运行前经海洋行政主管部门检查批准情况；环境保护设施投入生产或者使用前，经海洋行政主管部门验收情况；

（9）拆除或者闲置环境保护设施，事先征得海洋行政主管部门同意的情况；

（10）编制溢油应急计划和报国家海洋行政主管部门审查批准情况；

（11）防污染记录簿的记载情况；

（12）拒绝现场检查，或者在被检查时弄虚作假情况。

5.5.1.4 证据获取

在海洋油气勘探开发活动开展调查取证工作中根据案情需要，可提取书证、物证、视听资料、证人证言、当事人的陈述、鉴定结论、勘验笔录、现场笔录等主要证据材料：

1. 书证

当事人的身份证明文件、受委托人的身份证明及授权委托书等；海洋环境影响报告书及核准文件，环境保护设施竣工验收审查批复文件，溢油应急计划审查批复文件，环境保护设施与主体工程同时设计、同时施工、同时投产使用的有关文件；各类环境保护设施检验证书、有关防止油污染证书等；各类生产日报和月报，施工作业设计和方案、防污染记录、巡检记录、维修记录、污染物处置与排放、污染事故报告及处理情况记录等材料；海洋主管部门对当事人作出的责令停止违法行为并限期整改的法律文书或文件。

2. 物证

海洋石油活动有关海洋环境保护的施工器械、施工设备、施工材料，污染物处置、排放等环保装置、设施、设备、化学药品，污染物排放样品等；

3. 视听资料

海洋石油活动生产作业现场、环保设施运转现场、污染物处置、排放现场以及相关物品的录音、录像、电子信息资料等；

4. 证人证言

施工单位、监理单位及其他知情员工就工程建设及其海洋环境保护情况所做的陈述（以笔录形式记载）；

5. 当事人的陈述

当事人就海洋石油活动的海洋环境保护情况所作的陈述（以笔录形式记载）；

6. 鉴定结论

具有资质的单位对海洋石油活动过程中有关污染物排放、对海洋生态环境造成的污染损害程度等具体事项，出具的技术检测结果或鉴定结论；

7. 勘验笔录、现场笔录

对海洋石油活动现场进行勘验、检查的情况记录；

8. 选择性证据材料

根据涉嫌违反行为，还可视情况选择收集下列证据材料：

（1）海洋石油钻井船、钻井平台和采油平台的含油污水和油性混合物，是否经处理或超标排放；

（2）残油、废油是否予以回收排放入海，或经回收处理后排放的含油量是否超过国家规定的标准；

（3）钻井所使用的油基泥浆和其他有毒复合泥浆排放入海，或水基泥浆和无毒复合泥浆及钻屑的排放是否不符合国家有关规定；

（4）海洋石油钻井船、钻井平台和采油平台及其有关海上设施向海域处置含油的工业垃圾，或处置其他工业垃圾是否造成海洋环境污染；生活垃圾的处置情况；

（5）海上试油时，油气是否充分燃烧，油和油性混合物排放入海等证据材料；

（6）一次性使用化学消油剂的数量（包括溶剂在内），化学消油剂经主管部门核准情况，当事人向主管部门报告和获得许可使用情况；

（7）当事人将事故情况和使用化学消油剂情况详细报告主管部门等证据材料；

（8）发生溢油、漏油等污染事故的情况，包括事故发生原因、现场情况、溢油量、环境状况；当事人的应急处置情况，包括是否迅速采取围油、回收油等措施，控制、减轻和消除污染；

（9）发生大量溢油、漏油、井喷等重大油污染事故的情况，当事人是否立即报告主管部门的情况，是否迅速有效措施，控制和消除油污染等证据材料；

（10）受石油勘探开发污染损害的时间、地点、范围、对象；

（11）受污染损害的清单，包括品名、数量、单价、计算方法，以及养殖或自然等情况；

（12）有关科研部门的鉴定或公安机关对损害情况的签证；

（13）受污染损害的原始单证、有关情况的照片，其他有关索赔的证明单据、材料等证据材料；

（14）是否按照规定申报污染物排放；

（15）发生事故或者其他突发性事件是否按照规定报告；

（16）是否按照规定向主管部门提交季度综合报告，报告防污染情况和污染事故情况等证据材料；

（17）在编制油（气）田总体开发方案的同时，是否按规定编报海洋环境影响报告书及其审批情况；

（18）海洋环境影响报告书的内容是否符合《海洋石油勘探开发环境保护管理条例》的有关要求；

（19）按有关规定编制溢油应急计划情况及其审批情况；

（20）当事者防治油污染事故的应急能力，包括是否配备与海洋石油活动规模相适应的油收回设施和围油、消油器材的情况；

（21）固定式和移动式平台的防污染设备是否符合《海洋石油勘探开发环境保护管理条例》的有关要求；

（22）海上储油设施、输油管线是否符合防渗、防漏、防腐蚀要求，是否经常检查等证据材料；

（23）防污染记录簿的配备情况，是否记录情况；

（24）防污染记录簿记载的内容是否符合《海洋石油勘探开发环境保护管理条例》的有关要求，记载是否如实等证据材料。

9. 其他证据。

5.5.2 违法行为及其法律责任

1. 违反海洋环境影响评价管理规定的行为及其法律责任

该违法行为的主要表现及法律责任是：

（1）海洋油气工程未编报海洋环境影响报告书或环境影响报告书未经核准，擅自开工建设的行为；

（2）海洋油气工程的性质、规模、地点、生产工艺或者拟采取的环境保护措施发生重大改变，未重新编制环境影响报告书报原核准该工程环境影响报告书的海洋主管部门核准的行为；

（3）自环境影响报告书核准之日起超过 5 年，海洋油气工程方开工建设，其环境影响报告书未重新报原核准该工程环境影响报告书的海洋主管部门核准的行为。

对上述违法行为，根据《中华人民共和国海洋环境保护法》第八十三条之规定，由海洋行政主管部门责令其停止施工或者生产、使用，限期补办手续，并处 5 万元以上 20 万元以下的罚款。

（4）海洋油气工程需要拆除或者改作他用时，未报原核准该工程环境影响报告书的海洋主管部门批准或者未按要求进行环境影响评价的行为。对该违法行为，根据《防治海洋工程建设项目污染损害海洋环境管理条例》第四十七条规定，由原核准该工程环境影响报告书的海洋主管部门责令停止建设、运行，限期补办手续，并处 5 万元以上 20 万元以下的罚款。

2. 违反环境保护设施管理规定的行为及其法律责任

该违法行为的主要表现及法律责任是：

（1）海洋油气工程建设项目未建成环境保护设施，即投入生产、使用的行为；

（2）海洋油气工程建设项目的环境保护设施未经海洋行政主管部门检查批准即试运行的行为；

（3）海洋油气工程建设项目的环境保护设施未经海洋行政主管部门验收即投入生产或者使用的行为；

（4）海洋油气工程建设项目的环境保护设施经海洋行政主管部门验收不合格仍投入生产或者使用的行为；

（5）拆除或者闲置环境保护设施，未事先征得海洋行政主管部门同意的行为。

对上述违法行为，根据《中华人民共和国海洋环境保护法》第八十三条之规定，由海洋行政主管部门责令其停止施工或者生产、使用，并处5万元以上20万元以下的罚款。

3. 违反污染物处置管理规定的行为及其法律责任

该违法行为的主要表现及法律责任是：

（1）向海域排放《海洋环境保护法》禁止排放的污染物或者其他物质的行为。

根据《中华人民共和国海洋环境保护法》第七十三条规定，对向海域排放本法禁止排放的污染物或者其他物质的，由依照本法规定行使海洋环境监督管理权的部门责令限期改正，并处3万元以上20万元以下的罚款。

（2）违反不按照规定向海洋排放污染物，或者超过标准排放污染物的行为，具体违法行为表现为以下几点。

①海洋石油钻井船、钻井平台和采油平台的含油污水和油性混合物，未经处理达标后排放；

②残油、废油未予以回收处理即排放入海；

③残油、废油虽经回收处理后，含油量仍超过国家规定标准即向海排放；

④钻井所使用的油基泥浆和其他有毒复合泥浆直接排放入海；

⑤钻井所用的水基泥浆和无毒复合泥浆及钻屑的排放不符合国家有关规定；

⑥海上试油时，未确保油气充分燃烧，将油和油性混合物排放入海，造成海洋环境污染的；

⑦海洋石油钻井船、钻井平台和采油平台及其有关海上设施，向海域处置含油的工业垃圾或者其他工业垃圾。

对上述违法行为，根据《中华人民共和国海洋环境保护法》第七十三条规定，由国家海洋行政主管部门责令限期改正，并处以2万元以上10万元以下的罚款。

（3）使用含超标准放射性物质或者溶出有毒有害物质材料的行为。

根据《中华人民共和国海洋环境保护法》第八十四条规定，使用含超标准放射性物质或者易溶出有毒有害物质材料的，由海洋行政主管部门处5万元以下的罚款，并责令其停止该建设项目的运行，直到消除污染危害。

（4）不按照规定申报，甚至拒报污染物排放有关事项，或者在申报时弄虚作假的行为。

根据《中华人民共和国海洋环境保护法》第七十四条规定，对不按照规定申报，甚至拒报污染物排放有关事项，或者在申报时弄虚作假的，由依照本法规定行使海洋环境监督管理权的部门予以警告，或者处以2万元以下的罚款。

4. 违反发生污染事故，造成海洋环境污染行为及其法律责任

该违法行为的主要表现及法律责任是：

（1）海洋油气勘探开发及输油过程中，未采取有效措施，导致溢油事故发生，造成海洋环境污染的行为。

根据《中华人民共和国海洋环境保护法》第八十五条规定，由国家海洋行政主管部门予以警告，并处以2万元以上20万元以下的罚款。

（2）海洋油气勘探开发及输油过程中，因发生事故或者其他突发性事

件，造成海洋环境污染事故，不立即采取处理措施的行为。

根据《中华人民共和国海洋环境保护法》第七十三条规定，由国家海洋行政主管部门责令限期改正，并处以2万元以上10万元以下的罚款；

（3）海洋油气勘探开发及输油过程中，因发生事故或者其他突发性事件，造成海洋环境污染事故的单位。

根据《中华人民共和国海洋环境保护法》第九十一条规定，由依照本法规定行使海洋环境监督管理权的部门根据所造成的危害和损失处以罚款，罚款数额按照直接损失的30%计算，但最高不得超过30万元。负有直接责任的主管人员和其他直接责任人员属于国家工作人员的，依法给予行政处分。

5. 违反不按规定报告相关情况行为及其法律责任

该违法行为的主要表现及法律责任是：

（1）发生事故或者其他突发性事件不按照规定报告的行为。

根据《中华人民共和国海洋环境保护法》第七十四条规定，由依照本法规定行使海洋环境监督管理权的部门予以警告，或者处以5万元以下的罚款。

（2）未按规定报告污染物排放设施、处理设备的运转情况或者污染物的排放、处置情况的行为。

（3）未按规定报告其向水基泥浆中添加油的种类和数量的行为。

对上述（2）、（3）违法行为，根据《防治海洋工程建设项目污染损害海洋环境管理条例》第五十一条规定，由原核准该工程环境影响报告书的海洋主管部门责令限期改正；逾期不改正的，处1万元以上5万元以下的罚款。

6. 违反规定使用化学消油剂的行为及其法律责任

该违法行为的主要表现及法律责任是：

（1）使用未经主管部门核准的化学消油剂的行为；

（2）不按规定喷洒消油剂的行为（方法、超量使用、使用海域不符

（3）消油剂使用量超过规定使用量的行为；

（4）使用、存放的化学消油剂超过有效期。

以上违法行为，根据《中华人民共和国海洋石油勘探开发环境保护管理条例》第二十七条规定，海洋行政主管部门予以警告或5 000元以下的罚款。

7. 违反溢油应急计划的行为及其法律责任

海洋油气勘探开发及输油过程中，未编制溢油应急计划的行为，根据《中华人民共和国海洋环境保护法》第八十九条规定，由依照本法规定行使海洋环境监督管理权的部门予以警告，或者责令限期改正。

8. 违反排污费缴纳的行为及其法律责任

海洋油气勘探开发单位未按《防治海洋工程建设项目污染损害海洋环境管理条例》缴纳排污费的，根据《防治海洋工程建设项目污染损害海洋环境管理条例》第五十五条规定，由县级以上人民政府海洋主管部门责令限期缴纳；逾期拒不缴纳的，处应缴纳排污费数额2倍以上3倍以下的罚款；超过标准排放污染物的，可责令其缴纳超标排污费。

9. 违反海上爆破作业的行为及其法律责任

该违法行为与法律责任在前面第4章海洋工程建设项目环境保护执法部分已简述，本章不再简述。

10. 有下列违法行为的，根据《中华人民共和国海洋石油勘探开发环境保护管理条例》第二十五条规定，海洋行政主管部门予以1 000元以下的罚款。

（1）不按规定报告或通知有关情况的；

（2）不按规定配备防污记录簿的；

（3）防污记录簿的记载非正规化或者伪造记录的。

11. 依法追究刑事责任的行为

根据《中华人民共和国海洋环境保护法》第九十一条规定，造成海洋环境污染事故的单位，对造成重大海洋环境污染事故，致使公私财产遭受重大损失或者人身伤亡严重后果的，依法追究刑事责任。

根据《中华人民共和国海洋环境保护法》第九十四条规定，海洋环境监督管理人员滥用职权、玩忽职守、徇私舞弊，造成海洋环境污染损害的，依法给予行政处分；构成犯罪的，依法追究刑事责任。

12. 赔偿责任

根据《中华人民共和国海洋环境保护法》第九十条规定，造成海洋环境污染损害的责任者，应当排除危害，并赔偿损失；完全由于第三者的故意或者过失，造成海洋环境污染损害的，由第三者排除危害，并承担赔偿责任。

对破坏海洋生态、海洋水产资源、海洋保护区，给国家造成重大损失的，由依照本法规定行使海洋环境监督管理权的部门代表国家对责任者提出损害赔偿要求。

13. 免予承担法律责任

根据《中华人民共和国海洋环境保护法》第九十二条规定，完全属于下列情形之一，经过及时采取合理措施，仍然不能避免对海洋环境造成污染的，造成损害的有关责任者免予承担责任。

（1）战争；

（2）不可抗拒的自然灾害；

（3）负责灯塔或者其他助航设备的主管部门，在执行职责时的疏忽，或其他过失行为。

5.6 案例分析

5.6.1 海上平台违规超标排污案

案例：××油田××平台违规超标排污行政处罚案

【基本案情】

1. 被处罚人：××中国公司

2. 处罚机关：国家海洋局

3. 案件事实：

2005年5月19日中国海监"B-3807"飞机在执行"津3航线"监察飞行任务时发现：13时30分在××中国公司所属的××油田海域，有一舷号为××（38°28′48″N、117°44′24″E）的钻采一体平台有溢油现象。平台向外延伸出一条长约500米、宽约50米的油带，呈"V"字状，油带颜色呈青灰色。在其附近还有一条工作船，平台附近没有采取任何清污和防污措施。5月20日10时38分，海监飞机再次飞临该平台，其溢油带仍然存在，油带长度约2 000米、宽约30米，颜色为浅灰色。

通过对海监飞机采集到的数码照片的分析研究，初步确认为××油田钻采一体平台在海洋石油勘探开发作业过程中违规排污。为进一步查清事实，中国海监北海总队立即派出海洋行政执法人员赶赴现场进行调查取证。

××油田××钻井平台2005年19日在对注水井进行钻井作业过程中，钻进油层后，产生的钻屑携带原油与泥浆中添加的化学药品（矿物油、磺化沥青）经振动筛排放入海，在海面上形成黑色油带和灰色漂油带，黑色油带是由钻屑中携带的原油所致，灰色油带是由泥浆中添加的化学药品（矿物油、磺化沥青）所致。因第一现场已不存在，油带的长度（在所调查的当事人中，对于油带的情况每个人的说法不一）无法确定。根据钻井监督所提供当时油层的地质结构与厚度经过估算，钻屑携带出的原油量约23千克，按照平台经理描述的黑色油带长度、宽度，根据波恩理论计算出的溢油量为37.5千克。

××油田环境影响报告书中规定，水基泥浆含油量排放标准低于0.044%，钻屑含油量低于0.011%，而5月19日该油田防污染纪录表中钻屑排放含油量为0.4%；5月22日，海洋行政执法人员提取了ZD-C26（DH1）井钻井作业（未钻入油层）所使用的泥浆和排海钻屑样品，经天津海洋环境监测中心分析鉴定，其泥浆含油量为1.016 25%，钻屑含油量为 0.493 75%。据此证明，5 月 19 日 C/D 油田钻屑排放属未达标排放。

2005 年 5 月 20 日 12 时，平台工作人员在清洗 OPA 生产平台的油罐罐顶时，由于操作失误将含油污水 9 升（包括原油、柴油、水，其中以柴油为主）排入海中，在海面上形成不规则片状油带，造成局部海洋环境污染。

【查处结果】

1. 处罚决定情况

××中国公司于 2005 年 5 月 19 日因××油田将钻进油层后产生的携带原油的钻屑超过标准排放入海；5 月 20 日平台在清洗作业时将含油污水未经处理排放入海，造成海洋环境污染事故，其行为均违反了《中华人民共和国海洋环境保护法》第五十一条第一款"海洋石油钻井船、钻井平台和采油平台的含油污水和油性混合物，必须经过处理达标后排放；残油、废油必须予以回收，不得排放入海。经回收处理后排放的，其含油量不得超过国家标准"的规定，根据《中华人民共和国海洋环境保护法》第八十五条"违反本法规定进行海洋石油勘探开发活动，造成海洋环境污染的，由国家海洋行政主管部门予以警告，并处 2 万以上 20 万以下的罚款"的规定，鉴于该公司对此次油污染事故态度端正，能积极配合海洋行政执法人员调查，及时调查泥浆体系，且污染事故造成的海洋环境污染损害较轻，对该公司作出警告并处罚款人民币 6 万元的行政处罚。

2. 会审情况

××中国公司××油田对油污染事故行政处罚一案没有提出听证和申请复议的要求。在会审会议上，与会人员普遍认为该公司北京总部和平台相关人员对此次油污染事故都非常重视，能积极配合海洋行政执法人员调查，及时调查泥浆体系，且污染事故造成的海洋环境污染损害较轻，从这些情节可考虑从轻处罚。

【分析意见】

1. 案件分析

通过对××油田油污染事故一案进行案情调查，案情定性，其研究和探讨的问题有以下几个方面：

(1) 形成黑色、灰色油带的原因

通过海监飞机采集的照片，海洋行政执法人员现场的查验，××油田在钻井过程中钻屑排放入海，在海面形成黑色和灰色油带，其黑色油带的形成是钻进油层后，钻屑中携带的原油所致；灰色油带是由泥浆中添加的化学药品（矿物油、磺化沥青）所致。

(2) 溢油量的估算

在事故调查中，针对5月19日有关当事人对黑色、灰色油带的长度和宽度说法不一，所以溢油量估算也存在差异，按照平台经理描述的情况，根据波恩理论得出溢油量为37.5千克，而航空支队报告中描述的油带情况，得出溢油量为2.5千克。但钻井监督根据当时油层的地质结构与厚度经过估算，钻屑携带的原油量约为23千克，而5月20日油带情况是因钻屑排放和9千克含油污水入海而造成。由此可见，此次油污染事故应定为小型溢油事故。

(3) 钻屑排放含油量是否超标

国家海洋行政主管部门在审批××油田环境影响报告书中，明确规定：水基泥浆含油量排放标准低于0.044%，钻屑含油量排放低于0.011%，而××油田5月19日的防污染纪录表中钻屑排放含油量为0.4%；5月22日在提取现场泥浆和钻屑样品，经技术部门鉴定分析，泥浆含油量为1.01625%，钻屑含油量为0.49375%，其含油量大大超出环境影响报告书中所规定的标准，由此可见××油田5月19日所排放的钻屑未达标排放。

(4) 查出案件的方法和手段

此次××油田油污染事故的查处是由海监飞机采集到的数码照片分析

研究，后经海洋行政执法人员现场调查取证所获取的。

在查出案件过程中，海洋行政执法人员先后听取平台经理对近期生产作业及环保工作的汇报，巡视检查了钻井和生产作业现场，特别对造成油污染事故现场进行了详细的检查，查阅和提取了有关钻井、生产纪录、泥浆工艺报表、防污染记录等相关文件资料，并对平台经理、钻井监督、安全监督等6名相关人员进行了调查询问，对调查取证过程进行摄像、照相、录音，制作各类文书7份，提取有关文件资料5份，及时采集了平台现场作业的钻屑和泥浆样品。

2. 与之相关的法律问题分析

××油田2005年5月19日发生将携带原油的钻屑排放入海和5月20日含油污水排海，造成海洋环境污染的事故。其行为均违反了《中华人民共和国海洋环境保护法》第五十一条第一款规定，根据《中华人民共和国海洋环境保护法》第八十五条规定，给予××中国公司警告并处6万元的罚款。

（1）事故认定清楚，法律程序合法。

此案通过调查取证、技术鉴定，对油污染事故的认定是清楚的；在法律程序上，从通过立案、现场检查、提取证据、案件调查终结，到案件会商后，下达《行政处罚听证通知书》，以至最后的《行政处罚决定书》是严格按照法律程序进行的。

（2）法律依据充分，适用法律准确

《中华人民共和国海洋环境保护法》第五十一条明确规定，"含油污水和油性混合物，必须经过处理达标后排放"，而此案中所排放的钻屑含油量大大超出"环境影响报告书"所规定的标准；而含油污水更是未经达标处理直接排放入海，上述行为所造成的海洋环境污染理应受到法律的制裁。根据《中华人民共和国海洋环境保护法》第八十五条"违反本法规定进行海洋石油勘探开发活动，造成海洋环境污染的，由国家海洋行政主管部门予以警告，并处2万以上20万以下的罚款"，给予××中国公司行政处罚是正确的。

（3）法律法规逐一落实在生产作业的每个环节

造成××油田××平台5月19日油污染事故的发生，一方面反映出××中国公司海洋环保意识不强，特别是在对钻井作业重要环节（钻进油层后含油钻屑的回收和处理）预见性不足，防范措施不力；另一方面反映该公司缺乏对海洋法律法规的理解和认识，尤其是对"海洋环境影响报告书"关于排海物质执行的标准知之甚少，从而导致超标排放。

5月20日平台工作人员在清洗××平台油罐罐顶，不慎将含油污水9升排入海中，更是一起典型的由于管理疏漏、操作失误引发的事故。

5.6.2 海上油田管道破损溢油污染案

案例：××公司××油田分公司海底输油管道破损溢油污染事故行政处罚案

【基本案情】

1. 被处罚人：中国石油××公司××油田分公司
2. 处罚机关：国家海洋局
3. 案件事实：

2009年10月21日9时06分，中国海监第一支队海洋行政执法人员在执行第二航次渤海定期巡航任务时，于38°05.2′N、119°02.0′E处，发现长约1.2海里、宽5米的东西向、不连续、纯黑色、油块覆盖密度小于2%的大颗粒圆饼状漂油带。13时30分，××油田分公司出海巡线人员发现中心平台东南方向约1千米处海面有气泡及少量原油油膜；13时50分，××油田分公司经初步排查，确定××平台至中心平台海底输油管道发生溢油污染事故，立即启动《××油田海洋石油开发生产溢油应急计划》。

10月21日15时，××油田分公司派潜水员9名，对该事故海底管线进行水下探摸排查。经水下探摸排查确定，破损点为38°13′564″N、118°50′011″E，有裂口，海面有约2米宽原油油带。2009年10月22日

9时，××油田分公司将溢油污染事故报告海洋行政主管部门。10月23日9时30分，海洋行政执法人员随"中国海监21船"和油田工作船出海巡视。该事故泄漏点附近（38°13′427″N、118°50′220″E）可见零星油渣（约20块），未有大面积油块。××油田工作人员已在现场布设围油栏，并有溢油回收船进行回收。10时38分，"海监21"船发现船舷西侧（38°8.968′N、119°3.018′E）有零星、大颗粒（直径1~6厘米）油块。11时27分，"海监21"船在38°12.988′N、118°56.556′E处，发现海面不连续油带的油块逐步稀少。12时24分，"海监21"船驶入溢油目标海域（38°15.201′N、118°49.898′E），未发现海面有明显溢油情况。24日开始，海洋行政执法人员在管道破损点海域再未发现有漂浮油带。

××油田分公司自2009年10月22日至10月24日共计派出工作船舶19艘，溢油应急队员127人次，使用吸油毡200千克等溢油应急材料对该事故进行溢油回收。经调查确认，××油田分公司××平台至中心平台海底管道破损污染事故泄露原油约1吨。

中国海监第一支队海洋行政执法人员于2009年10月21日9时06分，在执行第二航次渤海定期巡航任务时，即在38°05.2′N、119°02.0′E处发现该溢油污染事故。由于××油田分公司疏于巡线工作，于10月21日13时30分才发现该溢油污染事故。同时，当事人对该管线路由复查及管道探伤不足，管线临近设计使用年限，均是造成该次污染事故的主要原因之一。××平台至中心平台管道由于不明外力作用造成管线外管破裂，10月21日15时，经潜水员水下探摸，确定破损点位置为38°13′564″N、118°50′011″E，泄漏点在海底泥下70厘米海底管线处（海底泥面距水面10米），海底管道泄漏点处外管呈环形破裂，裂口为最窄处30厘米，最宽处50厘米的锯齿环形破裂。

【查处结果】

认定当事人在海洋石油勘探开发及输油过程中，未采取有效措施，导致该管道破损溢油污染事故,造成海洋环境污染损害的行为,违反了《中华人民共和国海洋环境保护法》第五十条第二款的规定。依据《中华人民共和国海洋环境保护法》第八十五条规定"违反本法规定进行海洋石油勘探开发活动,造成海洋环境污染的,由国家海洋行政主管部门予以警告,并处2万元以上20万元以下的罚款",鉴于该公司态度端正,能积极配合海洋行政执法人员调查,且污染事故造成的海洋环境污染损害较轻,建议对当事人从轻处罚,处以"予以警告,并处罚款7万元人民币"的行政处罚。

【分析意见】

1. 海底输油管道通常是双层钢管环空充实聚氨酯保温防腐材料,管道钢质材料抗压、抗扭曲的韧性较强,加之管道设计和铺设也考虑了所处环境不利条件下的正常冗余量,所以海底管道可以适应一定的形变量,能够抵御一般的外力影响。专家指出本次管道溢油事故有管道老化、腐蚀、外力等因素,以外力因素为主,可能是多次外力破坏导致的。因此,××油田分公司疏于海底管道巡线管理和管道路由附近船舶作业自控的工作,管线临近设计使用年限,对该管线路由复查及管道探伤不足,是导致该溢油污染事故的主要原因。

2. 大、中型海上油田普遍采用海底管道输油的生产形式,目前海上油田海底管道使用量较大(仅渤海管道总长近2 000千米)。如何应对海底管道输送大量油气带来较大的溢油隐患问题,现石油公司普遍采用管道路由复查、立管潜水探摸、水面管道探伤、管道输送数据监测,以及路由水面巡视等手段进行管道完整性检查。从手段实施情况看,各石油公司普遍疏于开展管道完整性检测工作;从手段技术水平上看,前述手段仍不能全面监控海底管道腐蚀、破损、悬空等不良情况,不能保证管道完整性。

据此认为,海监机构一方面应通过各类形式督促石油公司加强海底管道完整性检测,另一方面,应注意少数石油公司正在实施的管道次声波监测技术、管道探测机器人技术、水下管道干式修复技术等技术的实验和运用，要求他们及时形成该技术可行性调研报告，报请海洋行政主管部门推广应用，以提高管道完整性新技术的研发和应用。

三、为服务石油公司，加强对海底管道保护区内船舶作业活动的管理，海监机构在督促石油公司加强自身水面作业管理的同时，还应在海洋行政主管部门的指导下，参与海事部门、渔业部门协调，落实海底管道保护区内禁止船舶抛锚和渔业作业的监管。

5.6.3 海上油田钻井井碰地层溢油污染案

案例：××平台井碰溢油污染事故行政处罚案

【基本案情】

1. 被处罚人：××石油中国有限公司
2. 处罚机关：国家海洋局北海分局
3. 案件事实：

2010年5月11日21时30分，××石油中国有限公司（该公司下属的天津分公司负责实际管理）租用某服务有限公司的××平台实施"C19"井钻井作业，发生了"C19"井和"C11h"井井碰，"C11h"井下高压原油流体串入"C19"井，"C19"井压力增大。5月12日8时45分，"C19"井原油流体压裂该井套管鞋203.6~335.5米的软地层联通井口海底，造成"BZ34-1NWHPC"平台井组海面开始有携带少量原油的气泡冒出，发生溢油污染事故。

5月12日8时30分，××平台现场启动安全应急程序，由于忙于疏散人员，当事人指派的甲方监督对海面溢油情况关注不足，未发现8时45分的海面溢油情况。5月12日18时，××石油中国有限公司启动溢油应急预案。

5月13日10时20分，中国海监飞机在119°34′02.6″N、38°09′12.9″E发现三条黑棕色油带。13时30分，"中国海监11"船海洋行政执法人员在38°09.444′N、119°32.711′E处发现两艘油田船舶进行围油作业，围油栏内有块状、黑褐色原油,厚度约10厘米、面积约80平方米。12—15日,中国海监"21"船、中国海监"11"船和当事人调用的油田船舶在该平台周边海面监视,多次发现油带,当事方先后调用11艘船舶参与油污清理作业。5月14日,"C19"井、"C11h"井得到有效处理,控制了溢油源。自5月16日起,该平台周边海面未再发现溢油带。

事故原因:××石油中国有限公司雇佣某油服油田技术事业部的定向井工程师负责××平台实施生产井组钻井阶段的定向井工程服务。该定向工程师在××平台现场,根据"C19"井一开钻井204.5米的井身情况调整该井定向设计,出具书面定向方案,方案提出了"根据MWD(随钻测斜仪)首测结果使用陀螺仪纠斜"。5月11日8时40分,该定向工程师首次向甲方监督提出纠斜建议,甲方监督将该建议报告"C19"井钻井项目组,得到答复是"如果出现钻井压力和扭矩参数异常,钻具提离井底,使用陀螺仪纠斜"。15时30分,MWD首测结束,该定向工程师发现"C19"井身倾斜较大,达到0.96°(以竖直线为基准),再次向甲方监督提出下陀螺纠斜的建议,但由于此时"C19"井钻井参数正常,甲方监督再一次没有采纳纠斜建议。21时34分,"C19"井钻井至335.7米出现钻井扭矩由1.5千牛·米增大至2.5千牛·米,泵压由9.7兆帕增至10.2兆帕,井口钻井液返出量由19%升至28%,振动筛处出现少量水泥块和少量铁块,发生井碰。

同时,平台"C11h生产井"参数显示油压和套压均从4.0兆帕降低为3.7兆帕,证明"C19"井碰撞并破损了"C11h"井,造成12日8时45分"C19"井压力增高压裂地层开始有携带少量原油的气泡冒出,发生溢油污染。

事故海域环境影响及溢油量检测:北海区检验鉴定中心对该溢油污染事故获取的4个海上漂油和2个油污样品鉴定分析油样油指纹一致。经监测技术单位鉴定,该溢油污染事故5月13日溢油影响范围为33平方千米;5月14日漂油区域相比13日整体向西北偏移约10千米,溢油影响范围为 65 平方千米。28 日，监测技术单位检测本次溢油污染事故原油溢出量约 8.086~8.621 吨，事故对海水水质有一定的影响。

【查处结果】

当事人在海洋石油勘探开发过程中，未采取有效措施，造成了溢油事故的行为，违反了《中华人民共和国海洋环境保护法》第五十条第二款"海洋石油勘探开发过程中，必须采取有效措施，避免溢油事故的发生"的规定。鉴于此次溢油污染事故影响较大，当事方存在明显的管理漏洞，未及时采取有效措施，依据《中华人民共和国海洋环境保护法》第八十五条规定，对当事人从重处以"予以警告，并处罚款人民币 15 万元"。

【分析意见】

1. 该溢油污染事故溢油影响范围较大，达数十平方千米，溢出原油对事故海域水质有一定的影响，事故期间"C19"井循环排气作业分离的大量天然气未经燃烧等净化处理冷排空，也造成了大气污染。案件调查对事故造成的溢油量进行了定量，也对海域环境污染程度进行了确定。

2. 当事人指派的甲方监督没有严格按照"C19"井定向方案中"根据 MWD 首测结果使用陀螺仪纠斜"的井控纠斜计划，没有采纳定向工程师两次对"C19"井采取纠斜措施的建议，造成"C19"井碰撞并破损"C11h"井套管，导致该井碰溢油污染事故。说明当事人缺乏有效的防范意识，指派的甲方监督也缺乏工作经验，盲目减少工作程序、缩短作业时间，追求经济利益最大化，酿成溢油事故。

3. ××石油中国有限公司在实施海上钻井作业中，仅指派一名甲方监督全权负责现场管理，存在管理漏洞，海洋行政执法人员向该公司有关部门曾提出增派一名 HSE 专业监督的建议，未采纳。该井碰溢油污染事故发生伊始，甲方监督员由于忙于疏散人员，对海面溢油情况关注不足，未能及时发现溢油，且该公司向主管部门报告溢油污染发生时间滞后近 10 个小时，造成严重后果。

综上所述，对当事人给予了从重处罚。

思考题：

1. 为何要开展海洋石油勘探开发环境保护行政检查？
2. 海洋油气勘探开发过程中哪些作业活动会产生污染物？
3. 重新编制与重新核准环境影响报告书的条件？
4. 化学消油剂的具体使用要求？
5. 环境保护设施"三同时"制度和拆除、闲置、更换有哪些规定？
6. 各海区水基泥浆的使用和排放、采出水、生活垃圾的排放规定和标准及海区等级划分。
7. 污染物处置检查内容有哪些？
8. 海域污染现状检查内容有哪些？
9. 溢油污染事故等级划分、处理原则和报告时间？
10. 环境保护设施检查内容有哪些？
11. 溢油应急能力检查内容有哪些？
12. 违反环境保护设施管理制度的违法行为有哪几种？
13. 不按规定向海洋排放污染物违法行为有哪几种？
14. 哪些违法行为海洋行政主管部门依法可以实施现场当场处罚？
15. 哪些违法行为海洋行政主管部门依法可以给予2万元以上10万元以下的罚款？